Cy

GYMREIG 1945-2005

Cynhaeaf
Hanner Canrif

GWLEIDYDDIAETH GYMREIG 1945-2005

Gwilym Prys Davies

Gomer

Cyhoeddwyd yn 2008 gan
Wasg Gomer, Llandysul, Ceredigion SA44 4JL

ISBN 978 1 84323 942 0

Cyhoeddir y llyfr hwn gyda chymorth ariannol
Cyngor Llyfrau Cymru.

Argraffwyd a rhwymwyd yng Nghymru gan
Wasg Gomer, Llandysul, Ceredigion.

Cynnwys

Rhagair

Rai blynyddoedd yn ôl, yn ei gyfrol *Llafur y Blynyddoedd,* olrheiniodd Gwilym Prys Davies y dylanwadau ym mlynyddoedd ei fagwraeth yn Llanegryn, Sir Feirionnydd, a oedd i roi cyfeiriad i'r hyn a brofodd yn waith diarbed a diwyro yng ngwleidyddiaeth Cymru a'i bywyd cyhoeddus. Yn y gyfrol bresennol cafodd gyfle i sylwi, yn fwy manwl nag o'r blaen, ar y ddwy thema sy'n rhedeg yn gyfochrog â'i gilydd drwy gydol y gwaith. Ar y naill law, cafodd gyfran yn yr ymdrech i sicrhau mesur o ymreolaeth yn llywodraeth Cymru a fyddai'n gyfrwng lles ei phobl ac, ar y llall, bu'n rhan o'r ymgais i sicrhau i'r iaith Gymraeg y safle cyfreithiol a oedd yn amod angenrheidiol ei pharhad a'i llewyrch. Drwy gyfrwng ei aelodaeth o'r Blaid Lafur y mynnodd gyflawni gorchwyl ei fywyd, dewis dewr a'i gwnaeth yn un o fintai fechan a rannai'r un argyhoeddiad ac a wynebai lesteirio parhaus eu hymdrech yn hinsawdd anodd y cyfnod.

Rhwng sefydlu ei ddealltwriaeth werthfawr â James Griffiths ym 1959 a'i gydweithrediad â John Morris yn y blynyddoedd yn arwain at lunio Deddf Cymru ym 1978, cyfrannodd Gwilym Prys Davies i'r gwaith gorchestol a fyddai wedi arwain at greu cynulliad cenedlaethol yn ddiymdroi pe bai pobl Cymru heb atal eu cydsyniad y flwyddyn ganlynol. Ac ymdrech yr ugain mlynedd dyngedfennol hyn yn hanes llywodraeth Cymru oedd sylfaen y gwaith a ddaeth â Chynulliad Cenedlaethol Cymru i fodolaeth, gan ennill cytundeb y genedl y tro hwn, erbyn diwedd yr ugeinfed ganrif. Ni ellir ond rhyfeddu at y trawsnewid yn nheithi meddwl y Blaid Lafur a barodd iddi gorffori mesur o ymreolaeth i Gymru yn ei rhaglen ddeddfwriaethol, newid yr oedd yn rhaid wrtho cyn y gellid cyflawni rhai o amcanion sylfaenol y mudiad cenedlaethol. Mwy fyth y rhyfeddod os sylweddolir y gwrthwynebiad yr oedd yn rhaid ei oresgyn yng Nghymru ei hun.

Yn gyfochrog â'r ymdrech i sicrhau i Gymru allu llywodraethol newydd, bu gan Gwilym Prys Davies gyfran nodedig, ar y cyd â chyfeillion o bob arlliw gwleidyddol, yn y gwaith o sicrhau'r safle statudol yr oedd yn rhaid wrtho i ddiogelu dyfodol yr iaith. Olrheinir yma yr ymdrechion, dyfal ac amryfal, a gafodd eu cyflawni yn Neddf yr Iaith Gymraeg ym 1993. Yn briodol iawn fe ddaeth y ddwy thema ynghyd yn ei brofiad personol pan roes welliant i Ddeddf Llywodraeth Cymru 2006 gerbron Tŷ'r Arglwyddi i sicrhau newid a roddai Weinidogion y Cynulliad o dan ddyletswydd statudol i hyrwyddo a hybu'r iaith.

Ond nid fel gorchwyl a gyflawnwyd y mae'r awdur yn gweld y gwaith y cafodd gyfran ynddo. Oherwydd gellir synhwyro, drwy'r ymdriniaeth, ei erfyniad taer y bydd gan y Cynulliad Cenedlaethol yr ewyllys a'r cyneddfau i arfer ei allu mewn modd a fydd yn cwrdd â gwir anghenion y genedl o hyn ymlaen. Yn rhan o'r anghenraid hwn y mae'r gofal dros y cymdogaethau Cymraeg y mae eu bodolaeth o dan fygythiad enbyd. Ymgais sydd yma i amgyffred yr hyn a fu'n ysbrydoliaeth a chynhaliaeth y rhai a sicrhaodd y sylfaen statudol a'r cyfryngau gweithredol gogyfer â gwaith sydd i barhau.

Braint yw cael cymeradwyo'r gyfrol hon o law un a fu, mewn cyfnod o argyfwng yn niwylliant a gwleidyddiaeth y genedl, yn geidwad cadarn ein hiaith a gwarchodwr rhin ein gweriniaeth.

J. Beverley Smith

Cyflwyniad

Yr hyn y ceisir ei wneud yma yw cyflwyno hanes llanw a thrai yr ymgyrchoedd gwleidyddol garw drwy holl flynyddoedd hanner olaf yr ugeinfed ganrif i sefydlu llywodraeth ddatganoledig yng Nghymru ac i ddiogelu parhad ein hiaith genedlaethol. I lawer ohonom dyma ddwy ran yr un frwydr i ddiogelu ein cenedligrwydd. Cofnodir y llwyddiannau ac adlewyrchir yr anawsterau.

Afraid dweud nad yw'r hanes a gofnodir yma yn gyflawn. Yn hytrach, mae'n tynnu'n helaeth ar brofiad uniongyrchol un a fu'n gweithio yn y winllan ac a gafodd ran weithredol fechan yn yr ymgyrchoedd ynghyd â'r fraint o adnabod a chydweithio â phrif benseiri polisi Cymreig y Blaid Lafur yn eu dydd – James Griffiths, J. Emrys Jones, Cledwyn Hughes, John Morris ac (i raddau llai) gyda Ron Davies. Fe gredaf y rhydd hyn gydlyniad i'r cyfan.

Gorfoledd oedd gweld o'r diwedd ar derfyn y ganrif wireddu'r gobeithion a grisialwyd gan yr arloeswyr ar ei dechrau, sef sefydlu Cynulliad Cenedlaethol Cymru a all fod yn egin senedd ffederal Gymreig. Y Cynulliad – ar wahân i'r grymusterau byd-eang a bygythiol sydd yn effeithio ar Gymru fel ar bob gwlad arall – fydd y grym cynyddol yn gyfrifol am warchod ein hetifeddiaeth genedlaethol a datblygu dinasydd-iaeth Gymreig goeth a chadarn.

Diolch yn bennaf i ddycnwch rhyw fil neu ddwy o'n pobl ifainc – a ymgyrchodd yn benderfynol, costied a gostio, dros ddeddfwriaeth iaith newydd – ynghyd â chefnogaeth dyrnaid o ddeallusion Cymraeg, sefydlwyd yr egwyddor fod y Gymraeg yn gydradd â'r Saesneg ym mywyd cyhoeddus a gweinyddiad cyfiawnder yng Nghymru. Eto, fe erys y Gymraeg o hyd heb y statws cyfreithiol y mae'n ei haeddu yn ei gwlad ei hun, sef statws iaith swyddogol. Ond mawr obeithiaf y cyflwynir y cyfryw statws iddi yn y mesur iaith arfaethedig. Deil i fod yn argyfwng ar ein hiaith. Trist yw gorfod cydnabod bod bron y cwbl o'r cymdogaethau Cymraeg a oedd yma ar ddechrau'r ugeinfed ganrif, ac a fu yma am dros fil a hanner o flynyddoedd, wedi eu dryllio bellach. Dyna golled na ellir mo'i phrisio.

Fe'm blinid drwy gydol ymgyrchoedd yr hanner canrif gan y gwrthdrawiadau celyd a difaol yn rhengoedd radicaliaid Cymru; felly, datblygiad pwysig a chalonogol, yn 2007, oedd ffurfio llywodraeth glymblaid Llafur/Plaid Cymru ar lwyfan y Cynulliad yn seiliedig ar ddogfen bolisi Cymru'n Un (er ei geiriad amherffaith). Ffurfiwyd y glymblaid o ganlyniad i amgylchiadau gwleidyddol arbennig ac nid yw'n dilyn y bydd yr hen elyniaeth a fu mor ddinistriol yn diflannu. Ein gobaith yw y tyf parch, ysbryd cydweithredol a chymod parhaol rhyngddynt mewn llywodraeth. Os digwydd hynny, bydd o werth cyffredinol difesur i Gymru. Ac ar y nodyn gobeithiol hwnnw, rwy'n edrych ar y cynhaeaf.

GPD

Diolchiadau

Yn gyntaf, dymunaf gydnabod fy nyled arbennig i J. Elwyn Hughes am ymgymryd â theipio'r gwaith hwn, cywiro'r brychau a'r llithriadau, ac awgrymu gwelliannau. Gwelodd y drafft cyntaf dros bedair blynedd yn ôl pan oedd ar ffurf traethawd. Ers hynny, fe dyfodd y gwaith wrth i mi ailysgrifennu (neu ddileu) rhannau ohono yng ngoleuni datblygiadau newydd a thystiolaeth ychwanegol. Galwodd hyn am waith caled, amynedd, ac ymroddiad, yn wir, ar ei ran.

Mae'n dda gennyf gael y cyfle hwn i ddiolch yn galonnog i'm cyfaill, yr Athro Beverley Smith, am ei fawr gyfeillgarwch a'r sgyrsiau a gawsom dros yr holl flynyddoedd, am ddarllen sawl drafft o'r gwaith fel yr oedd yn datblygu, ac am ei farn gytbwys, ei sylwadau a'i awgrymiadau doeth. Bûm ar fy ennill yn fawr o'i gyfeillgarwch a'i gynhorthwy hael. Y mae arnaf bellach ddyled iddo am ei Ragair caredig i'r gyfrol hon.

Elwais yn fawr ar sgwrsio neu ohebu â Syr Goronwy Daniel, Dr Cyril Parry a John Roberts Williams. Ysywaeth, mae'r tri bellach wedi ymadael â ni.

Diolchaf i Ron Davies am ymateb i bob ymholiad a wneuthum am hanes ei yrfa; i'r Athro Charles Webster, Cymrawd o Goleg yr Holl Eneidiau, am yr wybodaeth am ddatganoli'r gwasanaeth iechyd yng Nghymru ac am roi i mi gopi o'i ddarlith, 'Devolution and the Health Service in Wales 1919-1969' cyn iddi ymddangos yn *Health and Society in Twentieth-Century Wales*; ac i'r Farwnes Williams o Crosby am yr wybodaeth a roes i mi am ei gwahoddiad i'r Arglwydd Cledwyn i ymuno â'r Cyngor dros Ddemocratiaeth Gymdeithasol.

Carwn gydnabod, hefyd, y caredigrwydd a'r cymorth a dderbyniais gan nifer o lyfrgelloedd ac unigolion, ac yn arbennig gan Dr Elizabeth Hallam-Smith, Llyfrgellydd Tŷ'r Arglwyddi; Mr David Jones, cyn-Lyfrgellydd Tŷ'r Arglwyddi, a Ms P. Ward o'r Llyfrgell honno; Dr J. Graham Jones, Pennaeth yr Archif Wleidyddol Gymreig; Dr Huw Walters o'r Llyfrgell Genedlaethol; a'r Parchedig Ddr D. Ben Rees, pan fyddwn yn holi am wybodaeth neu ddogfennau. Carwn ddal ar y cyfle i ddiolch am y cymwynasgarwch a dderbyniais gan Dr Meredydd Evans, Dr R. Geraint Gruffydd, y Barnwr Dewi Watkin Powell, Eleri Carrog ac Elfyn Llwyd.

Diolchaf yn ddiffuant i William Howells am ei waith clodwiw yn llunio'r Mynegai.

Ac, yn olaf, diolchaf i Wasg Gomer am ei pharodrwydd i gyhoeddi'r gyfrol ac am ei gofal gyda'r gwaith.

GPD

1

Wedi'r Ail Ryfel Byd:
Torri Llwybrau Newydd

DROS BEDWAR ugain mlynedd yn ôl, yn y flwyddyn 1925, sefydlwyd Plaid Genedlaethol Cymru i ennill ymreolaeth i Gymru gyda golwg ar amddiffyn einioes yr iaith Gymraeg a'i diwylliant, yn gymaint ag ar undim arall. Ei phrif bensaer oedd yr ysgolhaig a'r llenor, Saunders Lewis, cenedlaetholwr Cymreig eofn a mwyaf dylanwadol y ganrif ym marn llawer o Gymry. Ond nid oedd Saunders Lewis yn wleidydd ymarferol, er amled ei ddoniau. Bron o'r dechrau, cododd tyndra rhwng y Blaid Genedlaethol a'r Blaid Lafur (a phob plaid arall o ran hynny) yn sgîl arweinyddiaeth arwrol, ond 'elitaidd' a cheidwadol, Saunders Lewis a'i safiad moesol ym Mhenyberth ym 1936, ac wrth i brofiadau diriaethol y rhai hynny o'r sylfaenwyr cynnar a hanai o Wynedd gilio. Roedd cysgod y cenedlaetholdeb cibddall a chreulon a godasai yng nghalon cyfandir Ewrop yn y tri degau a niwtraliaeth y Blaid Genedlaethol at yr Ail Ryfel Byd yn rhesymau pellach dros ei hamhoblogrwydd am flynyddoedd lawer.[1] Gwelir arwyddion o hynny yn Etholiad Cyffredinol 1945 mewn cwestiynau i Ambrose Bebb, un o'i sylfaenwyr a'i hymgeisydd yn Sir Gaernarfon:

> Beth yw ystyr y frawddeg o'ch eiddo chwi, mai yn Ffrainc y ganed y Blaid Genedlaethol?

neu eto:

> A oes rhyw debygrwydd o gwbl rhwng Cenedlaetholdeb y Blaid a chenedlaetholdeb [*sic*] y gwledydd totalitaraidd?[2]

1

Dywed Bebb iddo ddal ar y cyfle 'i ladd hen ragfarn sy'n cymryd ei hoe a'i hamdden i farw'. Bu'n hir iawn yn marw.

Wedi goruchafiaeth ysgubol Llafur yn etholiad 1945, dwysaodd y tyndra rhwng y Blaid Genedlaethol a'r Blaid Lafur. Rhoes y Llywodraeth Lafur – llywodraeth ganolog, gref ac, yn ôl golygyddol y *Guardian* yn 2007 ac eraill, Llywodraeth Lafur fwyaf y ganrif – y flaenoriaeth uchaf i gryfhau sylfeini economaidd Prydain, i sicrhau llawnweithdra, i adeiladu Gwladwriaeth Les fodern, ac i geisio parhau'n un o'r tri gallu milwrol mawr ar lwyfan y byd (er mor ansicr oedd y swyddogaeth honno). Dyna'i nod. Roedd y llywodraeth yn sicr iawn, a phendant, nad oedd gwerin gwlad i ddychwelyd i galedi'r Dirwasgiad Mawr a ddioddefwyd rhwng y ddau Ryfel Byd: diweithdra enfawr, chwalfa poblogaeth, tlodi affwysol, gorymdeithiau newyn, ac afiechydon rhemp ac anobaith. I'r llywodraeth honno, ac i werin gwlad ei hun, rhywbeth hollol ymylol oedd pob nod gwleidyddol arall. Mae deall hynny'n hanfodol i iawn-ddirnad ei hymateb llugoer i'r galw ar y pryd am benodi Ysgrifennydd i Gymru, am drafod Cymru yn un uned genedlaethol, ac am raglen benodol i gryfhau Cymreictod Cymru. Ei hymateb ym 1949 oedd sefydlu Cyngor Cymru a Sir Fynwy – cyngor ymgynghorol dan gadeiryddiaeth yr undebwr llafur Cymraeg a gwladgarol o ogledd Cymru, Huw T. Edwards, a'i holl aelodau wedi eu penodi gan y Llywodraeth i'w chynghori ar faterion Cymreig. Er nad oedd y Cyngor yn ddigonol o bell ffordd, ni chafwyd trafferth i gael Cymry adnabyddus i wasanaethu arno, yn ôl Jim Griffiths. Ceir enwau rhai Cymry gwlatgar, megis Ifan ab Owen Edwards a'r Athro Henry Lewis, ymysg yr aelodau cyntaf, ond ni fuont heb eu beirniaid mewn rhai cylchoedd am gydweithredu â'r Sefydliad. Ymhen deng mlynedd ar hugain ar ôl ei sefydlu, daliai Cliff Prothero, cyn-Drefnydd Cyffredinol cryf ac awdurdodol Cyngor Llafur Cymru i haeru:

> The Council when established cancelled out the demand for the appointment of a Secretary of State for Wales.[3]

Yr oedd hyn ymhell o fod yn wir. Y ffaith yw bod y Cyngor

wedi cael ei gondemnio o bob cyfeiriad a chryfhaodd yr alwad am Ysgrifennydd i Gymru. Argymhellodd y Cyngor ei hun sefydlu Ysgrifenyddiaeth Cymru a Swyddfa Gymreig yn y *Trydydd Memorandwm* (sef ei adroddiad trylwyr ar Weinyddiaeth Llywodraeth yng Nghymru) a gyhoeddwyd yn Ionawr 1957.[4] Gwrthodwyd yr argymhelliad yn dra diseremoni gan y Prif Weinidog Macmillan a gyhoeddodd fod 'y broses ddatganoli eisoes wedi cyrraedd ei therfyn naturiol'.[5] Er gwaethaf diffygion Cyngor Cymru a Sir Fynwy, profodd ei adroddiadau i fod yn werthfawr anghyffredin i achos datganoli ac i'r iaith Gymraeg.

Ond yr oedd David Thomas, Bangor, gŵr o farn, awdur *Y Werin a'i Theyrnas* (1911) a sefydlydd a golygydd *Lleufer* (cylchgrawn Cymdeithas Addysg y Gweithwyr), ymhlith aelodau'r Blaid Lafur a oedd wedi eu siomi'n arw gan gyhoeddiad y Llywodraeth y byddai'n sefydlu Cyngor ymgynghorol ac enwebedig yn atebol i lywodraeth y dydd ac nid i'r farn gyhoeddus yng Nghymru. Ef, efallai'n anad neb, a wnaethai fwyaf i sefydlu canghennau o'r Blaid Lafur Annibynnol ac o'r undebau llafur yng Ngogledd Cymru ac i sefydlu Cyngor Cymreig y Blaid Lafur. Ni allai'r Mudiad Llafur fforddio anwybyddu llais yr arloeswr hwn. Yng nghanol ei brysurdeb a berw ei weithgarwch a'r holl alwadau ar ei amser fel Cadeirydd y Blaid Lafur Brydeinig a Gweinidog y Weinyddiaeth Yswiriant Gwladol newydd (ond heb sedd yn y Cabinet), nid anghofiodd Jim Griffiths siomiant David Thomas. Ysgrifennodd lythyr personol cynhwysfawr ato yn ei lawysgrifen ei hun, a ddyddiwyd 19/12/48 ac a farciwyd *Personal Confidential*, yn egluro'r penderfyniad.[6] Egyr ei lythyr fel hyn:

> I am grieved to learn of the extent of your disappointment at our proposal to set up a Welsh Council. Let me set the Background.
>
> 1. We began consideration 2 years ago by discussing a Welsh Sec[retar]y with a Welsh Dept. The Govt was rather overwhelmingly against that – I need not retell all the arguments used against – but you will have noted that a Secy of State is not entirely satisfactory to Scotland & partly because the Scottish Dept (& a Welsh Dept if set up) has *no*

Departmental authority in the realm of Economic Affairs which are the main preoccupation of Wales as of Scotland. (The Scots to meet this have set up an Economic Conference.)

2. A Minister for Wales without a *Dept.* This found no favour. I was myself opposed to it. Such a Minister would have all the responsibility & no authority. He would just be a *scapegoat* for *everybody*.

Wedi rhoi'r crynodeb hwn o'r cefndir, fe â yn ei flaen:

What then? After discussion with the Welsh Reg[ional] C[ounci]l of Labour, we decided upon a *Council*. The Reg Cl submitted *proposals*, ours are an amendment & an improvement on theirs – in particular, we allow larger representation from the field of *Local Govt.* –

We did *consider* making it an *all* LG Council – but for consideration of

(1) Economic matters – Representations of Industry & Agriculture (both sides) seemed essential &
for (B) *Cultural.* It seemed essential to include rep[resentation] of the other bodies named.

Ac â ymlaen wedyn i geisio ateb y feirniadaeth:

Much criticism has centred upon

a) PM's appt.
Frankly our own *MPs* were afraid that selection by Nomination would give us an Anti Labour Council. They suggested meeting this by weighting the representation by population. This would give S. Wales a big preponderance, perhaps *too big*.

b) Meetings in *Private.*
This is partly because the Scottish Conference also meet in Private. This can probably be reviewed if the Members of the Council feel strongly about it & our MPs are agreeable. In any case, a 'Report of the Meetings' will have to be issued to the Press – a Press Release as it is called.

Ofnai nad oedd hynny'n ddigon i ateb pryderon David Thomas:

4

All this will probably not ~~assuage~~ meet your apprehensions and anxieties – but I hope it will explain the situation and make it clearer.

That we should disappoint such a good comrade as you – with your magnificent work for us – worries me.

Ond hefyd yr oedd yn dal i obeithio:

I hope our proposals will in practice turn out to be more advantageous than you fear.

Mae'r llythyr hwn yn gadarnhad arall mai o Gyngor Llafur Cymru dan oruchwyliaeth Cliff Prothero y tarddodd hedyn y Cyngor Ymgynghorol i Gymru. Byddaf yn meddwl mai dyma ran fawr o'r esboniad am gydnabyddiaeth hael Huw T. Edwards mai i Prothero 'yn anad neb y mae'r diolch fod datganoli gweinyddol wedi dechrau'.[7] Bu'r Cyngor Ymgynghorol yng ngolwg Huw T., fel ym marn eraill, yn gam bychan cyntaf arbennig o bwysig ar y llwybr at ddatganoli, a chydnebydd David Thomas 'y gwaith da a wnaeth y Cyngor'. Cyn gadael y llythyr, rhaid sylwi, fel y cawn sôn eto, ar y pwyslais a roddai Jim Griffiths ar bwysigrwydd llais 'ein haelodau seneddol' Llafur – 'if our MPs are agreeable'. Eu barn hwy (yn arbennig y rhai o dde-ddwyrain Cymru) fu un o'r dylanwadau cryfaf ar ddatblygiad polisïau Cymreig y Blaid Lafur ac, felly, ar ddatblygiad cyfansoddiadol Cymru. Ac erys hynny'n wir i raddau o hyd.

Bu creu'r Gwasanaeth Iechyd Gwladol, a'i greu yn wyneb gwrthwynebiad y grŵp proffesiynol cryfaf y gallai undyn ei ddychmygu, sef y meddygon, a'r Cynllun Yswiriant Gwladol gan Lywodraeth Attlee (yr unig ddau o gyflawniadau mawr 1945-51 – ar wahân i annibyniaeth India – sydd wedi goroesi) a sicrhau llawnweithdra, yn fendithion enfawr i bobl Cymru fel i bobloedd gwledydd eraill Prydain. Ond ni ddeallwyd yn Llundain bwysigrwydd rhaglen wleidyddol a fyddai'n cydnabod anghenion arbennig y genedl Gymreig. Ymosodwyd ar y Llywodraeth gan wladgarwyr a haerai iddi dorri addewidion i

5

Gymru. Ond rhaid gofyn a dorrwyd addewidion? Yma, trown at *Llais Llafur*,[8] y daflen etholiadol bedair tudalen, uniaith Gymraeg, a gyhoeddwyd ar ran Goronwy Owen Roberts, ymgeisydd y Blaid Lafur yn etholaeth Sir Gaernarfon yn ystod Etholiad Cyffredinol 1945, ac a olygwyd gan John Roberts Williams, cyfaill agos a chyd-fyfyriwr ag ef ym Mangor ac a fyddai'n aeddfedu'n un o gyfathrebwyr mwyaf dawnus ac atyniadol y Gymru Gymraeg.[9] Ymhlith ei chynnwys ceir neges bersonol gan yr ymgeisydd yn cefnogi'r symudiad i gael Ysgrifennydd i Gymru 'i gychwyn', ac Awdurdod Cynllunio Cenedlaethol Cymreig (y galwai Ambrose Bebb yntau amdano yn yr etholiad ac y galwasai Jim Griffiths hefyd amdano mewn cyfarfod yn Llandudno yn Chwefror 1945), ac a fyddai'n 'gnewyllyn ymreolaeth gymesur a chynyddol i'n gwlad'. Ceir tameidiau pwrpasol gan arweinwyr Undeb Chwarelwyr Gogledd Cymru, Undeb y Gweithwyr Amaethyddol, a Huw T. Edwards, Undeb y Gweithwyr Trafnidiol a Chyffredinol. Ceir hefyd neges sy'n 'apêl arbennig' at 'Chwi Radicaliaid sy'n cofio mudiad Cymru Fydd 1890-1900' a ysgrifennwyd gan Goronwy Roberts ei hun, yn ôl a glywais gan y golygydd. Ond yn wyneb y cyhuddiad o dor-addewid ar ran y Llywodraeth, yr hyn sydd o ddiddordeb arbennig yn y daflen yw'r eitem dan y teitl 'Rhaglen i Gymru – Pethau *y Gellir* eu Cael'. Dyma'r 'Rhaglen' air am air:

1. Cydraddoldeb a [*sic*] Sgotland. Dyna rym y ddadl dros Ysgrifenyddiaeth a datganoli adrannol mewn addysg, amaethyddiaeth, etc.
2. Awdurdod Cynllunio Cenedlaethol i Gymru ar linellau y T.V.A. yn America.
3. Atal symud gweithwyr o'u hanfodd o Gymru. (Cynllun Sosialaidd Dalton i ddod â diwydiant at y dyn yn lle mynd â'r dyn i'r diwydiant yw'r union beth i hyn).
4. Corfforaeth Radio i Gymru.
5. Cysylltu deheubarth â gogledd Cymru trwy briffordd, gwell gwasanaethau teithio, a pholisi addysg bywiocach.

Mae'n nodedig na roddir unrhyw sylw ynddi i anghenion y Gymraeg, sy'n awgrymu bod yr iaith, yng ngolwg yr ymgeisydd, mor ddiogel yng Ngwynedd yr adeg honno fel nad oedd yn gweld bod angen na galw am ddeddfwriaeth na pholisïau newydd i'w diogelu a'i hyrwyddo. Mae'n awgrymu hefyd y peidiasai'r Gymraeg â bod yn bwnc gwleidyddol yn y blynyddoedd ar ôl pasio Deddf Llysoedd Cymru ym 1942.

Mae'r Rhaglen yn cynnwys ar ei diwedd ddwy amod hanfodol ei llwyddiant: 'Gellir *cael* y rhain os etholir Llywodraeth Lafur ac aelodau Llafur Cymreig i ymladd dros Gymru ar lawr Tŷ'r Cyffredin'. Dyma ragarwyddo dwy o brif amodau llwyddiant rhaglen wleidyddol i Gymru yn ail hanner y ganrif ddiwethaf, dwy amod sy'n dal i fod yn berthnasol.

Cyhoeddwyd y 'Rhaglen' heb gydsyniad y Pwyllgor Gwaith Cenedlaethol. Felly, nid oedd, ac ni fwriadwyd iddi fod, yn faniffesto swyddogol y Blaid Lafur. Eto, y mae iddi bwysigrwydd mwy nag a feddai pe bai'n faniffesto personol ar ran Goronwy Roberts yn unig. Cyhoeddodd W. Elwyn Jones, yr ymgeisydd Llafur ym Mwrdeistref Arfon, ei fersiwn yntau o *Llais Llafur*. Mae hon yn ddwyieithog am mai Saesneg, yn fwy na thebyg, oedd iaith llawer iawn mwy o'r etholwyr. Ond mae'r ddwy dudalen Gymraeg sydd ynddi yn cyfateb yn union i dudalennau 2 a 3 yn fersiwn Goronwy Roberts, ac felly'n cynnwys y 'Rhaglen i Gymru'. Mae bodolaeth y ddau fersiwn yn cynnwys deunydd cyffredin yn tystio bod y ddau ymgeisydd hyn yn cydweithio'n glòs yn yr etholiad. Mae'r ffaith hon, hefyd, yn gyson â'r sôn bod y 'Rhaglen' yn gynnyrch trafodaeth, dan arweiniad Goronwy Roberts, rhwng y pedwar ymgeisydd Llafur yng Ngwynedd (y ddau arall oedd Cledwyn Hughes[10] ym Môn a Huw Morris-Jones ym Meirionnydd) ac, at hynny, mae'n bosibl fod William Mars Jones, yr ymgeisydd Llafur yn etholaeth Dinbych, mewn cysylltiad â nhw. Ond, mae'n bur sicr na chyhoeddwyd fersiynau ohoni gan yr un o'r tri hyn.

Gellir edrych ar y 'Rhaglen i Gymru' fel maniffesto gan grŵp bychan, llac ei wead, o ymgeiswyr seneddol sosialaidd Cymraeg gwladgarol, yng ngogledd Cymru, mewn cynghrair ag arweinwyr lleol rhai o'r undebau llafur ar ddiwedd yr Ail Ryfel

Byd, i ddylanwadu ar Lafur i fabwysiadu polisïau i sicrhau i Gymru ei hawliau fel cenedl. Goronwy Roberts oedd ei ladmerydd amlycaf. Dadlennol yw gwrando arno'n ei gyflwyno'i hun gerbron y cyhoedd mewn cyfarfod yn y Felinheli yn ystod Etholiad 1945: 'Nid yn unig rwy'n Ymgeisydd Llafur ond hefyd yn Ymgeisydd Cymreig ac yn y Tŷ dadleuaf dros Gymru mor eofn ag unrhyw un a fo'n gwisgo label Gymreig'.[11]

Wrth gwrs, gallai'r 'Rhaglen i Gymru' fod yn ddim mwy na gormodiaeth ym mhoethder etholiad er mwyn ennill pleidleisiau. Ond ni chredaf mai dyna'r esboniad. Cofiwn fod ei hawduron wedi eu gadael eu hunain, er y rhagnodi, yn beryglus o agored i'r cyhuddiad gan y cenedlaetholwyr o dorri addewid, onid o dwyllo'r etholwyr, pe na chyflawnid y 'Rhaglen'. Pe gwyddent y ffordd yr oedd y gwynt yn chwythu ym Mhencadlys Llafur – ac ni allaf gredu na ddeallent arwyddion yr amserau – ni fyddai'n afresymol awgrymu mai rhan go bwysig o'u hamcan oedd sicrhau bod ganddynt fandad i godi'r faner i frwydro dros y Rhaglen yn y Senedd. Tybed, hefyd, a ddylid gofyn a fu gan Jim Griffiths ei hun (a gaiff ei enwi yn y *Llais*) ryw ddylanwad ar ei chyhoeddi? A roes ei fendith arni? Yn ei hunangofiant, *Pages from Memory*, dywed Griffiths iddo gwrdd â Goronwy gyntaf tra oedd yn ddarlithydd yng Ngholeg Prifysgol Cymru Abertawe (y cyfnod o fis Medi 1944 hyd at Etholiad Cyffredinol 1945), a dywed fod ganddo feddwl uchel iawn ohono a'i 'gariad dwfn at Gymru, ei hiaith a'i diwylliant'.[12] Ymhellach, gwyddom fod cynnwys y Rhaglen yn gyson â safbwynt Griffiths. At hynny, gallai ei bodolaeth fod o help iddo yntau i ateb beirniadaeth yn yr etholaethau neu pe bai'n cael trafferth ar gwestiynau Cymreig gyda gweinidogion pwysicaf Llywodraeth Lafur, dynion megis Attlee, Bevin, Morrison a Dalton. Ond rhaid ychwanegu nad oes gennyf dystiolaeth yn cadarnhau cysylltiad rhwng Jim Griffiths a'r 'Rhaglen'.

Digwyddodd yr union beth y gellid bod wedi'i ragweld. Ni wireddwyd y Rhaglen. Ar unwaith, edliwiwyd *Llais Llafur* yn ddidrugaredd i'r Blaid Lafur gan y Blaid Genedlaethol. Parhawyd i'w edliw am flynyddoedd. A chondemniwyd

Goronwy Roberts yn llym am dor-amod, onid twyll. Synhwyrwn ei fod yn teimlo i'r byw iddo gael cam gan rai o'i feirniaid a ddylasai, yn ei farn ef, wybod yn amgenach beth fyddai ei ymateb. Efallai na ddaeth dros y feirniadaeth honno. Yn Awst 1945, bu digwyddiad o bwys enfawr yn hanes y Blaid Genedlaethol a fyddai'n newid ei chwrs. Y mis hwnnw, etholwyd Gwynfor Evans i fod yn Llywydd newydd iddi – swydd y bu'n ei dal hyd hydref 1981. Fe gredai – fel ei phrif bensaer, Saunders Lewis – fod cenedl yn rhan o drefn ddwyfol, fod cenedlgarwch yn rhinwedd foesol. Ond, yn wahanol i'w phrif bensaer, cynigiai arweinyddiaeth fwy ymarferol, lai ceidwadol, ac wedi ei sylfaenu yn y traddodiad Anghydffurfiol Cymreig, fel y ceisiodd ei ragflaenydd, Abi Williams, ei wneud orau y medrai ond heb unrhyw ddylanwad. Er y byddai ysbrydoliaeth a dylanwad Saunders Lewis, ac eithrio'i Babyddiaeth, yn aros yn nerthol am ddegawdau (oblegid ef, yng ngolwg mwyafrif yr aelodaeth, oedd 'y graig' yn ei ystyr Ysgrythurol yn ôl Efengyl Mathew XVI, 16), rhoes Gwynfor Evans fantell fwy derbyniol ar y Blaid Genedlaethol. Arwydd digamsyniol o'r cyfnewid oedd dileu 'Cenedlaethol' o'i henw – ffaith a barodd flinder i rai o'r aelodau, ond ffaith sy'n cyfleu pragmatiaeth y llywydd newydd a'i benderfyniad i gefnu ar ei delwedd gyhoeddus yn y gorffennol. Trwy genhadu di-baid, diflino a di-ildio ar hyd a lled Cymru am ddeugain mlynedd a rhagor a thrwy doreth o lenyddiaeth, yn llyfrau, yn bamffledi, yn erthyglau, a channoedd o lythyrau i'r Wasg, apeliodd at werthoedd gwaelodol Radicaliaeth Ymneilltuol a Chymreig a heddychiaeth. Rhoes gefnogaeth gref i'r dynion ifainc oedd yn barod i wrthod cyflawni gwasanaeth milwrol gorfodol yn y cyfnod 1947-1962 ar dir crefyddol neu ar dir deuol 'crefyddol a chenedlaethol'. Roedd dylanwad grymus Ymneilltuaeth Gymreig, a fu am ddwy ganrif a rhagor yn meithrin yr ymwybyddiaeth a fu'n nerth i'r ymdrech dros undod cenedlaethol, yn gwanhau erbyn hyn. Ond roedd arddel ei gwerthoedd uchaf, amddiffyn y Saboth Cymreig a dadlau dros gadw'r tafarndai ar gau ar y Sul, yn gaffaeliad gwleidyddol o hyd, yn enwedig yn y Gymru Gymraeg. Roedd sefydlu Gwynfor ym 1954 yn Llywydd Undeb yr Annibynwyr Cymraeg yn tystio i'w ddylanwad cynyddol. O dan ei arweiniad, llwyddodd Plaid Cymru yn raddol i ennill cyfran gynyddol o bleidlais wrth-Lafur y dosbarth canol Ymneilltuol Cymraeg a fu'n gynheiliad i'r Blaid Ryddfrydol, a hefyd i ddenu sêl wladgarol y myfyrwyr Cymraeg yng ngholegau'r Brifysgol a fyddai, yn y man, yn athrawon ifainc, brwdfrydig yn cyfrannu i'r genhadaeth Gymreig yn yr ysgolion ac yn y wlad. Mor gynnar â'r flwyddyn 1950, gwelai Goronwy Roberts arwyddion bygythiol yn cyniwair trwy'r etholaethau Cymreig a gwledig. Mewn llythyr a ysgrifennodd 8 Awst at swyddog yn Transport House, anesmwythai:

> There is a growing feeling in Wales that the Movement is hostile to all suggestions of devolution. The attitude of the Regional Council has given force to this feeling, and the action of certain Government departments is fostering it.
>
> Our own people are dispirited and frustrated. They find it difficult to counter the arguments of the separatists.
>
> Unless we change our attitude, we shall reap an inevitable whirlwind. There are disquieting signs of this already. Candidates of the right type are becoming almost impossible to find for the marginal seats which we talk of winning. Anglesey has had difficulty in persuading Cledwyn to stand again.[13]

Rwy'n amau'n gryf iawn a oedd Jim Griffiths yn teimlo'n gwbl gysurus â'r penderfyniad i sefydlu'r Cyngor Ymgynghorol i Gymru er ei fod yn siŵr ei fod yn gam pwysig i'r cyfeiriad iawn. Atebiad ail orau ydoedd. Iddo ef, yr ateb gorau fyddai Gweinidog i Gymru yn llywyddu ar Swyddfa Gymreig. O'r Cymry a oedd yn weinidogion yn Llywodraeth Attlee, ef oedd yr unig un a ddadleuodd dros Ysgrifenyddiaeth i Gymru. Gwelai, hefyd, fod angen diwygio llywodraeth leol a chanol er mwyn darparu gwell gwasanaethau cyhoeddus.

Naill ai yn Rhagfyr 1948 neu'n gynnar ym 1949 – nid yw'r union ddyddiad o bwys – traddododd Griffiths anerchiad yn Gymraeg ar y testun 'Dyfodol Llywodraeth Cymru' i gyfarfod a gynhaliwyd yn ei etholaeth gan gangen Cwmaman o'r Blaid Lafur.[14] Cadwodd gopi ohono, sy'n awgrymu ei fod yn bwysig yn ei olwg. Dyma'i ateb i her bersonol iddo gan adran Cwmaman o Undeb Cymru Fydd i amddiffyn y gosodiad a wnaeth yn Nhŷ'r Cyffredin 'nad oedd y Cymry am gael senedd neilltuol'. Defnyddiodd y term 'neilltuol' yn gyfieithiad o'r gair '*separate*', sef y gair a ddefnyddiodd yn ei araith seneddol ar Fesur Llywodraeth Cymru, S. O. Davies, 1955. Prif bwnc yr araith oedd cyfiawnhau'r gosodiad. Ni chwiliodd ymhell am dystiolaeth i brofi ei bwnc. Defnyddiodd ystadegau Etholiad Cyffredinol 1945. Iddo ef yr oedd cyfanswm y bleidlais (14,324) a gafodd y Blaid Genedlaethol yn y saith sedd yr oedd ganddi ymgeiswyr ynddynt yn yr etholiad hwnnw (allan o'r cyfanswm o 246,026 o bleidleisiau a gafwyd yn yr etholaethau hynny) yn ategu ei osodiad yn llwyr. Iddo ef, dyna'r gwir, yr holl wir. Dadleuodd ymhellach y byddai senedd neilltuol i Gymru yn 'drychineb i Gymru', gan na allai Cymru adeiladu'r gyfundrefn economaidd yr oedd ei hangen yn 'well ac yn gyflymach ar ei phen ei hun' nag fel rhan o 'gyfundrefn economaidd Brydeinig'. Meddai: 'Trychineb fyddai ein torri ni'n hunain ymaith o ffrwd fawr datblygiad economi Prydain', neu 'droi ymaith o ffrwd fawr bywyd Prydain a dilyn rhyw nant Genedlaethol gul, Duw a ŵyr i ble'. Dyma ddadl a gawsai ei harfer ers cenedlaethau, wrth gwrs.

Ond roedd Griffiths yn ddiwygiwr. Fel yr â'r araith ymlaen, ehangodd ei chylch i gynnwys dau fater arall y gallai aelodau Undeb Cymru Fydd eu hamgyffred a'u croesawu, mae'n siŵr. Yn gyntaf, esboniodd fel yr oedd y Llywodraeth Lafur yn ceisio adeiladu cyfundrefn gymdeithasol newydd. Dyma lais y diwygiwr:

> Yr ŷm ni'n ceisio adeiladu cyfundrefn gymdeithasol newydd a fydd yn cyfuno gyda'i gilydd gynllunio economaidd a sicrwydd cymdeithasol a rhyddid ac urddas dyn. Nid lles ein pobl ni'n unig sy'n dibynnu ar ein llwyddiant ond fe geir hefyd, efallai, ateb i benbleth y cenhedloedd oll sy'n coleddu gwerthoedd gwareiddiad y Gorllewin. Wrth ddatblygu'r gyfundrefn gymdeithasol newydd hon, rhaid i ni dderbyn syniadau

newydd a pheidio ag ofni gwneuthur arbrofion . . . Rhaid i ni fagu'r ymdeimlad o gymdogaeth a chyfeillgarwch bywyd y gymdeithas. Fel y datblygwn y gymdeithas newydd hon, bydd datblygu tuag at ddatganoli a gwasgar gallu yn rhwym o ddyfod. Byddwn yn gweithio allan drwy brofiad pa bethau sy'n well eu gwneuthur o'r ganolfan a pha bethau y gellir eu gwneuthur orau yn y gymdogaeth. Ym mherthynas y llywodraeth ganol a llywodraeth leol, yr ŷm ni'n byw mewn cyfnod o symud, ond sylweddolwn i gyd fod y cyfnewidiadau'n ddymunol, ac y bydd llawer o'r cyfnewidiadau hyn yn cymryd rhyw ffurf ar wasgaru awdurdod.

Sylwer ei fod yn gweld pwysigrwydd 'magu'r ymdeimlad o gymdogaeth a chyfeillgarwch bywyd y gymdeithas' ac yn defnyddio'r term 'datganoli'. Edrychai ymlaen at adfywio cymdeithas trwy ailddosbarthu neu ieuo rhai o gyfrifoldebau llywodraeth ganol a lleol i greu'r hyn a alwai'n 'ymreolaeth o fewn talaith' – atsain o un o themâu darlith addawol a draddododd yng Nghaernarfon ym 1942.[15] Ni cheisiodd ddiffinio'r ddau ddosbarth o gyfrifoldebau y gellid, neu na ddylid, eu datganoli. Ni ellir ei feio am hynny. Ni lwyddodd y Comisiwn ar y Cyfansoddiad (1969-73) na gweision sifil disgleiriaf Swyddfa'r Cabinet i lunio'n fanwl egwyddorion cyffredinol i benderfynu pa gyfrifoldebau y gellid eu datganoli a pha rai na ellid eu datganoli i Gynulliad Cymru.

Y mater pwysig arall a gododd yn yr anerchiad oedd ein cyfrifoldeb i ddiogelu a hyrwyddo'r Gymraeg. Fe'i dyfynnaf: 'Cadw ein hiaith a chyfoethogi ein diwylliant, dyna gyfrifoldeb yr ydym ni oll yn gwbl gytûn arno. Cawsom etifeddiaeth lân i'w diogelu a'i thrin; y mae gennym y moddion i wneuthur hyn os yw'r ewyllys gennym'. Mae'r ychwanegiad, 'os yw'r ewyllys gennym', yn tueddu i wanhau'r frawddeg flaenorol – awgrym o ansicrwydd parthed y farn gyhoeddus, efallai. 'Os yw'r ewyllys gennym' ydi'r her o hyd.

Os siomwyd aelodau UCF yng Nghwmaman gan brif thema'r araith, o'r braidd bod ganddynt reswm i ddisgwyl dim amgenach. Ond gallai'r ddwy thema arall, sef datganoli a'r etifeddiaeth lân, apelio atynt. Gallai fod yma sylfaen i gynnal deialog rhwng un o arweinwyr mwyaf dylanwadol y Mudiad Llafur yng Nghymru ac arweinwyr Undeb Cymru Fydd. Adwaenwn T. I. Ellis, ysgrifennydd ymroddgar UCF, yn dda iawn yn y pum degau. Haedda eirda arbennig am faint ei wasanaeth i Gymru trwy UCF. Byddai'n ddiddorol gwybod a fu aelodau lleol Cwmaman yn ymgynghori o gwbl ag ef am eu her i Griffiths. Ysywaeth, ymddengys i mi o rediad yr araith nad oedd deialog yn uchel ym meddwl y gwleidydd, os o gwbl. Yn wir, rhoes gerydd cynnil i UCF, gan awgrymu ei fod, efallai, 'yn gwt i Blaid Genedlaethol Cymru bellach'. Ac, wrth gwrs, ac yntau'n un o weinidogion y Goron, byddai rheidrwydd arno i fod yn deyrngar i'w gyd-weinidogion a pholisi'r Cabinet. Ac fel undebwr llafur, magwyd ynddo deyrngarwch. Er na ddaeth dim o'r cyfarfod yng Nghwmaman, eto i gyd, yn yr araith hon ym 1948 roedd Griffiths wedi adnabod dwy o'r prif themâu a fyddai'n wynebu'r Blaid Lafur yng Nghymru ac yn wynebu pobl Cymru ymhen degawd, ac erbyn hynny, fel y cawn weld, byddai ei argyhoeddiad ef ei hun am eu pwysigrwydd yn amlycach.

Ni chofnodwyd hyd yn hyn holl hanes Mudiad Gweriniaethol Cymru (1948-53),[16] ond manylaf ychydig yma i esbonio'i greu a'i fachlud – ac i ganiatáu i mi barhau'n driw i hen gyfeillion ac i freuddwyd y mae ei dydd eto i ddod. Mae ei fodolaeth yn adlewyrchu'r anniddigrwydd yn rhengoedd Plaid Cymru yn y cyfnod hwn: 'Diau fod a wnelo arafwch ein twf â sefydlu'r mudiad Gweriniaethol', meddai Gwynfor Evans yn ei gyfrol *Bywyd Cymro* (t. 153). Yn hydref 1948 ffurfiwyd grŵp perswâd gweriniaethol o'i mewn. Ymhen chwe mis, arwyddwyd datganiad gweriniaethol gan un ar hugain o wladgarwyr Cymreig amlwg. Ni chyhoeddwyd eu henwau gan y gallasai'r cyhoeddusrwydd wanhau eu dylanwad o fewn y Blaid (gwelais y rhestr ymhlith papurau Clifford Bere mor ddiweddar â 1990). Cyflwynwyd Cynigiad yng Nghynhadledd Dyffryn Ardudwy 1949 yn galw ar y Blaid i ymgyrchu am nod Gwerinlywodraeth yn hytrach na safle Dominiwn o fewn y Gymanwlad Brydeinig. Cofier bod Llywodraeth Iwerddon Rydd ar ddydd Llun y Pasg

13

1949 wedi cyhoeddi ei bod yn cilio o'r Gymanwlad a bod Iwerddon mwyach yn werinlywodraeth sofran. Gwnaethpwyd hynny dan ddylanwad ei Gweinidog Tramor, Sean MacBride (mab John MacBride, un o brif arweinwyr Gwrthryfel y Pasg, 1916), sefydlydd y blaid newydd, *Clann na Phoblachta*, yn Iwerddon, a Llywydd Anrhydeddus yr Undeb Ddadlau yng Ngholeg Aberystwyth.

Bu'r cyhoeddiad hwnnw'n ddylanwad ar rai o'r gweriniaethwyr yng Ngholeg Aberystwyth fel sydd ymhlyg yn y ffaith i Sean Macbride dderbyn y gwahoddiad a estynnais iddo, fel Llywydd yr Undeb Ddadlau, i fod yn Llywydd Anrhydeddus i'r Undeb. Eto, rhaid bod yn ochelgar. Gellid yn hawdd orsymleiddio a chasglu mai cwestiynau athrawiaethol ac academaidd am sofraniaeth a'r nod cyfansoddiadol draw dros y gorwel pell oedd prif asgwrn y gynnen rhwng y gweriniaethwyr a'r arweinyddiaeth. Camgymeriad fyddai hynny. Roedd 'na anghytundebau eraill – os rhywbeth, yn bwysicach – ynghylch yr athroniaeth gymdeithasol ac ynglŷn â sut y dylid symud ymlaen o'r man roedd y Blaid ynddo. Yn fras, apeliai'r ddwy ochr at ddau draddodiad mawr a chyfoethog ond gwahanol iawn: y naill at Radicaliaeth Anghydffurfiol Gymraeg a gwledig a'r llall at radicaliaeth fwy seciwlar, mwy gwrthfrenhinol, milwriaethus a gysylltid yn arbennig â gwleidyddiaeth yn ne Cymru ddiwydiannol ac a oedd yn ymestyn yn ôl i fudiad y Siarteriaid ac ymhellach yn ôl na hynny. Ond o fewn y ddau draddodiad roedd sbectrwm o ddaliadau. At hyn, ofnai'r gweriniaethwyr y gallai pwyslais y Llywydd ar heddychiaeth brofi'n dramgwydd ar ffordd hyrwyddo'r achos cenedlaethol. Eto, roedd llawer o dir cyffredin rhyngddynt ond ni cheisiodd neb o bwys bontio'r bwlch. Ac ni wn ar bwy yr oedd y bai am hynny, os oedd bai ar unrhyw un. Cyfaddawdu â'r gweriniaethwyr oedd 'y peth olaf' ym meddwl y Llywydd. Penderfyniad yr arweinyddiaeth oedd eu hwfftio fel 'publicanod a phechaduriaid', gan edrych arnynt fel draenen yn ei hystlys ond draenen hunanddinistriol.

Collwyd y Cynigiad. Yn hytrach na cheisio cyfuno'r ddau

draddodiad, neu o leiaf geisio adeiladu ar y tir oedd yn gyffredin rhyngddynt, dewis y gweriniaethwyr mwyaf blaenllaw oedd ymadael ar unwaith i sefydlu Mudiad Gweriniaethol Cymru yn fudiad cenedlaethol ac annibynnol ar Blaid Cymru. Dyma oedd eu camgymeriad mawr, fe gredaf. Wedi pum mlynedd o weithio dyfal a dewr yng nghymoedd y de, daeth yn amlwg mai curo pen yn erbyn y wal oedd hyn ac nad oedd gobaith yn y byd o wireddu dyheadau uchelgeisiol y Mudiad. Roeddem wedi cychwyn ar daith a oedd yn amhosibl i'w cherdded yn hinsawdd ac amgylchiadau hanner olaf yr ugeinfed ganrif. Erbyn 1952-53, y llwybr oedd yn ei gynnig ei hun i'r rhai ohonom o feddylfryd sosialaidd, ac a welai fod Sosialaeth yn rhan annatod o brofiad cenedlaethol Cymru fodern ac nid yn rhywbeth ar wahân iddo, oedd ymaelodi yn y Blaid Lafur i weithio'n adeiladol gyda'r datganolwyr Cymreig yn ei rhengoedd i sicrhau bod i'r genedl Gymreig le sylfaenol yn Sosialaeth Cymru. Sylweddolem na fyddai'n gam hawdd a di-boen. Rhaid cydnabod mai rhyw 'gysgod' o aelodau fu'r rhan fwyaf a ymunodd â Llafur. Dewis y mwyafrif mawr oedd dychwelyd i gorlan Plaid Cymru. Yn y pen draw, ymwadodd y gweddill â gwleidyddiaeth unrhyw blaid am byth, a bu hynny'n golled fawr i wleidyddiaeth Cymru. Ymhlith y rhain yr oedd Huw Davies – y galluocaf o'r Gweriniaethwyr, gŵr cywir, yn gwbl rydd o fychander, a'm cyfaill pennaf.

Yn y flwyddyn 1950, a'r cylchgrawn llenyddol a dylanwadol *Y Llenor* (a sefydlwyd ym 1922 dan olygyddiaeth W. J. Gruffydd), yn wynebu ei dranc, ac ar y diwrnod y cynhaliai Plaid Lafur Cymru rali yn y Drenewydd, cynhaliodd Undeb Cymru Fydd gynhadledd genedlaethol ac amlbleidiol yn Llandrindod o dan lywyddiaeth Megan Lloyd George, aelod Rhyddfrydol Môn, i ystyried lansio deiseb yn galw am Senedd i Gymru o fewn pum mlynedd. Gwelir dylanwad Gwynfor Evans yn gryf y tu cefn i'r Gynhadledd a'r Ddeiseb. Geilw gwleidyddiaeth fawr am freuddwydion a ffydd a gweledigaeth yn ogystal ag am reswm ac ystadegau ond roedd rhaid wrth ffydd Feseianaidd i allu credu ym 1950 y gellid sefydlu Senedd i Gymru o fewn pum mlynedd. Er rhagored i ffyddloniaid yr achos oedd areithiau gwladgarol Llandrindod, nid oedd llawer o sail i'r nod heb gefnogaeth y Blaid Lafur. Ond doedd y gefnogaeth honno ddim ar y gorwel. Tueddwn i fod yn amheus o'r holl syniad am reswm arall hefyd. Ni allwn anghofio'r wers fawr a ddysgwyd gennym gan y Mudiad Gweriniaethol – sef na ddylid galw am i yfory ddigwydd heddiw.

Ym mis Mai 1954 gwrthodwyd y Ddeiseb Senedd i Gymru yn swyddogol gan Undeb Glowyr De Cymru ac yn union wedyn gan Gyngor Llafur Cymru mewn datganiad polisi.[17] Yn y datganiad, yn rhyfedd iawn, addefir:

> The Labour Party is not unsympathetic to the spirit which animates proposals for a Welsh Parliament . . . It is very easy to understand why Welshmen should seek to control their own affairs.

Ni chafwyd eglurhad boddhaol ar yr addefiad hwn. Pam ei gyhoeddi gan ei fod yn ymddangos fel pe bai'n tanseilio ymresymiad y polisi swyddogol? Y tebyg yw mai arwydd sydd yma o barch ar ran yr arweinwyr i argyhoeddiad a gwasanaeth aelodau fel David Thomas neu, o leiaf, i ddangos nad oedd Llafur yn llwyr ddiystyru eu pryderon. Awgrym o ewyllys da, ond dichon nad mwy. Aeth y datganiad rhagddo i ailadrodd y ddadl draddodiadol am bwysigrwydd clymblethiad Cymru a Lloegr:

> In our view it is a serious error in political thinking to trace the cause of past and present Welsh problems to the constitutional arrangements which exist between Wales and the rest of the United Kingdom . . . The prosperity of Wales is bound up with the prosperity of the UK as a whole. The industrial life of the United Kingdom and Wales merges and mingles into one economic system.

Erbyn heddiw, hwyrach nad yw'r gred hon mor gryf ag y bu. Ond mae eto'n parhau.

Bu gwrthod y Ddeiseb mor bendant gan Lafur yn ddyrnod drom oherwydd, o dan arweiniad Keir Hardie ac wedyn Arthur Henderson, bu traddodiad cryf o gefnogaeth i egwyddor ymreolaeth i Gymru a'r Alban ymhlith aelodau Ffederasiwn Glowyr De Cymru, y Blaid Lafur Annibynnol a'r Blaid Lafur. Ond, am y tro cyntaf erioed, dyma'i gwrthod yn swyddogol gan y Blaid Lafur. Cofiaf fel y bu'r gwrthodiad yn gryn ddryswch i rai ffyddloniaid meddylgar a adwaenwn ymhlith gwerin cefn gwlad Meirionnydd a arddelai syniadau'r Blaid Lafur Annibynnol. Yr oedd gwrthod y Ddeiseb yn gam yn ôl ac eto bu ymgyrch y Ddeiseb yn gam ymlaen, yn gyfrwng i symbylu diddordeb newydd yn y syniad o Senedd i Gymru fel y diffiniwyd ef ym Mesur Aelod Preifat S. O. Davies (1955) ac, efallai, yn anuniongyrchol, i alluogi Jim Griffiths yn fuan wedyn, gyda chefnogaeth Goronwy Roberts, Cledwyn Hughes a Tudor Watkins, i ddylanwadu ar Lafur i ymateb yn gadarnhaol i anghenion cenedligrwydd Cymreig.

Nid oes neb yn disgwyl i wleidyddion garu eu gelynion. Nid ydynt yn saint. Ond cawn yr argraff yn y cyfnod hwn fod dirmyg eithriadol – hyd yn oed ffieidd-dra – yn agwedd nifer o arweinwyr Plaid Cymru tuag at arweinwyr Llafur yng Nghymru, ac eithrio ambell un fel S. O. Davies. Dyma surni'r 'finegr' y cwynai Huw T. Edwards amdano. Ystyriwn eu bod yn rhy barod i fychanu'r arweinwyr â chreithiau'r gwaith ar eu dwylo, a fagodd gwerin ddiwydiannol Cymru iddi'i hun, i'w cyhuddo o weithredu er eu lles personol, a'u bod yn llai na pharod i gydnabod eu bod hwythau hefyd yn ddynion o allu ac o argyhoeddiad a chanddynt eu gwerthoedd a'u delfrydau. Os cywir yr argraff, pam y fath ddirmyg? Gellir cynnig sawl rheswm. Efallai mai'r prif esboniad yw'r un cenedlaethol y cyfeiriwyd ato'n barod, sef methiant Llywodraeth Attlee i werthfawrogi'r angen am raglen gyffelyb i'r 'Rhaglen i Gymru' a amlinellwyd yn *Llais Llafur*, ac annoethineb ac anwybodaeth rhai o'i gweinidogion wrth drafod problemau llosg yn y Gymru Gymraeg, fel rheibio ei thir gan y Swyddfa Ryfel a'r Comisiwn Coedwigaeth. Ond roedd y drwg eisoes yn y caws. Roedd 'oerni' (y gair a ddefnyddiai Jim Griffiths mor aml) at Lafur yno o'r dechrau – yr oerni hwnnw a ddatblygodd ar ddechrau'r ganrif rhwng cynulleidfaoedd y capeli a oedd wedi ymuniaethu â'r Blaid Ryddfrydol mewn llawer o'r ardaloedd diwydiannol a'r Blaid Lafur Annibynnol, ac agwedd rhai eglwysi at y gwrthwynebwyr cydwybodol a safai yn erbyn gwasanaeth milwrol yn Rhyfel 1914-1918 ar dir gwleidyddol. Mae Robert Pope yn trafod y berthynas hon yn feistrolgar yn ei gyfrol *Building Jerusalem: Nonconformity, Labour and the Social Question in Wales, 1906-1939*.

Ar ben hyn oll, yn ail hanner y ganrif daeth digwyddiadau ac amgylchiadau gwleidyddol – mân a mawr – yng Nghymru i waethygu'r sefyllfa. Un o'r enwocaf ohonynt yw gweithred Ness Edwards, yr aelod Llafur lleol a'r Postfeistr-Cyffredinol ar y pryd, a gelyn tanllyd i Blaid Cymru, yn torri 'Rheol Gymraeg' yr Eisteddfod Genedlaethol, ac yn ymosod arni mewn araith yn Eisteddfod Caerffili ym 1950. Roedd Cyngor yr Eisteddfod newydd fabwysiadu Cyfansoddiad newydd i'w gwneud yn gwbl glir a diamod mai'r Gymraeg fyddai 'iaith yr Eisteddfod a'r ŵyl' ac na ellid newid y Rheol hon 'dan unrhyw amgylchiad'. Daeth y Cyfansoddiad newydd i rym yn Eisteddfod Caerffili. Ond ar y deuddegfed o Awst yn ei araith yn Saesneg oddi ar lwyfan yr Eisteddfod ei hun, ymosododd Ness Edwards ar y Rheol newydd. Defnyddiodd ieithwedd a oedd yn atgoffa'r gwrandawyr am araith-carreg-filltir Winston Churchill yn Fulton, Missouri, bedair blynedd ynghynt yn ymosod ar y 'llen haearn' a rannodd gyfandir Ewrop:

> It will be a sad day when the people of Gwent and Rhymney are shut out from the great national festival. It will be terrible to feel that an iron curtain has been dropped between us and the National Eisteddfod. It will be a strange experience to feel that we are strangers in our own native land. Our conception of life and what it means is your conception; our regard for home and hearth is the same as yours. We are the same flesh and blood.

Credaf mai dyma'r tro cyntaf i drosiad y 'llen haearn' gael ei ddefnyddio yng ngwleidyddiaeth Cymru.

Aeth Edwards ymlaen:

It would be a great tragedy for Wales if the predominantly English-speaking areas are transformed into Welsh Sudetenlands, shut out of all things Welsh by a barrier of our own creation. It is an old controversy that cannot be settled in an atmosphere of bitterness. The road to progress is one of peace, persuasion, example and kindly toleration. We shall slip, and slip badly, if this Eisteddfod of Wales ceases to represent the whole of the people of Wales. Once it becomes a preserve for a minority or coterie none will heed it and the one thing that keeps us all together will have gone from us. We quarrel far too much among ourselves. That may be inevitable, but let us keep the National Eisteddfod.[18]

Ar waethaf yr ieithwedd, ymddengys fod sylwedd ei ddadl yn dderbyniol i ambell Gymro gwlatgar fel Alun Talfan Davies a'r Dr Jac L. Williams. Ond fe'i atebwyd yn syth gan ddadl gryfach, sef mai bodolaeth y Rheol Gymraeg a ddiogelai hanfod yr Eisteddfod Genedlaethol. Ar unwaith, 'dangosodd cynulleidfa'r Eisteddfod yn ddigamsyniol ble y safai hi ar fater yr iaith'. O'r ochr arall, aeth gyrwyr bysiau'r Cyngor lleol a gludai eisteddfodwyr i faes yr Eisteddfod ar streic mewn cydymdeimlad â'u haelod seneddol.

Er i Ness Edwards fynegi'r dymuniad i gerdded y llwybr heddychol, ni fu ei araith yn Eisteddfod Caerffili yn gyfraniad i heddwch a chymod. Yn hytrach, yn y weithred honno gwelai eisteddfodwyr, caredigion y Gymraeg ac eraill brawf o wrth-Gymreigrwydd ar ei ran ef ac ar ran y Mudiad Llafur. Yn wir, bu adwaith cryf yn ei herbyn drwy'r Gymru Gymraeg a gwnaeth ddirfawr ddrwg i Lafur.

Roedd Ness Edwards yn ŵr cryf a galluog, yn undebwr llafur ac yn ffigwr o gryn awdurdod a gynrychiolai fuddiannau pwysig yn y Blaid Lafur yn ne Cymru yn y degawdau ar ôl yr Ail Ryfel Byd hyd at ei farw ym 1968. Dyna ddigon o gyfiawnhad dros ymhelaethu am ei fywyd a'i waith a cheisio esboniad am ei elyniaeth at genedlaetholdeb Cymreig, ac nid yn unig ei ddilorni a'i gondemnio. Ganed ef yn Abertyleri ym 1897, yr un flwyddyn ag y ganed Aneurin Bevan yn y Cwm cyfagos, yn fab i löwr. Ei enw bedydd oedd Onesimus ond newidiodd ei enw. Roedd ei fam, Ellen, yn grefyddol wrth ei natur, yn Fedyddwraig selog yn y capel a alwyd 'Blaenau Gwent' (a sefydlwyd ym 1660) ac yn gymeriad grymus. Dywedir gan ei gofiannydd, Wayne David, mai hi a'i gweinidog, y Parchedig Thomas Towy Evans, fu'r ddau ddylanwad mawr arno yn ei ddyddiau cynnar. Yn bymtheg oed, fe'i penodwyd yn athro Ysgol Sul. Aethai i weithio i lofa'r Six Bells yn dair ar ddeg oed ond roedd â'i fryd yr adeg honno ar y Weinidogaeth. Yn fuan, cymerodd ddiddordeb yng ngweithgarwch Ffederasiwn Glowyr De Cymru (y 'Ffed') a mynychodd ddosbarthiadau nos yn Neuadd y Gweithwyr, a daeth i amgyffred: 'The big men in the pit were always the big men in the chapel'. Onid rhagrith oedd addoli Duw a Mamon? Pan dorrodd y Rhyfel Mawr, safodd Ness Edwards yn gwbl gadarn yn erbyn cyflawni unrhyw fath o wasanaeth milwrol ac yn sgîl hynny fe'i carcharwyd yn Dartmouth ac ar ôl hynny yn Wormwood Scrubs. Ym 1919, enillodd un o chwe ysgoloriaeth y Ffed a chawn ef yn y Coleg Llafur Canolog yn Llundain (y ceir sylwi arno ymhellach ymlaen) yn gyd-fyfyriwr ag Aneurin Bevan a Jim Griffiths. Dychwelodd i dde Cymru a bu'n ddi-waith, yna'n diwtor rhan-amser gyda'r Plebs League cyn ei ailgyflogi yn y Six Bells. Ym 1925, priododd ag Elina Victoria Williams, Cymraes Gymraeg ac athrawes, a hanai o Aberaeron. Ym 1927, penodwyd ef yn Ysgrifennydd llawn-amser Cyfrinfa ddylanwadol glofa Penallta ac yna tua 1933 yn Asiant y Glowyr, Dwyrain Morgannwg. Ysgrifennodd nifer o lyfrau trymion. Yr un cyntaf oedd *The Industrial Revolution in South Wales* a gyhoeddwyd ym 1926, a chyfrol a gyfrifai'r Athro Gwyn Alf Williams yn 'orchest nodedig'. Ym 1929, fe'i hetholwyd yn aelod Llafur o'i awdurdod lleol. Ac o 1939 hyd ei farw ym 1968 bu'n Aelod Seneddol dros Gaerffili. Bu'n Gadeirydd Grŵp Seneddol yr Undebau Llafur ym 1964 a rhoddodd hyn gryn ddylanwad iddo ar y meinciau cefn. Nid amherthnasol yw cofio iddo ymweld â gwersyll-garchar y Natsïaid yn Buchenwald yn yr Almaen yng ngwanwyn 1945, dair wythnos ar ôl ei ryddhau gan y fyddin Americanaidd. Yn y barbareiddiwch a welodd yno – y siambrau nwy a'r llwythi o ysgerbydau dynol – gwelodd fel y gallai dyn foddi yn ei lygredigaeth ei hun. Yn ôl y teulu, bu'r profiad ysgytiol a gafodd yn Buchenwald yn rhan o'i fywyd am byth.[19] A yw hi'n bosibl fod y profiad hwn wedi ei arwain ar gyfeiliorn ar natur cenedlaetholdeb Cymreig?

Y prif eglurhad a gynigir yn fynych am ymosodiadau Ness Edwards ar genedlaetholdeb Cymreig yw'r ysgol o feddwl a ddylanwadodd arno yn y Coleg Llafur Canolog. Mae hynny'n debygol iawn o fod yn wir. Roedd byd o wahaniaeth rhwng syniadaeth Cymru Fydd, â'i bwyslais ar ffyddlondeb i'r genedl, a syniadaeth y Coleg Llafur Canolog â'i bwyslais ar deyrngarwch i'r ddynoliaeth. Ond, hefyd, efallai na ddylid anwybyddu'r newidiadau ieithyddol a diwylliannol aruthrol oedd ar waith yn Abertyleri ei ieuenctid. Erbyn hyn roedd y dref wedi ei Seisnigo'n drwm ac aeth y Cymry Cymraeg yn lleiafrif bychan yn y gymdeithas. Yn ôl ffigurau Cyfrifiad 1901, 0.6 y cant o boblogaeth Cyngor Dosbarth Trefol Abertyleri oedd yn uniaith Gymraeg, 88.5 y cant yn uniaith Saesneg a 10.9 y cant yn medru'r ddwy iaith; erbyn 1911 (a phoblogaeth y dref wedi dyblu mewn degawd), 0.3 y cant oedd yn uniaith Gymraeg, 92.6 y cant yn uniaith Saesneg a 7.1 y cant yn medru'r ddwy iaith.[20] Tyrrai gweithwyr uniaith Saesneg yno wrth y miloedd o siroedd cyfagos Lloegr. Mynnodd y barddlowr, Amanwy (brawd Jim Griffiths), a fu'n gweithio am ysbaid yn y Six Bells tua 1900: 'Nid lle i Shir Gâr ddibrofiad oedd Abertyleri y dyddiau hynny'.[21] Bellach safai Abertyleri ar y ffin rhwng dau ddiwylliant, dwy genedl – a'r Gymraeg wedi encilio o eglwys 'Blaenau Gwent'. Diddorol iawn yw'r disgrifiad o'r Parchedig Towy Evans gan B. P. Jones, yn ei gyfrol *Sowing Beside All Waters – The Baptist Heritage of Gwent*: 'A widely admired Welshman who had enough vision and courage to steer his church into the age of the "English" without shattering its unity'.[22] Ond tybed a fu pethau mor esmwyth ag yr awgryma'r dyfyniad? Os yw'r darlun hwn yn gywir, gwelir fel yr oedd

21

effeithiau'r Chwyldro Diwydiannol, ynghyd â bri'r Ymherodraeth Brydeinig, wedi tanseilio'n fawr ymlyniad y gymdeithas frodorol at y Gymraeg a'i hen arferion. Dyma'r gymdeithas a ffurfiodd brofiad ieuenctid Ness Edwards.

Yn y fan hon, dylid sylwi ar un peth arall. Rhoes y Parchedig Towy Evans gefnogaeth annisgwyl i ryfel 1914-18: 'No one hated war more than Towy Evans and yet when it came in 1914 he considered it a necessary evil for the defence of freedom and liberty for which he had given his life in the ministry' yw sylwadaeth hanesydd eglwys Blaenau Gwent 1660-1960. Ar unwaith cefnodd Ness Edwards ar ei fryd i fynd i'r Weinidogaeth. Er cymaint oedd ei barch i'r dylanwad a gawsai Towy Evans arno cyn dyfodiad y Rhyfel Mawr, tybed na welai yn ei agwedd at y rhyfel awgrym o ragrith – yn frwd o blaid heddwch ond yn gryf o blaid y Rhyfel hwnnw? Dyna'r rhagrith a welwyd yn rhai o Anghydffurfwyr y cyfnod.

I ddychwelyd at y gwrthdrawiadau celyd rhwng Llafur a Phlaid Cymru. Fe'u gwelir, hefyd, ym mhrofiad Gwynfor Evans yn ei ymdrechion dros y Gymraeg o 1945 ymlaen fel aelod o Gyngor Sir Caerfyrddin. Cwynodd yn *Rhagom i Ryddid*[23] na chafodd ei roi ar yr un o 30 o isbwyllgorau'r Cyngor Sir ar wahân i dri o isbwyllgorau digon diniwed yr Awdurdod Addysg. Dyma'r math o unbennaeth plaid a wnaeth gymaint o ddrwg i wleidyddiaeth yn y cyfnod hwn. Clywais gan Mrs May Harries, Rhydaman, nith i Jim Griffiths (y byddaf yn sôn amdani eto) fod ei hewythr yn teimlo'n chwithig wrth glywed am rai o weithgareddau'r cawcws ar gynghorau llywodraeth leol; ond ni wn i ba raddau yr ymyrrodd ef â'r drefn.

Mae lle, wrth gwrs, i ddirmyg a dicter yn y ddadl wleidyddol er mwyn gwneud pwynt yn effeithiol. Ond cafwyd dirmyg at y Blaid Lafur a oedd weithiau bron yn fitriolig yng ngwleidyddiaeth Cymru yn ail hanner y ganrif ddiwethaf. Sut y byddai hi wedi bod pe bai Plaid Cymru – a chyn hynny, y Blaid Genedlaethol dan arweiniad Saunders Lewis – a oedd yn llefaru yn enw Cymru wedi'r cyfan, wedi llwyddo i fod yn llai dirmygus ac yn fwy goddefgar at wŷr Llafur, a chydnabod bod ynddynt rinweddau? Byddai pethau wedi bod yn wahanol. Ac mae'n bosib y byddid wedi osgoi argyfwng 1979.

Mae bodolaeth gwrthblaid gref i ddylanwadu ar y farn gyhoeddus a llywodraeth y dydd yn hanfodol i iechyd y gymdeithas sifil. Dim ond ar adegau o gyfyngder neu gyfle eithriadol ym mywyd gwlad a chenedl y gall rhaglen yr un blaid wleidyddol fod yn sylfaen i undod cenedlaethol. Enghraifft drawiadol o'r eithriad fu llwyddiant plaid Tomos Masaryk (1850-1937), arlywydd cyntaf gwladwriaeth newydd Tsiecoslofacia, yn amgylchiadau'r Rhyfel Mawr. Edmygwyd y gwladgarwr mawr hwn, a alwyd yn 'Ewropead mwyaf ei ddydd, banerydd rhyddid i ddyn a chenedl', a'i lyfr enwog a dylanwadol, *The Making of a State*,[24] gan Gwynfor Evans[25] a chan Saunders Lewis.[26] Ymddengys i mi fod llwyddiant Tomos Masaryk yn sefydlu'r wladwriaeth newydd ar derfyn y Rhyfel Mawr yn deillio'n rhannol o'r sefyllfa arbennig yr oedd ynddi: amgylchiadau'r Rhyfel hwnnw a bod ganddo gymorth ei fyddin o dair mil yn ymladd ochr yn ochr â byddin Ffrainc yn erbyn yr Almaen. Heb gyfyngder anghyffredin neu gyfle eithriadol, rhaid i'r pleidiau mewn cystadleuaeth â'i gilydd weithio dros sefydliadau newydd, dros ddatblygu'r wlad, a thros y diwylliant arbennig sy'n gysylltiedig â'i hanes a'i hiaith. Rhannu gwlad, yn hytrach nag uno, y mae 'plaid' o reidrwydd.

Daeth arweinyddiaeth Plaid Cymru i gredu, gydag angerdd didwyll, nad oedd ond un ffordd ymlaen i Gymru – a ffordd Plaid Cymru oedd honno. Ond yr oedd Cymry Cymraeg pybyr, meddylgar, ac adnabyddus ym mywyd Cymru, yn weithgar yn y Blaid Lafur yn y degawdau wedi'r Ail Ryfel Byd. Gwelent nad oedd y drefn gyfansoddiadol yn rhoi cydnabyddiaeth i Gymru fel aelod-genedl o'r Deyrnas Unedig a galwent am ei chywiro, ond heb dorri'r undod Prydeinig. Yn eu mysg yng ngogledd Cymru, yr oedd yr arloeswr David Thomas; Huw T. Edwards, a alwyd yn '[B]rif Weinidog Answyddogol Cymru'; Tom Jones (Shotton), un o'r Cymry Cymraeg prin a ymladdodd yn y Frigâd Ryngwladol yn erbyn lluoedd Ffasgaidd y Cadfridog Franco yn y Rhyfel Cartref yn Sbaen; y llengar Aneurin Owen, ysgrifennydd cyffredinol olaf Undeb Chwarelwyr Gogledd Cymru; y Cynghorydd Ifor Bowen Griffith, cenedlaetholwr, sosialydd a brenhinwr; Cyril O. Jones, y cyfreithiwr o Wrecsam; y darlithwyr, T. I. Jeffreys-Jones, Huw Morris-Jones, Dr Cyril Parry (awdur yr astudiaethau ysgolheigaidd ar y Mudiad Llafur yng Ngwynedd), Frank Price Jones, a'i dad yng nghyfraith, J. C. Thomas, trefnydd y *WEA*; y bargyfreithiwr John Jones-Roberts a wnaeth, rhwng y ddau Ryfel Byd, ddiwrnod da iawn o waith dros achos Senedd i Gymru, gan ei chynnwys yn ei raglen seneddol pan oedd yn ymgeisydd Llafur ym Meirion, a pharhaodd ei gefnogaeth yn y pum degau; Walter Williams, prifathro ysgol gynradd Dinas Mawddwy, a'r Cynghorydd Sirol, William M. Williams o'r Manod; pob un ohonynt yn rhugl yn y Gymraeg.

Y pennaf ei ddylanwad cyhoeddus o'r gwŷr da hyn am yr ugain mlynedd wedi'r Ail Ryfel Byd oedd yr undebwr llafur, Huw T. Edwards. Carai Gymru, ei gwerin a'i hiaith yn angerddol, hoffai lên y Tylwyth Teg, a charai gwmni beirdd a llenorion – a bu'n rhyfeddol o hael wrth lawer ohonynt – ac yn hynod o garedig wrth *Y Faner*. Erbyn hyn mae gennym gofiant teilwng iddo.[27]

Gwnaeth Attlee, ar anogaeth daer Jim Griffiths, gymwynas fawr â Huw T., a chymwynas fwy â Chymru a'r Blaid Lafur, trwy ei benodi ym 1949 yn gadeirydd cyntaf Cyngor Cymru a Mynwy. Yn y swydd honno, tyfodd i fod yn Llefarydd Cenedlaethol i Gymru. Ymddiswyddodd o'r gadeiryddiaeth ac o'r Cyngor ym mis Hydref 1958 pan wrthododd Llywodraeth Harold Macmillan argymhelliad y Cyngor yn ei *Drydydd Memorandwm* i sefydlu Swyddfa Gymreig ac Ysgrifennydd i Gymru gyda sedd yn y Cabinet. Ymunodd â Phlaid Cymru ym mis Awst 1959 a dychwelodd at Lafur ym 1964.

Dadleuodd Huw T. yn ddewr ac yn finiog â'r gweinidogion a'r uchel swyddogion dros achos Cymru. Cyffesa yn ei hunangofiant ei edmygedd o gerdd Hedd Wyn:

> Frwydrau'r ddaear, gloywch fy enaid;
> Creithiwch fy nghorff, heneiddiwch fy nhrem,
> Cyd yr agorwch ddorau'r byd euraid
> I fab y dymestl a'r frwydr lem.[28]

24

Bron na ddywedwn mai dyna hefyd yw'r disgrifiad gorau o Huw T. Edwards ei hun: arwr y 'frwydr lem'. Parodrwydd a gwroldeb i ymladd y frwydr honno oedd ei gryfder. Ond roedd ynddo duedd weithiau i ruthro i'w hymladd heb geisio rhagweld sut y byddai'n cyfrannu i strategaeth y tymor hir. Efallai mai dyna'r esboniad am rai o'r anghysonderau yn ei yrfa wleidyddol. Beth bynnag am hynny, rhaid diolch am wasanaeth y Cymro deinamig hwn i fywyd ei genedl.

Eithriadau go brin ar y llwyfan gwleidyddol oedd y chwiorydd. Roedd hyn yn gyson â safle isradd y ferch mewn bywyd cyhoeddus ar hyd yr oesoedd, ond sefyllfa a fyddai'n gweddnewid yng Nghymru ymhen hanner canrif. Ymhlith y rhai mwyaf adnabyddus yr oedd y Cynghorydd Mrs Dorothy Rees, y Cynghorydd Mrs Loti Rees-Hughes, y Cynghorydd Mrs K. W. Jones-Roberts (yn briod â John Jones-Roberts) a Mrs Eirene White (merch Dr Tom Jones, yr *eminence grise*) ac a fyddai, ymhellach ymlaen, yn weinidog effeithiol iawn yn y Swyddfa Gymreig. Roeddent yn ferched craff, diwylliedig a phenderfynol. Gwnaethant lawer iawn o waith i hyrwyddo agweddau pwysig ar fywyd Cymru, yn arbennig addysg, iechyd a'r amgylchedd. Serch hynny, roedd gwahaniaeth barn ar y flaenoriaeth y dymunent ei rhoi i warchod cenedligrwydd Cymreig.

Ar wahân i Jim Griffiths, y seneddwyr Llafur Cymreig amlycaf yn y cyfnod penodol hwn tros fuddiannau Cymru a'r Gymraeg oedd S. O. Davies, Goronwy Owen Roberts, Cledwyn Hughes, Tudor Watkins, T. W. Jones (er i lai graddau), Robert Richards,[29] a gwerthfawrogwyd cymorth Peter Freeman, aelod Casnewydd (1945-1956). Dyrnaid oeddent a bu eu gwaith yn anodd. Eto, buont yn ddylanwadol. Roedd lleisiau S. O. Davies a Goronwy Roberts yn bwysig iawn er, efallai, nad y pwysicaf oll, ac yn lleisiau sy'n haeddu gwrandawiad pellach.

Ganwyd Stephen Owen Davies ym 1886, mae'n debygol (mae peth ansicrwydd ynghylch union ddyddiad ei eni) ym mhentref Cap Coch, a elwir heddiw yn Abercwmboi, Cwm

Cynon, yn fab i Esther a Thomas Davies. Glöwr oedd Thomas Davies a gwrthryfelwr a gyfrannai i *Tarian y Gweithiwr* o dan y ffugenw 'Y Llwynog o'r Graig' o blaid y glowyr a'u hiawnderau. Magwyd S. O. ar aelwyd drwyadl Gymreig. Gadawodd yr ysgol yn ddeuddeg oed i fynd i weithio i lofa Cwmpennar pryd y dechreuodd ymddiddori yng ngwleidyddiaeth y Ffed. Ond, yn wahanol i'w gyfoedion, cafodd addysg Brifysgol. Edmygai R. J. Derfel, yr arloeswr sosialaidd. Ymunodd â'r Blaid Lafur Annibynnol ac uniaethodd ei hun â'i ragflaenydd enwog, Henry Richard, a adwaenid fel yr 'Apostol Heddwch' ac fel yr 'Aelod dros Gymru', a Keir Hardie. Roedd yn un o gyfeillion agos y Marcsydd Niclas y Glais ac yn edmygydd mawr o'r drefn Sofietaidd. Hefyd, byddai'r gweriniaethwr Harri Webb yn hollol gartrefol yn ei gwmni yn y chwe degau a'r saith degau. S. O. oedd y gwrthryfelwr pennaf (ar rychwant o faterion heblaw'r cwestiwn penodol o Senedd i Gymru) yn rhengoedd Llafur yng Nghymru am y chwarter canrif ar ôl yr Ail Ryfel Byd. Collodd y chwip dair o weithiau rhwng 1953 a 1961. Meddai, yn briodol iawn, amdano'i hun yn *Y Cymro* ym 1970:

> Un peth maen nhw ddim wedi'i wneud gydag S. O. – 'dyn nhw ddim wedi gallu gwneud '*professional politician*' ohono ef. A Duw a'n helpo i tawn i wedi mynd i'r cyfeiriad hwnnw![30]

Yn anad dim, dyma ddyn o farn annibynnol a ffigwr gwrthsefydliadol ei ysbryd, fel ei dad o'i flaen. Felly, prin y gellir disgwyl iddo gael dylanwad uniongyrchol ar bolisïau ei blaid ei hun. Bu'n aelod seneddol rhagorol ar ran ei etholaeth, Merthyr Tudful. Yn ddiamau, bu Plaid Cymru hithau yn drwm iawn ei dyled iddo am ei lafur a'i frwdfrydedd dros hunanlywodraeth i Gymru mewn dyddiau blin.

Haedda llais Goronwy Owen Roberts yntau sylw arbennig. Un o feibion Bethesda a mab i siopwr ydoedd. Roedd Bethesda yn dref ac iddi fawredd ond yno, hefyd, bodolai'r rhaniadau a ddilynodd Streic Fawr y Penrhyn (1900-1903). Dysgodd gan ei fam (a fu, yn ôl pob sôn, yn ddylanwad mawr arno) am ddioddefaint y chwarelwyr a'u teuluoedd a'r gymdeithas gyfan yn ystod y Streic Fawr a'r ddrwgdybiaeth a'i dilynodd. Ar hyd ei oes yr oedd yn ymwybodol o'r emosiynau ysol a grëwyd gan y Streic. Gwelai ynddi 'draddodiad popeth bywiol yng Nghymru'.[31] Ef oedd un o sylfaenwyr Mudiad Gwerin,[32] y mudiad sosialaidd a gwladgarol a ffurfiwyd ymhlith myfyrwyr Coleg y Brifysgol, Bangor, ym 1937 mewn ymateb i agweddau ar bolisi economaidd a chymdeithasol Plaid Genedlaethol Cymru a ystyrient 'yn wrth-gynyddol, yn wrth-werinol' ac 'yn groes i rai o argyhoeddiadau dyfnaf y genedl'.[33] Saif ei enw ymhlith cefnogwyr blaenllaw W. J. Gruffydd yn isetholiad chwerw sedd y Brifysgol ym 1943 – un o isetholiadau enwog y ganrif yng Nghymru – a thalodd wrogaeth deilwng iddo yn ei angladd – dwy ffaith sy'n arwydd na cheisiai Goronwy Roberts ddealltwriaeth â'r Blaid Genedlaethol. Byddai'n talu'n ddrud am hynny.

Pan etholwyd ef i'r Tŷ Cyffredin ym 1945, yr oedd yn 31 oed. Yn ymddangosiadol, gwelid bod ynddo holl elfennau gwir wleidydd. Fel myfyriwr ym Mangor ac wedi hynny yng Ngholeg y Brenin Prifysgol Llundain, nid oedd amheuaeth ynghylch ei ddawn ysgolheigaidd. Roedd ganddo fel ysgrifennwr arddull odidog yn y ddwy iaith.[34] Fel areithydd yn ymgyrch etholiadol 1945 yr oedd mor huawdl nes cyfeirir ato yn *Llais Llafur* gan 'Gyfaill' dienw (sef John Roberts Williams) fel Lloyd George newydd:

> Gwelir LL.G. ifanc arall yn y bachgen hwn – ei huodledd yn y ddwy iaith, ei frawddegau cofiadwy, ei weledigaeth, ei gydymdeimlad, a'i gasineb deifiol at bob rhaib a rhagrith a snobyddiaeth.

Dywedir iddo wrthod derbyn swydd isweinidog yn llywodraeth gyntaf Attlee. Byddai hynny'n gyson â phenderfyniad ar ei ran i fod yn aelod tros Gymru. Ond ni wn am unrhyw gadarnhad iddo gael cynnig swydd gan Attlee, ac ni wyddai John Roberts Williams yntau am sail i'r dyb. Cychwynnodd ar ei yrfa seneddol gryn chwe blynedd o flaen ei gymydog Cledwyn ond er efallai mai Goronwy oedd y meddyliwr cryfaf o'r ddau, yr oedd Cledwyn erbyn 1959 wedi dal i fyny ag ef ac wedi ennill y blaen arno pan benodwyd ef i fainc flaen yr Wrthblaid. Rhoddodd Harold Wilson ei swydd gyntaf i Goronwy mewn llywodraeth pan benododd ef yn weinidog yn y Swyddfa Gymreig (1964-1966) yn ddirprwy i Jim Griffiths, a rhoddodd hynny hwb gref i'r gred y byddai'n fuan yn cyrraedd y brig. Ond nid olynodd Jim Griffiths, fel y disgwylid. Er iddo fod yn weinidog yn y Swyddfa Addysg a Gwyddoniaeth (1966-67), yn y Swyddfa Dramor (1967-68) a thrachefn, ac yntau'n Ddirprwy Arweinydd Llafur yn Nhŷ'r Arglwyddi (1974-80), a hefyd yn y Bwrdd Masnach (1969-70), cyfrifoldebau sy'n tystio bod gan Wilson barch i'w dalent a'i rinweddau fel gweinidog, eto ni chafodd ei ddyrchafu i'r Cabinet, ffaith sydd, efallai, yn awgrymu bod ynddo ryw lesteirwydd hefyd. Ond hyd yn oed heddiw, mae'n anodd iawn rhoi bys ar y llesteiriad. Fe fyddai rhai pobl yn cyfeirio at y duedd oedd ynddo at ormodiaeth wenieithus. Ond a fuasai hynny ynddo'i hun yn ddigon i'w gadw rhag dal i ymesgyn yn y byd gwleidyddol? Wedyn, clywsom ddweud nad yw ysgolheigion yn aml yn gwneud gwleidyddion mawr yng ngwledydd Prydain. Os yw hynny'n wir, ai dyna'r gwir am Goronwy Roberts? Ac yn y coffâd a fu amdano yn y Times ar 24 Gorffennaf 1981, ceir y sylw hwn:

> He always commanded the respect of the Foreign Office and Commonwealth Ministers, but some critics within and outside the Parliamentary Labour Party sometimes thought he lacked political robustness, and became too much a mouthpiece of the department, at least in the House of Commons.

Wn i ddim am hynny. Ym mhrofiad John Morris a minnau o ohebu ag ef yn y blynyddoedd 1955-57, teimlid mai'r diffyg ynddo oedd ei fod weithiau'n addo gwneud pethau o bwys ac yn anghofio am yr addewid – un o hen wendidau'r natur ddynol; a'i fod yn amhendant pan oedd galw am fenter a phenderfyniad.[35] Er enghraifft, er iddo gytuno â'r ddau ohonom y dylai'r Blaid Lafur yng Nghymru sefydlu cylchgrawn sosialaidd Cymreig a bod hynny'n 'hanfodol'[36] ac er ei fod wedi addo y byddai'n 'bathu cwrs o waith' i'r 'Llafurwyr Tros Gymru' (ei ymadrodd ef) ac yn galw cyfarfod o'r brodyr at ei gilydd ac y câi John Morris a minnau wahoddiad iddo, ni ddaeth dim o'r addewidion, ac ni ddaeth yr un gair o esboniad am hynny. Ailfeddwl am 'ddoethineb' y cam? Amhendantrwydd? Prysurdeb etholaethol? Neu, yn bwysicach, a welir yma ryw ddiffyg greddf weithredol yn ei gyfansoddiad?

Hyd yn oed pe bai Goronwy Roberts yn dipyn o enigma (ym marn rhai Cymry), nid oes rhaid meddwl bod ynddo 'wendid' fel gwleidydd. Gallwn enwi llawer iawn o wleiddyddion galluog, dysgedig ac egwyddorol na lwyddodd, lawer ohonynt, i adael y meinciau cefn, ond nid ystyrir eu bod yn fethiant oherwydd hynny. Ni ddylid mesur a phwyso cyflawniad y gwleidydd yn unig yn ôl y swyddi gwleidyddol a ddaeth i'w ran drwy haeddiant, ffafr neu lwc ond hefyd ar sail y cyfan a gyflawnodd yn ei fywyd. Bydd Goronwy Roberts yn haeddiannol enwog am ffurfio'r Mudiad Gwerin, er na ddaeth dim ohono pan ddaeth y Rhyfel i chwalu'r aelodau. Rhaid diolch am y 'Rhaglen i Gymru', am y 'Portreadau' gwerthfawr – rhai'n athronyddol, rhai'n hanesyddol a rhai am ddigwyddiadau'r dydd ond y cyfan mewn Cymraeg gloyw – a ysgrifennai'n wythnosol i'r *Cymro* yn y cyfnod 1955-1962 (pan oedd y papur yn gwerthu oddeutu 26,500 o gopïau); ac am ei waith blaenllaw ar hyd y blynyddoedd yn agor clust a chalon y Mudiad Llafur yng Nghymru i'r achos deallusol dros bolisïau Cymreig. Nid oedd modd gwybod bryd hynny fod ei strategaeth ganolog o Gymreigio'r Blaid Lafur yng Nghymru yn un y gellid ei gwireddu. Ond fe'i gwireddwyd.

2

O Waith Isa'r Betws i'r Swyddfa Gymreig

ERBYN CANOL y pum degau, credwn mai i gyfeiriad Jim Griffiths, yr undebwr a'r aelod seneddol Llafur dylanwadol o dde-orllewin Cymru, yn anad neb (heb eithrio hyd yn oed Aneurin Bevan, areithydd seneddol mwyaf ei ddydd), y dylid edrych am arweiniad a allai agor pennod newydd yng ngwleidyddiaeth Cymru – er gwaethaf ei wrthwynebiad i'r Ddeiseb Senedd i Gymru a'r feirniadaeth lem a fu arno gan genedlaetholwyr a gweriniaethwyr. Roedd ganddo amgyffred o ddyfnder pryderon ei gyd-Gymry am argyfwng eu hetifeddiaeth genedlaethol. Ef oedd yr aelod seneddol Cymraeg mwyaf effeithiol yn rhengoedd Llafur.[37] Nid oedd neb yng Nghymru gyfysgwydd ag ef yn y Blaid Lafur ar wahân i Aneurin Bevan. Mae'n wir ei fod yn amddifad o ddychymyg creadigol a miniogrwydd anafus ei gystadleuydd o Lynebwy ond, yn wahanol iddo ef, cymerai Griffiths olwg ffafriol ar egwyddor datganoli a gallai adeiladu consensws ar draws rhychwant o feysydd. Deallai ei gydweithwyr yn y Mudiad Llafur a'u gobeithion a'u delfrydau. Roedd ganddo'r ddawn i synhwyro'r hyn a fyddai neu na fyddai'n dderbyniol i gyfangorff y Mudiad Llafur. Felly, gellir dweud ei fod yn realydd. Eto, nid oedd heb ei elynion gwleidyddol, ac nid oedd dim meddalwch ynddo yntau, 'chwaith. Ond, yn wahanol i eraill, ymgyrchai dros ei achosion heb suddo i gasáu ei wrthwynebwyr. Teimlwn fod hynny'n egwyddor ganddo. Anaml iawn y clywais ef yn llawdrwm ar ei gyd-wleidyddion (gydag un eithriad, a George Thomas oedd hwnnw).

Yn ogystal â bod yn un o arweinwyr blaenaf y Blaid Lafur ym Mhrydain am dros ugain mlynedd, bu'n aelod o Bwyllgor Gwaith Cymdeithas y Ffabiaid am flynyddoedd ac yn ddarlithydd yn ei hysgolion hydref. Cofier y byddai rhai o feddylwyr disgleiriaf y Chwith yn darlithio i'r Ffabiaid, dynion fel R. H. Tawney, William Beveridge, G. D. H. Cole, Harold Laski ac Aneurin Bevan, ond byddai gan y ddau Gymro adnabyddiaeth bersonol o broblemau beunyddiol a dyheadau gwerin gwlad. Wrth baratoi darlith neu araith, byddai'n ei fodloni ei hun fod pob argymhelliad polisi yn ymarferol, yn berthnasol ac yn gam ymlaen tuag at y gymdeithas gyfiawn. Fel'na y gwelai ef y broses wleidyddol yn gweithio orau: dechrau trwy adnabod cymdeithas fel y mae heddiw (ac nid fel y dylai fod), yna fel y bydd yfory wedi'i diwygio, ac wedyn fel y dylasai fod yn nrych ein delfrydau. Ni fynnwn awgrymu ei fod yn gawr o ddarlithydd.[38] Roedd ar ei orau fel areithydd rhugl yn tynnu ei nerth o'i gynulleidfa. Siaradai o'i galon a chyrhaeddai galon. Bu llawer o gwyno amdano am hynny, a hawdd fyddai ei feirniadu am fod ynddo ormod o ddwyster teimlad. Ond iddo ef yr oedd teimlad yn rhan annatod o fywyd. Clywsom ef yn holi: 'Beth yw bywyd heb deimlad?'. Yn ei ysgrif ar y testun 'Y Propagandydd' (anghyhoeddedig), a ysgrifennodd oddeutu 1963 (a fwriadwyd, mi gredaf, ar gyfer ei hunangofiant, *Pages from Memory*), fe ddywed:

> The orator to whom an audience has failed to give words and phrases which are expressive of its mood and feeling has missed one of the great joys of oratory.

A dywed amdano'i hun:

> I must confess that I enjoy speaking to mass meetings and mass conferences. I like it better than speaking in Parliament. In part that is probably because I am better at passionate persuasion than at detailed debate.

Hwyrach y gwelir yma ddylanwad y Gymanfa Bregethu Gymraeg. Ond uwchlaw pob dim arall, rhaid cofio am ei gyfraniad eithriadol bwysig i'r Blaid Lafur – ei waith fel cymodwr effeithiol rhwng ei gwahanol garfanau, fel adeiladydd pontydd ac agorwr drysau. Cymodi oedd ei briod ddawn, dawn a berffeithiodd fel arweinydd Ffederasiwn y Glowyr. Edrychai arno'i hun fel cymodwr: 'The Role of the Reconciler' yw'r teitl a roddodd i nawfed bennod ei hunangofiant. Tybed ai'r ddawn i adeiladu sylfaen i gyfaddawd dilys yw'r un y mae cynifer o feddylwyr, pregethwyr, llenorion a beirdd yn ei chael yn anodd ei gwerthfawrogi ym mywyd y gwleidydd? (Clywir yn llawer rhy aml: 'Pam y dylwn i gyfaddawdu pan mai fi sy'n iawn?'.) Edrychant yn amheus ar fargeinio gwleidyddol. Eto mae'r cymodwr yntau'n ysgwyddo baich o gyfrifoldeb. Rhaid iddo wrth ddogn mwy na'r cyffredin o'r cryfder a berthyn i'r gŵr o egwyddor. A rhaid bod ganddo ei lais ei hun. Ond mae'n sicr hefyd fod ochr arall. Mae gennym ddigonedd o dystiolaeth yn hanes brwydr y Gymraeg – a chymryd brwydr y gwyddom amdani – mai trwy ddygnu ar egwyddorion, creu anfodlonrwydd a bod yn gwbl ddigyfaddawd y llwyddwyd i gael Llywodraeth i ymateb o gwbl i alwad resymol am ddiwygio'r drefn. Mae yna amser a lle i gadw at egwyddor ac mae amser a lle i ddoethineb cyfaddawd, ond ar yr amod, bob amser, nad esgeulusir y ddyletswydd i ufuddhau i gydwybod.

Gellir, yn fras, rannu hanes bywyd Jim Griffiths yn bedwar cyfnod: o'i eni ym 1890 hyd 1908, cyfnod ffurfiannol ei gymeriad mewn bro lle'r oedd Cymreictod â'i wreiddiau'n ddwfn a'i ganghennau'n wyrddlas; o 1908 hyd 1936, cyfnod ei frwydrau poeth dros hawliau a buddiannau glowyr de Cymru; o 1936 hyd 1959, cyfnod ei weithgarwch gwleidyddol ar lefel Cymru, Prydain a'r byd; ac, yn olaf, o 1959 hyd ei farw ym 1975 – yn ddiau, cyfnod ei gyfraniad pennaf i fywyd y genedl Gymreig. Deuthum i'w adnabod yn dda yn y cyfnod olaf. Pwysleisiaf Gymreigrwydd y cyntaf oherwydd bu'n ddylanwad arno ar hyd ei fywyd, gan dyfu'n argyhoeddiad mwy pendant erbyn y cyfnod olaf.

Y tro cyntaf y cefais y fraint o'i gyfarfod oedd tua Medi 1959. Yr argraff a gefais oedd cymaint oedd ei falchder ym mro'i febyd, Y Betws, yn ymyl Rhydaman, a'i falchder yn ei Gymreictod a ddaeth iddo fel rhan o etifeddiaeth ei gynefin. Dyna'r atgof clir sydd gen i am y cyfarfod hwnnw o hyd. Fe'i magwyd ar aelwyd drwyadl Gymraeg lle'r oedd trafod deallus yn gyson ar grefydd a phynciau'r dydd. Addolai'r teulu yn eglwys Annibynnol Gellimanwydd – a rhoddi'r enw gwreiddiol hyfryd, os llai crand, am yr eglwys a elwir hefyd yn 'Christian Temple'. Mewn cyfarfod o Gymdeithas Pobl Ifanc Gellimanwydd, ar anogaeth ei frawd, Gwilym, a oedd yn athro Ysgol Sul yno (ac a fu'n gefn iddo, yn ei annog i ddarllen ac i gymryd rhan gyhoeddus yn yr eglwys), darllenodd Jim bapur a gyfansoddodd ar 'Grym Arferion Da'. Dyna'i araith gyntaf. Gwelodd Gwilym fod ynddo ddeunydd pregethwr. Hyd y diwedd, siaradai Jim â pharch am rai o'r mawrion yn oriel ei enwad yn y cyfnod: gweinidogion fel Rhys J. Huws (1862-1917), D. Stanley Jones, Caernarfon (1860-1919) a John Thomas, Soar, Merthyr (1852-1911).[39] Ar yr aelwyd, ac yng ngefail ei dad, arweinwyr Rhyddfrydiaeth Gymreig oedd yr enwogion – Gladstone, T. E. Ellis a Lloyd George – yn y drefn yna. Ac, felly, mae'n bur sicr iddo glywed llawer am egwyddor cenedligrwydd Cymreig y soniai'r tri gymaint amdani yn y cyfnod hwnnw. Ar yr aelwyd darllenwyd *Llais Llafur* a *Tarian y Gweithiwr* yn ogystal â *The Examiner* a'r *Christian Commonwealth* a'r cylchgrawn *Great Thoughts*. Tua 1908, dechreuodd ei frawd, Amanwy (David Rees Griffiths, 1892-1953) dderbyn *Cymru*, dan olygyddiaeth O. M. Edwards, *Y Traethodydd* a'r *Geninen*. Yn ei gyfrol *Crwydro Sir Gâr*, rhoes Aneirin Talfan Davies deyrnged ardderchog i Amanwy: 'I mi, y diweddar Amanwy oedd yn cynrychioli pinacl diwylliant y cwm. Yr oedd ef yn enghraifft odidog o'r gwerinwr diwylliedig.'[40] Rhoes y Parchedig Gomer M. Roberts deyrnged gyffelyb yn *Y Bywgraffiadur Cymreig*. Ac eglurodd Dr Huw Walters yn ei gyfrol *Canu'r Pwll a'r Pulpud*:[41]

> . . . eithriad, ac eithriad amlwg ymhlith prydyddion Dyffryn Aman oedd Amanwy . . . Mynnodd ymgydnabod â'r syniadau beirniadol a llenyddol diweddaraf a'u defnyddio wedyn yn ganllawiau i'w waith barddonol yntau. Daeth yn ffigur

cenedlaethol ei hun ac yn arwr i feirdd-lowyr o gyffelyb anian yn ei fro a'i ardal, er y teimlai Amanwy ei hun na chawsai'r sylw a haeddai fel bardd.

Hefyd, dengys Huw Walters, fel y gwnaeth D. J. Williams yntau yn ei hunangofiant, *Yn Chwech ar Hugain Oed*,[42] mor drwyadl Gymraeg a Chymreig oedd diwylliant Dyffryn Aman yng nghyfnod llencyndod Jim Griffiths. Atega Cyfrifiad 1891, blwyddyn geni Jim Griffiths, fod y Gymraeg yn y Betws a'r fro yn eithriadol o gadarn yn y cyfnod hwnnw. Er nad yw'r ystadegau yn y Cyfrifiad wedi eu nodi am y Betws yn benodol, mae'r ffigurau am Ddyffryn Aman yn dangos bod 86 y cant o'i boblogaeth yn Gymraeg uniaith, 1.2 y cant yn Saesneg uniaith, a bod 12.5 y cant yn dweud eu bod yn medru'r Gymraeg a'r Saesneg. Nid yw'r Betws ar lannau'r Aman yn fanwl gywir ond fe'm cynghorwyd ei fod yn rhan o'r diwylliant a nodweddai'r hyn y gallwn yn rhesymol ei alw'n 'Ddyffryn Aman'.[43] (A nodir isod fod 79 y cant o boblogaeth yr ardal o hyd yn siarad Cymraeg ym 1961.) Onid oedd y Betws ym 1891 mor Gymreig ei threftadaeth â Llanbrynmair, Llanegryn a Llanuwchllyn? Dywedai Jim Griffiths na fedrai siarad dim ond Cymraeg nes iddo fod yn bump oed. Canai hwiangerddi a ddysgodd ar lin ei fam – 'Myfi sy'n magu'r baban' ac 'Rwy'n caru merch o Landybïe' (geiriad lleol yn ddiau o'r alaw 'Rwy'n caru merch o blwy' Penderyn' yn ôl Dr Meredydd Evans, yr awdurdod ar ganu gwerin). Medrai adrodd llinellau o gerddi Elfed, T. Gwynn Jones, Waldo, Rhydwen ac Amanwy, ac o'r 'Awdl Foliant i'r Glöwr' a enillodd i Gwilym Tilsley y Gadair yn Eisteddfod Genedlaethol Caerffili (yr Eisteddfod y cyfeiriwyd ati eisoes). Soniai'n werthfawrogol am ddylanwad daionus John Gwili Jenkins (1872-1936) a Silyn Roberts (1871-1930). Heblaw hynny, ysgrifennodd yntau lyfr Cymraeg ar y diwydiant glo, a gyhoeddwyd yng Nghyfres Pobun ym 1945.

Blwyddyn bwysig oedd 1904, blwyddyn diwygiad Evan Roberts, diwygiad nerthol dechrau'r ganrif. Gwelodd Jim dröedigaethau ei frodyr hŷn, Gwilym ac Amanwy, dan ddylanwad ei gyffroad a'i angerdd. A blwyddyn bwysig am reswm arall: ac yntau ond yn dair ar ddeg oed, dyma pryd y gadawodd yr ysgol (fel y gwnâi bechgyn ardaloedd glofaol y cyfnod yn gyffredinol) i fynd i weithio dan ddaear yng Ngwaith Isa'r Betws:

Dechreuais weithio gyda hen goliar, coffa da amdano, a adwaenem ni fel Shoni Cardi, ac nid yn bell oddi wrthym yr oedd Jac Llandeilo a Wil Bach y North.

Gadawodd y diwrnod hwnnw argraff ddofn arno:

Dyna'r Gymru a grëwyd gan y Chwyldro Diwydiannol. Ni chynlluniwyd hi gan neb, ni hoffwn i gyhuddo neb o'r fath ynfydrwydd annynol. Tyfu'n unig a wnaeth, a phan oedd hi'n tyfu, pwy a ymdrafferthai am y dyfodol? [44]

Anogodd ei dad ef i fynd i Ysgol y Gwynfryn, Rhydaman, dan brifathrawiaeth Watcyn Wyn, er mwyn ei baratoi i fynd i'r Weinidogaeth, mae'n debygol iawn. Yn sicr, dyna oedd ym mwriad ei frawd, Gwilym, ar ei gyfer. Byddai'r Gwynfryn yn paratoi tuag ugain o wŷr ifainc bob blwyddyn o bob rhan o Gymru i fynd i golegau'r enwadau ar eu ffordd i'r Weinidogaeth neu i fod yn athrawon. Er y bu peth awydd arno am fynd i'r pulpud, ofer fu anogaeth ei dad a Gwilym.

Blwyddyn bwysicach fyth i Jim Griffiths oedd 1908. Dyma pryd y cychwynnodd droedio llwybr y gwleidydd. Ymhlith ei bapurau yn y Llyfrgell Genedlaethol, ceir ysgrif ddadlennol a luniodd tua 1971 o dan y teitl 'Nineteen Hundred and Eight, A Fateful Year'.[45] Dyma'i ddisgrifiad o'r flwyddyn honno:

As the pageant of the years unfold one year stands out as marking a turning point in my journey – 1908.

It was for me a year of discovery – deepened by tragedy, but illuminated by the finding of the joys of the world of books & the intense happiness of finding a Cause to which to devote my life.

Ar ddechrau'r flwyddyn honno, daeth profedigaeth ingol i'r teulu. Ym mis Ionawr, o ganlyniad i danchwa yng nglofa

Pantyffynnon, bu farw ei frawd Gwilym o'i losgiadau bedwar diwrnod ar ôl hynny a llosgwyd Amanwy yn ddifrifol. Ceir yn yr ysgrif bortread tyner o amgylchiadau'r argyfwng a wynebai'r teulu wedi'r danchwa. Ysywaeth, dyna argyfwng yr aeth miloedd o gartrefi Cymru drwyddo yn yr ardaloedd diwydiannol. Yna sonia yn werthfawrogol am ddylanwad llesol dau hen golier a fu arno. Ar yr un pryd darganfu nofelau Saesneg ffasiynol oes Fictoria, yn arbennig *David Copperfield, Felix Holt, The Radical* ac *Alton Locke*; hwyrach y gellir gweld ei fod yma yn dechrau ymddihatru oddi wrth draddodiadau'r aelwyd yn y Betws. (Gwyddom fel yr aeth, ym mis Mai yr un flwyddyn, yn un o dyrfa frwdfrydig, gyda cheffylau a brêc i gapel y Panteg, Ystalyfera – tua deng milltir o daith – i wrando ar y Parchedig R. J. Campbell yn cyhoeddi'r Ddiwinyddiaeth Newydd ac ymhen ychydig wythnosau wedyn i Neuadd y Glowyr, Gwaun Cae Gurwen – ryw bedair milltir i ffwrdd – i wrando ar araith Keir Hardie). Â'r flwyddyn yn dirwyn i ben, gallai lawenhau ei fod wedi darganfod 'achos' i gysegru ei fywyd iddo – ymunodd â'r Blaid Lafur Annibynnol. Pwysleisia nad tröedigaeth sydyn oedd hon 'but a natural culmination of the influence of home, work and friendship'. Cychwynnodd ar ei yrfa fel gwleidydd.

Yn ei deyrnged i Silyn Roberts, a ysgrifennodd ym 1956,[46] rhydd i ni syniad am y tyndra ymhlith gweithwyr ifainc y cyfnod 1904-1912 yn ardaloedd glofaol de-orllewin Cymru:

Yr oedd y Diwygiad wedi creu Dyn Newydd, ond yr oedd arnom ni eisiau Daear Newydd hefyd.

A daeth i mewn i'n byd weledyddion a phroffwydi, a rhoesant fynegiant i'r pethau na allem ni mo'u mynegi ein hunain – R. J. Campbell, Rhondda Williams, Stitt Wilson, Keir Hardie – ac, yn olaf, ond nid y lleiaf, Silyn Roberts. Yr oedd i'w ddyfodiad ef arwyddocâd arbennig i ni ieuenctid Deheudir Cymru. Yr oedd ef yn ddolen yn cydio'r hen a'r newydd, ac yr oedd gan yr hen eto ddigon o afael arnom i beri inni deimlo bod eisiau dolen i'n cydio wrtho. Silyn oedd y ddolen. Pregethai Dduw a Datblygiad. Yr oedd yn weinidog ac yn Sosialydd . . . Efe oedd ein hysbrydoliaeth, a'n cyfiawnhad hefyd. Gallem ddweud wrth ein rhieni a ofnai'r efengyl newydd yma y soniem gymaint amdani, 'Ond mae Silyn Roberts yn credu fel y ni'. Faint o dadau duwiolfrydig pryderus a gymodwyd â Sosialaeth eu meibion gan yr wybodaeth hon? Yr oedd ef yn cydio De Cymru Evan Roberts wrth Dde Cymru Keir Hardie.

Dyna drem ar dyndra cyfnod trawsnewid: teimladau na ellid mo'u mynegi, hen werthoedd heb lwyr golli eu gafael, a'r meibion yn erbyn y tadau.

Trwy ddylanwad Silyn Roberts a Gwili Jenkins y gwelai Griffiths gyfraniad Cymreig penodol ar waith yn y Blaid Lafur yng Nghymru. Mewn llythyr diddorol a phwysig, dyddiedig 25 Ebrill 1974, a ysgrifennodd at yr Athro Beverley Smith, rhoddodd glod uchel i Gwili.[47] Fe gofiai'n fanwl am ei bregeth, 'Y Ddwy Efengyl'. Dywed: 'Cofiaf hi fel Darlith a Phregeth'. A chofiai o hyd am ei chenadwri a'i bod wedi ei seilio ar yr adnod 'Ceisiwch yn gyntaf Deyrnas Dduw'. Parchai ei waith yn Ysgol y Gwynfryn, lle bu'n brifathro, yn agor meddyliau'r myfyrwyr i sylweddoli bod 'newidiadau pwysig ar gynnydd ym myd crefydd a gwleidyddiaeth' a'u hannog i ystyried Cristnogaeth yn ei pherthynas â'r mudiadau newydd. Yna, ceir ei deyrnged hael i'r ddeuddyn am eu cyfraniad i'r Blaid Lafur:

> Oni bai am Gwili yn y De a Silyn yn y Gogledd fe fyddai'r Blaid Lafur wedi codi heb yr un dylanwad Cymreig, ac fe fyddai llawer mwy o'n pobl ni wedi cilio o'r capeli.

Eto, mae'n rhyfedd nad oes ganddo'r un cyfeiriad atynt yn *Pages from Memory*, nac yn y sgwrs rhyngddo ac Aneirin Talfan ym 1962 yn y gyfres 'Dylanwadau' (y cyfeirir ati ymhellach ymlaen). A oedd Griffiths yn y deyrnged hon yn or-garedig? Yn sicr, er cymaint eu cyfraniad, ni lwyddwyd i greu gwead rhwng elfennau'r newydd a'r cysefin – er colled i wleidyddiaeth a bywyd Cymru.

Yna, ym 1917, ffrwydrodd y Chwyldro yn Rwsia a theimlwyd ei effeithiau drwy'r holl fyd a chyraeddasant hyd at Rydaman. Ym 1919, yng nghwmni Aneurin Bevan a Ness

Edwards (fel y sylwyd uchod), aeth Jim Griffiths ymlaen i'r Coleg Llafur Canolog i gychwyn cwrs o addysg. Yno y Maes Llafur oedd Economeg, Marcsiaeth, Syndicaliaeth, Sosialaeth Ryngwladol, Hanes Diwydiannol a Chyfraith Undebau Llafur. Sefydlwyd y Coleg gan y 'Ffed' ac Undeb Gwŷr y Rheilffordd ym 1909 i roi addysg sosialaidd i'w prif arweinwyr ifainc yn y Cymoedd – 'advanced men' yr oes fel y gelwid hwy'n lleol – fel y gallent feddwl yn sosialaidd. (Mae ein colled ni'n fawr na chafwyd mewn llenyddiaeth Gymraeg bortread o'r bywyd yn y Coleg Llafur, 1909-1929, na syniad am yr esprit de corps a rwymai ei fyfyrwyr ynghyd i ymladd brwydrau caled y dyfodol, i ddyrchafu eu dosbarth ac i 'lunio newydd fyd'[48] na cheid ynddo nac anghyfiawnder na gorthrwm na thlodi na chyfalafiaeth nac imperialaeth.) Fe'u dysgwyd i gyfansoddi traethodau gwleidyddol (rhwng tair mil a phum mil o eiriau), a hefyd i annerch cynulleidfaoedd o bob math – oddi ar lwyfan cyhoeddus, yn y ddarlithfa, ar gornel stryd ac o flaen torf o weithwyr ar streic. Yn ychwanegol, caent gyfle i fynychu Tŷ'r Cyffredin i ddilyn y prif ddadleuon. Bu dylanwad y Coleg hwn a'i ddosbarthiadau allanol yn drwm ar brif arweinwyr y Mudiad Llafur o dde Cymru am dros hanner canrif. Er hynny, ymddengys fod dylanwad Marcsiaeth a Syndicaliaeth y Coleg, ac eithrio'r pwyslais ar gydwladoldeb, wedi pylu ym meddwl Griffiths yn weddol fuan. Byddai'n gwanhau ar feddwl gwleidyddol Cymru wedi ymadawiad arweinwyr fel Ness Edwards ac Iori Thomas, oni bai ein bod yn gweld Llew Smith (cyn-AS Blaenau Gwent) ac eraill fel tystiolaeth i'w ddylanwad. Yn hytrach, daeth Griffiths dan ddylanwad yr Athro R. H. Tawney.

Yma, mae'n bwysig sylwi bod perthynas glòs rhyngddo a'i nith, May Harries, o leiaf yng nghyfnod olaf ei fywyd. Marged Ann (chwaer i Jim) oedd ei mam a Tom Evans, ffeiarman yn y lofa, oedd ei thad. Graddiodd gydag anrhydedd yn y dosbarth cyntaf yn y Gymraeg yng Ngholeg Aberystwyth yn y dau ddegau. Yno bu'n weithgar gyda'r Gymdeithas Geltaidd a Chymdeithas Gristnogol y Myfyrwyr (yr SCM) ac wedi hynny bu am gyfnod yn ysgrifennydd Urdd y Deyrnas, sef adain Gymraeg yr *SCM*. Ym 1939, â'r heddwch ar ddiffodd yn Ewrop, yr oedd hi'n un o gynrychiolwyr Undeb yr Annibynwyr yng Nghynhadledd Ieuenctid Cristnogol yn Amsterdam. Bu'n athrawes y Gymraeg yn Ysgol Ramadeg y Merched, Pontypridd, ac wedyn yn Ysgol Ramadeg y Merched, Tregŵyr. Bu'n athrawes Ysgol Sul. Roedd yn aelod o'r Blaid Lafur ac o Awdurdod Addysg Sir Gaerfyrddin. Fe'i gwnaethpwyd yn ynad heddwch. Hi oedd llywydd cyntaf Merched y Wawr yn Rhydaman a bu'n weithgar gydag Eisteddfod yr Urdd a'r Genedlaethol. Gellir ychwanegu y byddai'n darllen gweithiau chwyldroadol yr Athro Athroniaeth, J. R. Jones. Roedd ei bys ar bŵls y werin ddarllengar Gymraeg. Bu farw yn 70 mlwydd oed ym 1976, ychydig fisoedd cyn marw Jim Griffiths.

Fe welir ar unwaith fod May Harries yn wraig arbennig iawn: yn grefyddol, yn ddiwylliedig, yn alluog, ac yn gynrychiolydd rhagorol diwylliant Cymraeg a Chymreig ei theulu a'i bro. Mewn ysgrif goffa hyfryd a gyhoeddwyd yn *Y Tyst*, Mawrth 18, 1976 (ac fe garwn gydnabod fy nyled i'r ysgrif am lawer o'r wybodaeth uchod), rhydd y Parchedig Derwyn Morris Jones, ei gweinidog yn Gellimanwydd, fraslun o hanes ei bywyd. Yna ceir portread o'i chymeriad:

> Gallai May Harries siarad yn dda ac arwain yn ddeheuig. Ond nid oedd ei gwell am wrando a dilyn hefyd . . . Fe ddeuai gair o werthfawrogiad ganddi am yr ymdrech leiaf, ac ymhlith y pethau a drysoraf fwyaf, mae'r llythyrau a dderbyniais ganddi o bryd i'w gilydd – roedd hi'n peri i chwi gredu ynoch eich hunan ac yng ngwerth eich gwaith. Mewn Dosbarth Beiblaidd a Chwrdd Paratoad byddai ei chyfraniad yn loyw ac adeiladol. Cymerai'n gwbl o ddifrif y gorchymyn i garu Duw â'n holl feddwl. Ond hi fyddai'r gyntaf i'n hatgoffa fod cariad Crist uwchlaw pob deall. A chariad Duw yng Nghrist oedd ei thestun pennaf.

Gwraig goeth a chadarn oedd May Harries. Byddai Jim Griffiths yn aml yn aros dros benwythnos yn ei chartref yn 12 New Road,

Rhydaman, ac yn cael gwledd ar fore Sul yng Ngellimanwydd. Ar ei haelwyd hi, gallai ymlacio a sgwrsio'n rhydd am ei ffydd a'i siom, ei obeithion a'i bryderon, a gwrando hefyd ar eiriau ystyriol ei nith. Gresyn na chofnodwyd ei thystiolaeth am y berthynas arbennig fu rhyngddi a'i hewythr enwog ac na chadwyd yr ohebiaeth a fu rhyngddynt. Ond rŷm heb y dystiolaeth honno a fyddai mor werthfawr i fesur ei dylanwad ar feddwl James Griffiths ym mlynyddoedd olaf ei oes.

Dwbl-resynais innau na fentrais holi Jim Griffiths am lawer o faterion sy'n ymddangos erbyn heddiw yn ansicr neu'n bur dywyll. Er enghraifft, pa mor ddwfn a pharhaol fu'r oerni, neu'r pellter, a dyfodd, mae'n debyg, yn y berthynas rhyngddo a'i rieni wedi iddo ymuno â'r Blaid Lafur Annibynnol ym 1908?[49] Pam na ddaeth y cyfarfod enwog hwnnw o nifer o wŷr ifainc blaengar Cymru, yn weithwyr diwydiannol, yn llenorion, ac yn ysgolheigion o bob cwr o'r wlad, ac yntau yn eu plith, yn Eisteddfod Genedlaethol Caerfyrddin ym 1911, i ddwyn y ffrwyth y disgwyliai David Thomas ac eraill amdano?[50] A gredai iddo gael ei yrru o Lywyddiaeth y 'Ffed' o fwriad gwleidyddol?[51] A fu ganddo ran yn lansio *Llais Llafur*? A charwn wybod pa mor anghysurus a fu – os, yn wir, y teimlodd yn anghysurus – am ei duedd i fod yn apolegydd dros ymateb llugoer Cabinet Attlee i'r alwad am 'Raglen i Gymru'?

Beth wedyn am y cyferbyniad rhwng ei wrthwynebiad i'r ymgyrch Senedd i Gymru a'i gefnogaeth frwd pan oedd yn Ysgrifennydd y Trefedigaethau (Chwefror 1950-Hydref 1951) ac am flynyddoedd ar ôl hynny, i arweinwyr blaengar y trefedigaethau, yn enwedig yn Affrica? Roedd swydd Ysgrifennydd Swyddfa'r Trefedigaethau (gyda sedd yn y Cabinet) yn un bwysig a heriol o hyd gan fod gair Prydain yn dal i gyfrif yn Affrica, o leiaf. Gwyddom na chwenychodd y swydd sensitif hon; ond credai Attlee mai ef oedd y gweinidog cymhwysaf ar ei chyfer. Wnaeth o gyfraniad arbennig i bolisi'r Adran? Wnaeth o gyfraniad unigryw am ei fod, fel aelod o un lleiafrif ieithyddol, yn deall hawl pob lleiafrif i iawnderau dynol? Ni allaf ateb y cwestiynau gan na wnaed, hyd y gwn i, astudiaeth drylwyr o'i waith yn Swyddfa'r Trefedigaethau. Ond yng Nghymru, disgynnodd tunelli o feirniadaeth filain arno gan genedlaetholwyr a gweriniaethwyr am y rhagrith a welent ynddo fel Ysgrifennydd y Trefedigaethau. Ergydiodd un gohebydd yn y *Llanelly Mercury*, 'Os ydych yn credu yn y dyn du, pam na chredwch yn eich cenedl eich hun?'[52] Hyd y gwyddom, ni welai Griffiths fod y cwestiwn hwnnw'n codi. Fe gredai fod cymharu cyflwr Cymru â chyflwr Nigeria neu'r Traeth Aur (Ghana), fel y gwnaed, yn gorsymleiddio pethau'n enbyd. Cydnabu iddo gael gwir foddhad wrth geisio helpu'r arweinwyr newydd yng nghyfandir yr Affrig i symud tuag at ryddid a chyfrifoldeb ymreolaeth. Disgrifiodd ddiflaniad yr hen drefn ymerodrol Brydeinig fel 'un o'r symudiadau mawr yn hanes y byd' a chydnabu mai braint arbennig iddo ef oedd cydweithio yn y broses honno. Ond fel pob meidrolyn, yr oedd yn sensitif i feirniadaeth ac mae'n anodd gennyf gredu na fu'n anesmwyth wrth iddo glywed a darllen y cyhuddiadau a'r feirniadaeth ffyrnig a phersonol a fu arno yng Nghymru ar gyfrif ei wasanaeth fel Ysgrifennydd y Trefedigaethau.

Pam y gwrthwynebodd y Ddeiseb Senedd i Gymru? Yn y ddadl seneddol ar 4 Mawrth 1955, ar Fesur Llywodraeth Cymru S. O. Davies,[53] ailadroddodd Griffiths y doethineb traddodiadol:

> The major reasons were economic. None of my hon. Friends from Wales can deny that in my lifetime the greatest threat to the Welsh nation and the Welsh people came from the economic disintegration of the inter-war years. That is still the greatest fear. It is, therefore, natural that when the Welsh Labour movement, representing the trade unions and the Labour Party of Wales, discuss this problem, the first question they pose is: 'Is this step in the interests of our economic security, prosperity and the well-being of our people? Will it give us an economy which will sustain and improve our standard of life?
>
> Believe me, we examined this problem as people with experience, with a background of bitter experience . . . We

came to the conclusion that this step would not be in the best interests of Wales.

There is no separate Welsh economy as there is no separate Scottish economy. Two centuries ago the Industrial Revolution transformed the life of these islands, and the economy of Wales and of Scotland is an integral part of the British economy . . . We therefore posed the question: would any step, even a slight step, which would break up that integration be in the interests of the people of Wales? We came to the conclusion that it would not.

The second [reason] arose when we considered the matter from the standpoint of what is equally vital to Wales, which is the provision of social services in their widest sense: education, social insurance, the health services, housing and all that which in these days we can describe in the collective term as a Welfare State. We came to the conclusion . . . that if we break up the social services of this country into separate national compartments and let each finance and sustain its own social services in the wider sense, it will be an enormous loss.

Dyna'i brif esboniadau am wrthwynebu'r Mesur: byddai'n gam a fyddai'n gwanychu buddiannau economaidd a gwasanaethau lles Cymru, er nad yw'n amlwg fod hynny'n debygol o dan ddarpariaethau cyfyngedig Mesur S. O. Davies. A chan fod y Mesur hwnnw wedi ei seilio ar batrwm Senedd Stormont (creadigaeth Deddf Llywodraeth Iwerddon 1920), dywedodd:

I will add one further reason, if I may . . . I believe that in the mid-20th century to take the Welsh people out of the main stream of British political life would be a grave disadvantage to the Welsh people and to Wales. That is what we have done with Northern Ireland, although I do not want to discuss that country. I have been in the House for eighteen years, and I believe that one of the effects of the Government of Ireland Act has been to take the Northern Ireland Members out of the main stream of our politics. That is what would happen for Wales.

Yn holl gwrs y ddadl am Senedd i Gymru yn ystod y ganrif ddiwethaf dyma, hyd y gwn i, ydi'r cyfeiriad cyntaf at beth fyddai safle a dylanwad aelodau seneddol Cymru yn Senedd Westminster mewn trefn llywodraeth ddatganoledig, ond ers hynny cyfeiriwyd yn gyson at y safle hwnnw gan wrthwynebwyr datganoli.

Ddwy flynedd ar ôl y ddadl ar Fesur S. O. Davies, bu dau ddigwyddiad allweddol i Gymru, y naill yn obeithiol a'r llall yn llym. Daeth pobl i gredu bod cysylltiad rhyngddyn nhw. Ym mis Ionawr 1957, cyhoeddodd Cyngor Cymru ei *Drydydd Memorandwm* yn argymell creu swydd Ysgrifennydd i Gymru yn meddu ar bwerau gweithredol. Hwn oedd un o adroddiadau pwysicaf y Cyngor. Bu dadl arno yn Nhŷ'r Cyffredin ar 11 Chwefror. Yn yr union fis Chwefror hwnnw, bu'r digwyddiad arall pan gyflwynodd Cyngor Dinas Lerpwl yn Nhŷ'r Arglwyddi, 'heb odid ddim ymgynghori gyda Chyngor Sir Meirionnydd', ei fesur seneddol preifat, Mesur Corfforaeth Lerpwl,[54] yn awdurdodi'r Cyngor i adeiladu argae ar draws Cwm Tryweryn i greu llyn i dorri syched dinasyddion Lerpwl; golygai hynny foddi pentref Capel Celyn a chwm a fu'n Gymraeg ar hyd yr oesoedd. Ar 30 Gorffennaf pasiwyd y Mesur gan Dŷ'r Cyffredin drwy 175 o bleidleisiau yn erbyn 79; ni phleidleisiodd yr un aelod o Gymru o'i blaid (ond rhaid sylwi mai bod yn absennol o'r ddadl neu atal eu pleidlais a wnaeth traean ohonynt). Ar unwaith, gwelwyd yng Nghymru fod pasio'r Mesur gan 'bleidleisiau Seisnig' ar waethaf yr holl brotestio yn ei erbyn yn weithred annemocrataidd ac yn sarhad o'r mwyaf ar Gymru. Arweiniodd at dorcyfraith yn Nhryweryn ym 1963 gan dri chenedlaetholwr ifanc, Emyr Llywelyn, Owain Williams a John Albert Jones, a'u carcharu am eu gweithred. Roedd methiant yr ymgyrch i rwystro Cyngor Lerpwl rhag boddi Cwm Tryweryn yn dinoethi'r diffyg yn y drefn lywodraethol ac yn miniogi'r ddadl dros Ysgrifennydd i Gymru i amddiffyn buddiannau Cymru ar lefel y Cabinet. Gwaetha'r modd, ni chaniatâi rheolau Tŷ'r Cyffredin i'r aelodau gyfeirio yn y ddadl ar y *Trydydd Memorandwm* at ddim a allasai ddylanwadu ar y dadleuon ar Fesur Corfforaeth Lerpwl wrth iddo gychwyn ei daith yn Nhŷ'r Arglwyddi. Hynny sy'n esbonio pam na fu sôn am frwydr Tryweryn yn ystod y ddadl ar y *Trydydd*

Memorandwm yn Nhŷ'r Cyffredin. (Ond rywsut, pan nad oedd y Llefarydd caredig yn gwrando â'i ddwy glust, llwyddasai aelod Meirionnydd i wneud hynny.)

Yn ei araith ar y *Trydydd Memorandwm*,[55] ar ôl iddo ailadrodd y doethineb arferol am bwysigrwydd diogelu'r cwlwm economaidd â Phrydain, ceir newid ym mhwyslais Jim Griffiths. Yn wahanol i'w araith seneddol ar y Cyngor Ymgynghorol (1948), a'i araith ar Fesur S. O. Davies (1955), gwelai'n awr fod ystyriaethau diwylliannol ehangach yn berthnasol. Er pwysiced oedd gwella'r peiriant llywodraethol yng Nghymru, deallai fod llawer iawn rhagor yn y fantol. Dyna bwysigrwydd mawr ei araith ar y *Trydydd Memorandwm*. Fe ddywedodd:

> We cannot decide this matter entirely on the basis of whether the proposals represent a good piece of machinery. There are intangibles and imponderables. I am Welsh – we all are – proud of my country, proud of its language. I want to sustain it. One of the imponderables – the Minister will understand this, too – is the fear that in this modern age of television and radio, mass newspapers and all the rest, the language will die. I do not want it to die.

Diddorol yw ei sôn:'There are intangibles and imponderables. I am Welsh . . .'. Ar yr olwg gyntaf, nid yw'r ystyr yn hollol glir, hwyrach. Ond roedd y geiriau'n mynegi'r ymwybod ei fod yn Gymro – yr ymwybod greddfol nad yw'n galw am ei resymu. Aeth ymlaen i sôn am y 'cydraddoldeb' a'r 'parch' sy'n ddyledus i genedl y Cymry:

> People have seized hold of it [sef argymhelliad y *Trydydd Memorandwm*] because they think it will be something that recognises the desire for recognition of the fact that Wales is a nation, with its language and with its culture, and that the overwhelming mass of people do not desire to be severed or broken away. They desire to live on terms of equality and dignity.

Diau yr haerai rhai beirniaid mai sentimentaleiddiwch ar ei ran oedd y cyfan. Ni allaf dderbyn hynny. Yma, daw Jim Griffiths yn ei ôl at ei argyhoeddiad am genedligrwydd Cymru a etifeddodd yn y Betws, y thema a gawsai ei mynegi ganddo dros y blynyddoedd hynny cyn ei gyfnod yn weinidog yng ngweinyddiaeth Attlee 1945-51. Ac yntau mwyach ar y brig yn y Blaid Lafur Brydeinig, gwelai mai ei ddyletswydd oedd rhoi'r arweiniad o fewn y Blaid Lafur y galwai anghenion ei genedl amdano, ac yn benodol i dderbyn argymhelliad y *Trydydd Memorandwm*. Roedd perthynas gadarn rhyngddo a'r Arweinydd newydd, Hugh Gaitskell. Dylanwadodd ar Gaitskell i godi is-bwyllgor cryf ar 'y cwestiwn cyfansoddiadol anodd' (ymadrodd Gaitskell) a Griffiths ei hun yn y gadair. Cafwyd gwahaniaeth barn sylfaenol o fewn yr isbwyllgor ar beth y dylai'r agwedd sosialaidd fod at egwyddor cenedligrwydd Cymreig. Roedd arno wrthwynebwyr galluog a phenderfynol fel Ness Edwards ac Iori Thomas, a gynrychiolai farn ddylanwadol dros ben yn y Blaid Lafur yng Nghymru. Roeddent yn awyddus i ladd yr argymhelliad, a'i ladd yn gelain, yn yr isbwyllgor. Bu'r pwyllgor yn un anodd iawn i'w drin. Ond yn y diwedd ac yn annisgwyl, ochrodd Aneurin Bevan (a oedd mor wrthwynebus ar y dechrau, fel y buasai yn y gorffennol) gyda Griffiths, gan synnu Edwards, Thomas, Prothero a'u ffrindiau. Gellir bod yn bur sicr i Bevan newid ei feddwl oherwydd y cytgord newydd rhyngddo a Gaitskell y bu gan Griffiths ran allweddol yn ei saernïo. Wedi gwrthdrawiadau caled, a Gaitskell ei hun yn cadeirio'r cyfarfodydd olaf, penderfynwyd galw am sefydlu Ysgrifennydd i Gymru ond, o fwriad, gadawyd y diffiniad o'i gyfrifoldebau yn amwys. Fodd bynnag, daliai Prothero i fod yn ddrwgdybus o'r holl syniad. Flynyddoedd ymhellach ymlaen, cofnododd:

> It must be noted that the Labour Party in Wales was not interested in having a Secretary of State for Wales[56]

a dichon nad oedd ei farn ymhell o'i lle. Wrth reswm, ofnai'r gwrthddatganolwyr y byddai'r Ysgrifenyddiaeth yn arwain yn y pen draw at Senedd i Gymru os dyna ddymuniad pobl Cymru.[57]

Ond nid unoliaethwyr Llafurol a Thorïaid yn unig a

wrthwynebai sefydlu'r Ysgrifenyddiaeth Gymreig. Bu rhai aelodau Plaid Cymru hefyd yn wrthwynebus – ond am reswm hollol wahanol. Ofnent y byddai'n rhwym o wanhau'r galw am hunanlywodraeth; tybient mai dyna o leiaf un wers o brofiad yr Alban. Dengys llythyr dadlennol oddi wrth Gwynfor Evans ar Orffennaf 1 [1965] at Harri Webb, a gefnogai'r Ysgrifenyddiaeth, ei fod yntau'n effro i'r ofnau hyn. Cytunai ef â safbwynt Webb, ond seiniodd rybudd:[58]

> Cytunaf y dylem gymryd Jim & Co. o ddifrif gan fawrhau eu swydd (cefais fy meirniadu'n hallt am wneud hyn) ond rhaid inni roi terfyn hefyd i'r mawrhau, gan ddangos *na all* Ysgrifennydd wneud y rhan fwyaf o lawer o'r pethau sydd eu heisiau. Hyd yn hyn ni wnaeth Jim yr un dim . . .
>
> Rhaid inni geisio ychwanegu at gyfrifoldeb yr Ysgrifennydd, ac yn gyntaf i gael Llafur i gyflawni eu haddewid i roi Addysg, Amaethyddiaeth ac Iechyd iddo, ond dangos rheidrwydd llywodraeth yr un pryd.

Eto yr oedd gwers i'w dysgu:

> Dysgwn oddi wrth Scotland lle y bu'r Ysgrifenyddiaeth yn elfen o bwys yn y broses o ddileu'r galw am hunanlywodraeth.
>
> Cul iawn yw'r ffordd y mae'n rhaid inni ei cherdded a hawdd ei cholli.

Gwyddom erbyn hyn nad oedd sail i ofnau'r cenedlaetholwyr. Bellach, mae'n sicr y gellir edrych ar benderfyniad y Blaid Lafur i sefydlu'r Ysgrifenyddiaeth i Gymru fel un o'r datblygiadau gwleidyddol pwysicaf i Gymru yn y ganrif ddiwethaf. Byddai'n dwyn ffrwyth ar ei ganfed.

Tua diwedd 1961 y cefais y sgwrs gyntaf â Jim Griffiths am y syniad o ieuo Ysgrifenyddiaeth Gymreig â Chyngor i Gymru i ffurfio sail ar gyfer polisi Cymreig cynhwysfawr. Yr oedd patrwm llywodraeth leol wedi parhau bron yn ddigyfnewid ers Deddf Llywodraeth Leol 1888 ond, yn wyneb y newidiadau mawr a fu ers hynny, fe gydnabyddid bod yr amser yn aeddfed mwyach i'w foderneiddio. Dangosodd Comisiwn Llywodraeth

Leol Cymru dan gadeiryddiaeth Syr Guildheume Myrddin-Evans (mab y Parchedig Towy Evans) yn ei Gynigion Drafft 1961 fod dirfawr angen ad-drefniant oherwydd tlodi cymharol llawer o'r siroedd, ac argymhellodd roi saith awdurdod sirol yn lle'r tair sir ar ddeg weinyddol, ynghyd â thair bwrdeistref sirol. Oeraidd oedd ymateb y wlad i'r cynigion a chyhuddid y cynllun o anwybyddu balchder traddodiadol y siroedd. Ateb a allai gywiro'r gwendid hwnnw, a heb ddychrynu'r Cynghorau Sir dylanwadol, fyddai sefydlu Cyngor etholedig a fyddai'n uno'r siroedd yn un uned weinyddol gref ar gyfer rhai gwasanaethau lle byddai cryfder cyllidol a chydgysylltu yn hollbwysig, ond yn cadw'r siroedd traddodiadol ar gyfer y gwasanaethau a fo'n weddill. Gallasai hefyd fod yn gorff cyfaddas ar gyfer gwasanaethau eraill, megis ysbytai, dŵr, y celfyddydau a thwristiaeth, ac yn fforwm canolog a sefydlog i drafod materion Cymreig. Byddai'n creu dolen gyswllt rhwng yr Ysgrifennydd Gwladol a llywodraeth leol Cymru ac yn foddion i gryfhau'r ymdeimlad cenedlaethol. Byddai'n cynnig maes eang o wasanaeth a fedrai ddenu to newydd a thalentog i wasanaethu Cymru.

Felly, gellid edrych ar y Cyngor etholedig fel datblygiad organig, yn deillio'n naturiol o anghenion yr oes am well gwasanaethau cyhoeddus ac i gwrdd â gwendidau llywodraeth leol Cymru. Roedd y syniad am y Cyngor yn gyson ag araith Cwmaman ac yn gyson, hefyd, â rhediad un o areithiau seneddol mwyaf effeithiol Griffiths, sef ei araith yn agor y ddadl ar 22 Mawrth 1939[59] ar Adroddiad Pwyllgor Clement Davies, Aelod Seneddol Sir Drefaldwyn (gwleidydd annibynnol ei farn), a benodwyd gan y Weinyddiaeth Iechyd i ymchwilio i'r Gwasanaeth Gwrth-Tiwberciwlosis yng Nghymru. Byddai'r Adroddiad deifiol hwn, yn ôl rhai haneswyr, wedi arwain at ddiwygio trylwyr ar lywodraeth leol Cymru oni bai am ddyfod yr Ail Ryfel Byd. Roedd y Pwyllgor yn eithriadol o feirniadol o'r awdurdodau lleol am iddynt esgeuluso'u cyfrifoldeb, a oedd yn agos at fod yn sgandal cyhoeddus, am iechyd y cyhoedd, cyflwr tai, lluniaeth a gofal nyrsio yn y gymuned: 'They have failed in their trusteeship as guardians of the health and welfare of the people who elected them' (t. 139). (Ond cydnabu fod eithriadau ardderchog ar ran y prif gynghorau lleol dan reolaeth Llafur yn ne Cymru.) Yn y ddadl seneddol, ymatebodd Griffiths yn gadarnhaol i'r Adroddiad. Mae ei araith yn drysorfa o wybodaeth a sylwadaeth ar gyflwr iechyd cyhoeddus yng Nghymru'r tri degau. Dylid nodi bod ei frawd, Amanwy, wedi colli ei wraig gyntaf, a'i fab, Gwilym, hefyd, o'r diciâu; ond ni soniodd Griffiths yn y ddadl am brofiad y teulu. Cytunai â dadansoddiad y Pwyllgor. Gwelai reidrwydd am newidiadau radical ym mhatrwm a dyletswyddau llywodraeth leol Cymru. Felly, doedd y ddadl ym 1961 am Gyngor Canol cryf i weinyddu gwasanaethau uchel eu safon trwy Gymru gyfan ddim yn newydd iddo ac nid heb ei hapêl. Ond hwyrach fod ganddo broblem. Pan ofynnwyd iddo'n sydyn a dirybudd gan Clement Davies yn ystod y ddadl seneddol ar fesur S. O. Davies a oedd o blaid troi Cyngor Cymru yn gorff mwy democrataidd,[60] ei ateb oedd:

> No, if the right hon. and learned member means democratic in the sense of being elected to the Council I would not, but I would make its composition much more representative of the authorities which are representative of the people. In that sense it would be more democratic.

Er gwaethaf y 'No', nid oedd yn atebiad hollol negyddol, ychwaith. Serch hynny, hwyrach fod yma broblem.

Ymhen ychydig fisoedd, daeth llythyr, dyddiedig 30 Gorffennaf (1962), oddi wrth Cledwyn Hughes yn fy ngwahodd i gyfansoddi papur ar ei gyfer ef a Griffiths ar ad-drefnu llywodraeth leol, ac awgrymodd y gallwn ddatblygu ynddo'r ddadl dros gyngor etholedig i Gymru. Dyma ddechrau'r cyfeillgarwch a barhaodd rhyngom hyd at ddiwedd ei oes. Byddai'r papur yn sail i drafodaethau yn isbwyllgor Llywodraeth Leol Cyngor Llafur Cymru (a gadeiriwyd gan Griffiths). Gallai hyn fod yn ddechrau da – o'r fesen fechan y tyf y dderwen gadarn. Ac ni ddefnyddiodd neb yn amlach na Griffiths y ddihareb Gymraeg, 'Deuparth gwaith ei ddechrau'. Er nad oedd gennyf wybodaeth arbenigol ar y pwnc, roeddwn yn falch o'r gwahoddiad. Rhoddwyd y gwaith ar y gweill yn ddiymdroi a chyflwynwyd y Memorandwm i Cledwyn a Prothero ym mis Medi. Ym 1963, fe'i cyhoeddwyd gan Undeb Cymru Fydd ar ffurf dau bamffledyn, y naill yn Saesneg dan y teitl *A Central Welsh Council* a'r llall yn gyfieithiad Cymraeg, *Cyngor Canol i Gymru*.[61] Ar fy nghais, cyfrannodd Jim Griffiths ragair byr iddo. Roedd ei barodrwydd i gysylltu ei enw gyda'i holl awdurdod gwleidyddol â'r pamffledyn yn rhoi iddo arwyddocâd na fyddai iddo o gwbl fel arall gan ei fod yn arwyddo'n gynnil i'r Mudiad Llafur y byddai Corff Etholedig i Gymru yng ngolwg gŵr mor uchel ei safle ag ef yn y mudiad yn gydnaws ag egwyddorion sosialaeth ddemocratig. Hefyd byddai'n dangos i'r wlad nad syniad academig ydoedd Cyngor Etholedig i Gymru ond cynllun ymarferol, gydag un o arweinwyr mwyaf profiadol un o'r ddwy brif blaid wleidyddol yn ymddiddori ynddo. Er na ddywedir hyn yn y rhagair, erbyn 1962 roedd y syniad hefyd yn dechrau tyfu ym meddwl Griffiths y gallai Cyngor Etholedig ddatblygu i fod yn rhan o deyrnas led-ffederal ym Mhrydain. Mynegodd hynny yn y sgwrs ag Aneirin Talfan Davies yn y gyfres 'Dylanwadau' (y cyfeirir ati ymhellach ymlaen) pan soniodd am 'briodi ad-drefniant Llywodraeth Leol a chyfundrefn ffederalaidd' fel 'y ffordd orau ymlaen'.

Bwriadwyd i'r Cyngor Canol apelio at y Blaid Lafur. Fe'i cefnogwyd yn frwd gan fyfyriwr ifanc, D. Ben Rees, yn ei gylchgrawn *Aneurin* a chanddo gylchrediad ymhlith myfyrwyr sosialaidd ac Undebwyr Llafur, ond yng ngolwg Prothero, ac i rai arweinwyr lleol Llafur, roedd yn rhy debyg i gam tuag at *Home Rule*. O'r cyfeiriad arall, daeth ymateb cefnogol gan Harri Webb ac yntau ar y pryd yn olygydd y *Welsh Nation*. Rai blynyddoedd yn ddiweddarach, daeth cefnogaeth gref gan Alwyn D. Rees, golygydd *Barn*. Credai'r ddau olaf mai'r cam nesaf fyddai cychwyn ymgyrch benderfynol yn fuan i ddylanwadu ar y farn gyhoeddus tra oedd y llywodraeth ei hun yn dal i betruso. Aeth Webb mor bell â llunio drafft o lythyr i'w anfon yn ei enw ef a minnau i'r *Times* – mae darnau rhacsiog ac wedi melynu o'r drafft yn ei lawysgrif wedi goroesi. Y posibilrwydd a welai Rees fyddai drafftio maniffesto a threfnu deiseb genedlaethol debyg i eiddo Caredigion Prifysgol Cymru gynt ac i Undeb Cymru Fydd ymgymryd â gwaith ei chasglu. Roedd ganddynt bwynt. A hwyrach eu bod yn iawn. Ond daliwn i gredu mai'r gwaith pwysicaf oedd cael y Mudiad Llafur yng Nghymru i arddel y Cyngor Canol fel ei eiddo ef ei hun.

Ar drothwy Etholiad Cyffredinol 1964, edrychai Jim Griffiths ymlaen yn eiddgar at 'y Frwydr'. Ar 9 Awst (1964), ysgrifennodd ataf lythyr diddorol yn dweud iddo fod am ddeuddydd yn y Brifwyl yn Abertawe a chael pleser wrth ddarllen pryddest fuddugol Rhydwen, 'Y Ffynhonnau' (cerdd a seiliwyd ar y newidiadau dirfawr yng Nghwm Rhondda), ond ychwanegodd, 'trueni fod Ffynhonnau'r hen Gwm yn sychu'. Soniodd am ei foddhad wrth annerch hanner cant o fyfyrwyr chweched dosbarth o wledydd Ewrop ar 'war on want'. 'Anrhydedd oedd eu cwrdd', meddai. Ond teimlwn fod rhywbeth truenus o drist yn ei gyfeiriad at yr hen ymladdwr gwlatgar, Huw T. Edwards:

> Mae hanes pererindod H.T. yn ddiddorol. Clywais dro yn ôl ei fod yn teimlo'n anesmwyth yn rhengoedd y Blaid. Mae ei wreiddiau mor ddwfn yn yr Undebau a'r mudiad Llafur. Ac rwy'n deall ei fod yn teimlo nad oedd lle iddo yn Sêt Fawr y Blaid!

Tristwch i mi oedd bod yr hen wron yn gorffen ei ddyddiau fel hyn a'i lais yn cyfrif dim mwyach.

Trannoeth, byddai Jim yn cychwyn ar ei wyliau: 'newid awyr – ar daith drwy Ynysoedd Gorllewinol yr Alban – Iona, Skye a'r lleill'; byddai May Harries yn mynd i Aberystwyth a byddai yntau'n mynd ati ar ei haelwyd ar ôl dychwelyd o'r Alban. Yn ystod wythnos gyntaf Medi, byddai'n annerch yn Nwyrain a Gorllewin y Fflint, Bangor a Thrawsfynydd a 'chewch air am fy mhrofiad'. Ac fe'm hanogodd i'r frwydr.

Daeth ei 'air' ddiwedd Medi:

Dyma ni bellach yn y Frwydr ... Mae'r frwydr yn un dyngedfennol i'r Blaid Lafur. Rwy'n credu'n onest yr enillwn ni – a gobeithiaf gyda mwyafrif digonol, ond caled fydd y frwydr.

Â ymlaen i edrych i'r dyfodol, gan gloi'r llythyr fel hyn:

Rwyf wedi bod yn meddwl llawer am y sefyllfa yn seddau saff Llafur yn yr etholiad ar ôl 1964.

Bydd nifer o'r Aelodau – a minnau yn eu plith – yn ymladd ein brwydr ddiwethaf fel Ymgeiswyr.

Rwy'n awyddus i weld y to ifanc – fel chi – yn cael y cyfle i ddod i gyffyrddiad â'r bobol fydd â dylanwad yn newisiad yr Ymgeiswyr ym 1968 – neu cyn hynny, feallai.

Soniais am hyn – yn gyfrinachol wrth Cliff Prothero, gan enwi'r rhai y carwn iddynt gael cyfle yn yr Etholiad eleni. Caf gyfle arall i siarad â Cliff ddydd Sadwrn. Gair fel hyn *yn breifat*.

Fel y rhagwelodd, caled fu'r frwydr. Enillodd Llafur, o drwch blewyn, gan roi cyfle i Jim Griffiths wneud ei gyfraniad pwysicaf i'w genedl – sefydlu'r Ysgrifenyddiaeth i Gymru a'r Swyddfa Gymreig.

3

Yr Hen Oruchwyliaeth yn Dechrau Newid

FFURFIODD HAROLD WILSON ei weinyddiaeth gyntaf. Pwy fyddai Ysgrifennydd Gwladol Cymru? Nid yw'n glir at bwy y byddai Wilson yn troi'r adeg honno am gyngor ar faterion Cymreig. Clywais John Morris yn adrodd rhan o sgwrs a fu rhyngddo a Wilson yn y trên rhwng Llundain a de Cymru ychydig ddyddiau ar ôl ei ethol yn Arweinydd ym 1963. Gofynnodd Wilson beth oedd ei farn am Ness Edwards ar gyfer yr Ysgrifenyddiaeth? Onid Jim Griffiths oedd y dewis amlwg os oedd angen datganolwr ar gyfer y swydd. Nodaf y cwestiwn hwn oherwydd mai dyma'r arwydd cyntaf i mi wybod amdano sy'n awgrymu nad oedd Wilson bryd hynny'n frwdfrydig dros sefydlu cyfundrefn ddatganoledig yng Nghymru, ac mai'n ddiweddarach y datblygodd yr ymrwymiad hwnnw. Mae'r cwestiwn hefyd yn cadarnhau'r sibrwd fod Ness Edwards yn ymgeisydd da am y swydd yng ngolwg Wilson.

Fel y gŵyr pawb, Jim Griffiths a gafodd ei benodi'n Ysgrifennydd i Gymru, gyda sedd yn y Cabinet. Roedd yn bedair ar ddeg a thrigain oed. Er baich ei oedran, nid oedd wedi colli brwdfrydedd a hyder ei ieuenctid na'r gallu i weithio oriau hirion. Siaradai'n egnïol – yn hirfaith yn ôl rhai. Roedd yn amlwg mai hwn fyddai ei gyfle olaf mewn llywodraeth ac na fyddai'n parhau'n hir wrth y llyw. Ond golygai hynny hefyd na fyddai'n rhaid iddo boeni i blesio'r Prif Weinidog er mwyn gobeithio cael dyrchafiad yn y Cabinet. Mae gennym destun diolch diffuant mai i Griffiths yr ymddiriedwyd y dasg o agor Swyddfa Gymreig. Iddo ef, roedd sefydlu'r Ysgrifenyddiaeth

Gymreig yn bwysig ynddo'i hun ac yn arwyddo dechrau cyfnod newydd yn hanes ei genedl. Dyma oedd ei apêl fawrfrydig i'w gydwladwyr ar raglen deledu 'Heddiw' y BBC ar ei ddiwrnod cyntaf yn y swydd:

> Dewch gyda ni, ymunwch yn yr antur fawr hon; byddwch yn gadarnhaol; gadewch i ni symud ymlaen gyda'n gilydd.[62]

O wybod bod y Swyddfa Gymreig wedi'i sefydlu er gwaethaf gwrthwynebiad Whitehall ac o gofio nad oedd hi eto'n dderbyniol i rai gwleidyddion blaenllaw yn rhengoedd Llafur ac nad oedd y Blaid Dorïaidd yn bleidiol iddi 'chwaith, roedd ei dyfodol yn ansicr. Felly, gellir gweld mai galw y mae Griffiths yma am wasanaeth holl falchder pobl Cymru i sicrhau y byddai'r Ysgrifenyddiaeth newydd yn garreg filltir yn hanes Cymru. Mae'n bosibl fod y dyfyniad yn ymddangos i ni heddiw braidd yn chwyddedig mewn sgwrs deledu, er ei rhagored fel perorasiwn mewn cyfarfod gorlawn yn Neuadd Cory yng Nghaerdydd gynt. Ond ni fedrais ddeall sut y gellid dehongli ei neges fel 'enghraifft eithafol' o'r 'argyfwng gwacter ystyr', fel yr honnai'r llenor a'r bardd ifanc, R. Gerallt Jones, flynyddoedd yn ddiweddarach mewn ysgrif yn *Y Faner* (19 Rhagfyr 1980), os deallais ei sylwadau'n iawn.

Mynnodd Griffiths fod gan y Swyddfa Gymreig o'r cychwyn cyntaf gyfrifoldebau gweithredol ac uniongyrchol. Dyna oedd ei flaenoriaeth gyntaf un. Dywed:

> During the time when my proposals were being considered by the Prime Minister, it came to my knowledge that some of my Welsh Labour colleagues had written privately to the Prime Minister urging their view that no administrative powers be transferred to the Welsh Office. I had known that there was a small group of M.P.s who held this view. I was, however, angry that they should have written privately to the Prime Minister without sending me a copy of their letter . . . Beneath all these seeming manoeuvres were fundamental clashes of view as to what Labour's attitude should be to Welsh demands and aspirations. There were those . . . who sincerely held the view

that we should not give in to national demands. They were afraid that doing so would play into the hands of the Nationalists. This view was, at the time, prevalent among Monmouthshire people in our Party . . . Later, when I thought the decision was being unduly delayed on what, if any, powers were to be delegated, I wrote a private personal letter (in my own hand) to the Prime Minister intimating to him that if the decision went in favour of no transfer of power to the Welsh Office I could not continue in office. I showed this to Goronwy Roberts and Harold Finch [isweinidog yn y Swyddfa Gymreig], and they volunteered their wholehearted support.[63]

Y mae arnom ddiolch am y llythyr hwn ynghyd â'r llythyr ymddiswyddiad oedd yn ei boced. Rydym yn llawn edmygedd o'i safiad allweddol. Ond wedi dweud hynny, rhaid cydnabod mai cyfyng oedd y cyfrifoldebau a drosglwyddwyd i'r Swyddfa Gymreig ar y dechrau, sef dros lywodraeth leol, ffyrdd a thai, a oedd yn llawer llai na'r cyfrifoldebau a awgrymwyd yn y ddogfen bolisi, 'Signposts to the New Wales (1962)'. Yn wir, mae'n anodd gweld bod digon o waith wedi ei drosglwyddo i Gaerdydd i gadw tri gweinidog yn brysur o fewn y Swyddfa! Cafodd Griffiths ei hun yn tristáu, yn arbennig am na chafodd gymryd drosodd Fwrdd Iechyd Cymru (a sefydlwyd ym 1919 ac a fu'n hollol israddol i'r Adran Iechyd yn Llundain), a byddai'n parhau i alw am drosglwyddo'r cyfrifoldeb amdano i'r Swyddfa Gymreig. Dengys yr Athro Charles Webster, Cymrawd o Goleg yr Holl Eneidiau, hanesydd swyddogol y Gwasanaeth Iechyd Gwladol, yn ei astudiaeth ddadlennol, 'Devolution and the Health Service in Wales, 1919-1969'[64] fod Bwrdd Iechyd Cymru yn gorff llai datganoledig o lawer nag a ddeallwyd gan y Cymry yn gyffredinol. Rhoes ei fys ar y diffyg:

. . . its terms of reference were drawn as restrictively as possible to prevent deviation from instructions emanating from London. The Welsh Board of Health was therefore not conceived as an evolutionary stage in the process of devolution or administrative modernisation, but as a regional outpost of the Ministry of Health.

In the course of its fifty-year history, the Welsh Board of Health exemplified the deficiencies of the board mechanism. In general, the Board of Health performed its duties precisely in the spirit intended by its designers. As such the Board served as a useful instrument for London, but it was not an appropriate basis for furthering the cause of devolution. The Welsh Board of Health was therefore a constitutional dead end, a fossilised relic, representing an administrative device inappropriate to the twentieth century.

Yr oedd swyddogion y Bwrdd Iechyd yn ei blasty yn erwau euraidd Parc Cathays yn bobl ragorol ond, fel y colomennod yn y colomendy, roedd pawb yno yn gwybod eu lle i'r dim mewn perthynas â Llundain.

Trwy frwydro i sicrhau bod gan Ysgrifennydd Cymru o'r dechrau cyntaf gyfrifoldebau penodol y cychwynnodd Jim Griffiths ar ei waith. A gososdodd wedyn dair tasg anodd arall iddo'i hun.

Yn gyntaf: hyrwyddo'i freuddwyd am 'Dref Newydd' i Ganolbarth Cymru – i'w galw'n 'Treowen' er cof am un o'r sosialwyr cydweithredol cyntaf, Robert Owen (1771-1859) o'r Drenewydd – a'i chanolbwynt yng Nghaersŵs, yn ymestyn i'r Drenewydd a Llanidloes, a'i phoblogaeth i gynyddu i oddeutu 70,000 o fewn deng mlynedd. Dichon iddo fod yn rhy daer dros Dreowen. Dyma'i ateb i'r diboblogi cyson a fu'n gwanychu cefn gwlad a Chanolbarth Cymru am ganrif a hanner. Hefyd, byddai'n ymateb i fygythiad newydd a oedd ar y gorwel: draw yn Lloegr, galwai arbenigwyr cynllunio tref a gwlad am godi nifer o drefi newydd ar ochr ddwyreiniol Clawdd Offa i gwrdd â gorboblogaeth canolbarth Lloegr. Rhagwelai Griffiths y byddai agosrwydd un o'r trefi hynny at y ffin yn dynfa gref i Gymry ifainc Canolbarth Cymru i fyw a gweithio ynddi, ac yn tlodi Cymru. Felly, mynnai ef fod y Swyddfa Gymreig ei hun yn codi tref newydd yng nghanol Powys. Byddai'r dref honno'n ganolfan i ddiwydiannau twf, yn gartref i hyrwyddo swyddfeydd ac yn atgyfnerthu'r ddadl dros y Ffordd Ganol i 'gysylltu deheubarth â gogledd Cymru', chwedl y 'Rhaglen i Gymru', ac a fu ar yr agenda am flynyddoedd. Sylweddolai y gallai Treowen ddenu poblogaeth o dros y ffin, ond barnai ef a'i ddirprwy, Goronwy Roberts, yn optimistaidd y gellid trwy ymdrech benderfynol ddenu'n ôl i Gymru lawer o Gymry a oedd wedi ymsefydlu yn nhrefi canolbarth Lloegr.[65] Ond, ar y llaw arall, yr oedd dadleuon cryf iawn yn erbyn plannu tref newydd o'r fath ym Mhowys a daeth yn bwnc canolog a llosg. Ni fu arweinwyr y Gymru Gymraeg yn fud. Credent y byddai Treowen yn fygythiad i'r diwylliant Cymraeg. Yn bwysicach na dim, gwelai Cledwyn Hughes y byddai Llafur yn creu trobwll iddi'i hun gyda'r fath dref. Cytunodd â'i gwrthwynebwyr. Rhybuddiodd am Dreowen: 'Byddai'n waywffon i galon Cymru'.[66] Ac ar ôl ei benodi i olynu Griffiths yn Ysgrifennydd Cymru, gwnaeth yn sicr na wireddwyd y freuddwyd. Canolbwyntiodd ar ddatblygu trefi bach y canolbarth. Mynegodd Jim Griffiths ei siom pan welodd ei freuddwyd am Dreowen yn falurion.

Yr ail dasg: hyrwyddo'r Cyngor Etholedig. Penododd Weithgor o fewn y Swyddfa Gymreig dan gadeiryddiaeth yr Is-ysgrifennydd Parhaol, Goronwy Daniel, i 'ymchwilio i ail-ddosbarthiad swyddogaethau llywodraeth leol' (geiriad sydd yn ein hatgoffa o un o themâu Cwmaman). Cyflwynodd y Gweithgor ei Adroddiad Dros Dro i Griffiths ar 16 Ionawr 1966.[67] Argymhellwyd bod tri model o ad-drefniant yn bosibl, o ran theori, ac y gallai Cyngor Etholedig i Gymru (a elwir ynddo yn 'Greater Welsh Council') fod yn rhan annatod o ddau ohonyn nhw. Dyma un o'r dogfennau pwysicaf a fyddai'n aros am benderfyniad polisi gan yr Ysgrifennydd newydd wedi'r etholiad oedd yn nesáu.

A'r drydedd dasg: cryfhau statws cyfreithiol y Gymraeg.[68] Aethai chwarter canrif heibio ers Deiseb yr Iaith a phasio Deddf Llysoedd Cymru 1942, ond erbyn hyn, daethai'r Gymraeg yn ôl i ganol y llwyfan gwleidyddol yn sgîl achos *Evans v. Thomas* yn yr Uchel Lys ym 1962 ynghylch cyfreithlondeb papur enwebu Cymraeg a ddefnyddiodd Evans mewn etholiad ar gyfer Cyngor Sir Caerfyrddin a gynhaliwyd yn y Betws ym 1961 (lle'r oedd 79 y cant o'r boblogaeth yn parhau i siarad Cymraeg) ac a wrthodwyd gan swyddog etholiad am ei fod yn Gymraeg.[69] Ar ben hynny, ar 13 Chwefror 1962, darlledodd Saunders Lewis ei ddarlith radio enwog, 'Tynged yr Iaith'[70] – y gellir ei hystyried yn un o areithiau mwyaf y ganrif yng ngwleidyddiaeth Cymru. Roedd ynddi dair prif neges: (i) y byddai'r Gymraeg yn trengi fel iaith fyw 'tua dechrau'r unfed ganrif ar hugain' pe na wneid 'ond parhau'r tueddiad presennol'; (ii) bod yr iaith yn bwysicach na hunanlywodraeth, a (iii) ni ellir ennill brwydr yr iaith heb ddefnyddio dulliau chwyldro a dioddef aberth. Roedd y ddarlith wedi sobri arweinwyr y bywyd Cymreig. Yna, ar 21 Mawrth 1962, teledwyd sgwrs rhwng Jim Griffiths ac Aneirin Talfan Davies yn y gyfres 'Dylanwadau'. Dylid sylwi bod y sgwrs hon wedi ei recordio ar 11 Chwefror ac, felly, cyn y gallai Griffiths fod wedi clywed 'Tynged yr Iaith' a ddarlledwyd yn fyw.[71] Dengys dyfyniad o ran o'r sgwrs deledu fod dealltwriaeth Griffiths am ddyfnder argyfwng yr iaith yn bur debyg i eiddo Saunders Lewis:

ATD: Beth yw prif broblem Cymru heddiw?

JG: Mae problem cael gwaith, problem cael cynhaliaeth yn bwysig. Prif broblem Cymru heddiw yw achub yr iaith – rwy'n credu mai dyna'r brif broblem dros y deg, ugain mlynedd nesaf.

Ateb chwyldroadol gan un o arweinwyr y Blaid Lafur. Credaf y gellir dweud nad oedd yr un arweinydd Llafur wedi dweud peth fel hyn erioed o'r blaen. Faint o feddwl a roddwyd i'r atebiad? Y mae'n amhosibl penderfynu erbyn heddiw. Ond mae'n naturiol tybio y byddai gwleidydd medrus a phrofiadol fel Griffiths wedi ei baratoi ei hun gogyfer â chwestiwn o'r fath. Siarad drosto'i hun yr oedd Griffiths, ond dengys ei atebiad y newid cywair a chyfeiriad yr oedd ef am ei weld ar ran Llafur o 1962 ymlaen.

A phan ofynnodd Aneirin Talfan iddo sut oedd achub yr iaith, dyma'i ateb:

Rhaid dechrau ar yr aelwyd, yn yr ysgol, yn y gwaith, yn y ffatri – yr iaith ym mywyd pob dydd.

Gwelir yma ragflaenu pwyslais heddiw ar gryfhau'r iaith ar draws holl sbectrwm bywyd pob dydd.[72]

Ym 1963, cyflwynodd Cyngor Cymru (dan gadeiryddiaeth yr athronydd, yr Athro Richard Aaron erbyn hyn) i'r llywodraeth ddogfen radical, 'Adroddiad ar yr Iaith Gymraeg Heddiw', yn argymell, ymhlith pethau eraill, rhoi statws iaith swyddogol i'r Gymraeg ar gyfer rhai pwrpasau, a sefydlu corff parhaol i ofalu am ei buddiannau. Dyma adroddiad arall o werth mawr a gyhoeddodd Cyngor Cymru. Ymateb y Llywodraeth Geidwadol i'r Adroddiad oedd ei roi o'r neilltu a sefydlu pwyllgor bychan dan gadeiryddiaeth yr Athro Syr David Hughes Parry – gwladgarwr ac un o fficswyr mawr ei ddydd – 'i egluro statws cyfreithiol yr iaith Gymraeg'. Cyflwynodd y Pwyllgor ei adroddiad, 'Statws Cyfreithiol yr Iaith Gymraeg', i'r Ysgrifennydd Gwladol yn hydref 1965. Argymhellodd gydnabod egwyddor statws 'dilysrwydd cyfartal'[73] y Gymraeg a'r Saesneg yn y llysoedd ac mewn gweinyddiaeth gyhoeddus yng Nghymru ac y dylai'r statws hwnnw weithredu'n ddieithriad ledled Cymru.

Cymerodd Griffiths y gofal mwyaf i geisio sicrhau cefnogaeth aelodau'r Grŵp Llafur Seneddol Cymreig i brif argymhelliad Hughes Parry ac i balmantu'r ffordd tuag at Ddeddf Iaith. Bu hyn yn gymwynas werthfawr iawn â'i olynydd. Cofnododd Goronwy Daniel mor anodd fu symud ymlaen i gael cytundeb yr aelodau seneddol ac Adran yr Arglwydd Ganghellor ar yr ymateb i'r Adroddiad. Dyma'i ddyfynnu:

> Mr James Griffiths and Mr Goronwy Roberts devoted much time to the language problem. But they found it hard to get the support of their colleagues to the Hughes Parry proposals. The Government Department responsible for instructing Parliamentary Counsel on any changes in the laws affecting the administration of justice was the Lord Chancellor's and that Department was reluctant to see the costs of Court proceedings increased and had limited understanding of the depth of feeling for the language amongst Wesh speakers and

writers who had devoted themselves to the materially unrewarding task of sustaining it. It was also difficult for the Welsh Office ministers to gain solid support in the Welsh Parliamentary Group because some of its members were opposed to making any concessions to their political opponents in Plaid Cymru and also to creating new posts for which Welsh-speaking was a requirement and would not be open to non-Welsh speakers.

Ceir y dyfyniad hwn mewn 'Nodyn' sylweddol (tua 5000 o eiriau) a gyfansoddodd Daniel at Lyfrgellydd y Llyfrgell Frenhinol ac a ddyddiwyd 29 Medi 1994.[74] Byddaf yn cyfeirio at y ddogfen bwysig hon sawl tro eto.

Mater i'w olynydd a'r llywodraeth fyddai gwneud y penderfyniad terfynol ar gynnwys y Mesur Iaith a chael cytundeb arno yn arbennig yn y Grŵp Llafur Seneddol Cymreig.

Gwnaeth Jim Griffiths ei gymwynas olaf â'r Swyddfa Gymreig ar 4 Ebrill 1966 pan ysgrifennodd femorandwm at y Prif Weinidog yn galw drachefn am drosglwyddo'r cyfrifoldeb am iechyd, addysg, ac amaeth yn uniongyrchol i Gaerdydd. Dyna gloi ei yrfa fel Ysgrifennydd Gwladol cyntaf Cymru. Ond a oedd y Swyddfa Gymreig fechan, ifanc, â'i phwerau'n gyfyngedig, yn ddiogel erbyn hyn?

Gwelwyd bod consýrn Griffiths am anghenion Cymru fel gwlad a chenedl wedi dyfnhau, neu o leiaf wedi dod yn llawer iawn mwy cyhoeddus, ers canol y pum degau. Yr un pryd, yr oedd yn glynu'n ddiledryw wrth y freuddwyd am Sosialaeth Ddemocrataidd a fu'n ysbrydiaeth iddo yn ei lencyndod a thrwy'r holl flynyddoedd. Ni wanychodd yn ei ffydd sosialaidd. Er bod cenedlgarwch yn bwysig, credai mai yn ysbryd rhyngwladol sosialaeth ac wrth ei hegwyddorion y gellid diwallu anghenion dyfnion y ddynoliaeth gyfan y mae Cymru'n rhan ohoni. Clywir atsain ei argyhoeddiad yn ei lythyr ataf 13 Mehefin 1968 a oedd, efallai, yn fy nghystwyo'n gyfeillgar am y pwyslais ar bwysigrwydd parhad cenedl a roddais mewn rhaglen deledu ar ddatganoli ym Mhrydain a ddarlledwyd gan y BBC y noson cynt. Ystyriai nad oedd y rhaglen wedi wynebu problem y gymdeithas gyfoes a dyna oedd honno:

> Finally and most important – the malaise of our times – the feeling that the material affluence fails to satisfy. This is deeper than Wales, Scotland [and] Nationalism. It is expressing itself all over the Western world and behind the Curtain – and calls for deeper analysis and more *far-reaching* answer than Nationalism can provide. This is why I still maintain my faith that Socialism – in spirit and practice offers the only way. We have been blown off course – I hope the winds of adversity will bring us back.

Pan ddaeth i ben yr yrfa faith yn Nhŷ'r Cyffredin ym 1970 ni ddewisodd fynd i Dŷ'r Arglwyddi fel yr oedd yn agored iddo yn ôl y confensiwn ac yntau'n gyn-aelod Cabinet. Ond ni orffwysodd ar ei rwyfau, 'chwaith. Hyd ddiwedd ei oes, daliodd ati i ddadlau dros y Cyngor Etholedig ac i wella'r doluriau yn Bihafir. A chofiaf am ei bryderon am drigolion Aber-fan wedi trychineb yr hydref 1966, a'i gyfraniad, drwy newyddiaduraeth y *Times* a'i ddirprwy olygydd, Michael Cudlipp, i wella'r gwasanaethau cyhoeddus at ddefnydd y pentrefwyr.

Ond mewn nodyn ataf, a ysgrifennodd 22 Mai 1970, â'i law braidd yn grynedig, yr oedd cywair newydd:

> Rwy'n glaf.
>
> Am yr Etholiad gyntaf oddi ar Ragfyr 1910 – byddaf yn analluog i gymryd rhan yn y frwydr.
>
> Mae'n gobeithion wedi eu sicrhau mewn rhai agweddau. Mae'r Swyddfa Gymreig yn ddiogel. Gofynnwyd i mi, yn bersonol, gwrdd ag aelodau Comisiwn Crowther. Daliais afael ar y cyfle i'w hannog i roi eu grym y tu cefn i Gyngor Etholedig i Gymru. Rwy'n ffyddiog y cawn ni Gyngor o'r fath gan y Comisiwn.
>
> Maddeuwch y llawysgrifen sigledig ac anniben.

Mae'r ffaith iddo gael gwahoddiad i sgwrsio'n breifat â'r Comisiwn ar y Cyfansoddiad (a sefydlwyd ym 1969 ac y cyfeirir ato eto) yn arwydd o'r parch uchel oedd i'w farn fel gwladweinydd mwyaf profiadol Cymru mewn cylchoedd o bwys yn Lloegr. A sylwer, hefyd, y teimlai fod y Swyddfa Gymreig bellach yn ddiogel. Rhydd hyn ryw syniad mor dynn oedd hi ar yr Adran newydd ar y dechrau.

Ym 1973 (y flwyddyn y cafodd lawdriniaeth drom), gwnaeth Jim Griffiths ei gyfraniad pwysig olaf i'r Blaid Lafur: ysgrifennodd ei draethawd hir, 'Welsh Politics in my Lifetime'. Fe'i cyhoeddwyd ym 1976 (flwyddyn ar ôl ei farw), wedi ei olygu gan J. Emrys Jones. Cymerodd Emrys ryddid golygyddol i hepgor y feirniadaeth oedd ynddo ar wrth-Gymreigrwydd George Thomas oherwydd ofnai y byddai ei chyhoeddi yn ei yrru'n fwyfwy ffyrnig yn erbyn yr ymgyrch ddatganoli. Cytunwn ar y pryd â'r golygu. Ni welwn y byddai gan George Thomas reswm i gwyno amdano a chredwn y byddai Jim Griffiths ei hun yn derbyn mai dyma'r peth doeth i'w wneud er lles yr achos. Eto, heddiw, nid wyf hanner mor sicr. Wrth dynnu at ddiweddglo'r traethawd, gosododd Griffiths, gyda'i holl awdurdod gwleidyddol, yr agenda o'n blaen:

> The Welsh Agenda can already be seen developing in 1973. The most important issue is that of the Constitutional Commission's recommendations. The party is already committed to the setting up of an Elected National Assembly, or Council for Wales. The Party should be, and I hope it is, working out the details of the Council's constitution and the powers which will be delegated to it.[75]

Wedi oes o ymarfer gwleidyddiaeth, dyna'i gyngor craff – ac olaf – i'r Blaid Lafur yng Nghymru.

Gyda'i brofiad trylwyr o lywodraeth, ac yng ngoleuni Adroddiad Dros Dro Gweithgor Daniel, gwyddai Griffiths fod galw am astudiaeth ddyfnach o lawer na'r hyn a gafwyd ar gyfansoddiad y Cyngor Etholedig – ei swyddogaethau, ei bwerau, ei aelodaeth, ei gyllid, a'i berthynas ag Ysgrifennydd Cymru a llywodraeth leol. Ond nid oedd yr arbenigedd technegol gan Gyngor Llafur Cymru ar gyfer y dasg fanwl honno ac ni chafodd ei chyflawni. A thystia drafft cyntaf traethawd 1973 nad oedd ei syniadau ef ei hun am y Cyngor Etholedig wedi datblygu rhyw lawer pellach ers y chwe degau cynnar. Beth bynnag am hynny, dyma gadarnhau bod Cyngor Etholedig i Gymru ar agenda Cyngor Llafur Cymru, ond bod angen meddwl o ddifri am ei gyfansoddiad a'i bwerau.

Efallai mai dyma'r lle addas i gydnabod gwasanaeth dau ŵr a fu o help sylfaenol i Jim Griffiths a Cledwyn Hughes, ac i'r ymgyrch ddatganoli yng Nghymru. Y naill oedd Syr Goronwy Hopkin Daniel, isysgrifennydd parhaol y Swyddfa Gymreig, a'r llall oedd J. Emrys Jones a olynodd Cliff Prothero yn drefnydd cyffredinol y Blaid Lafur. Dychwelodd y ddau adref o Loegr i wasanaethu yng Nghymru, ond heb floeddio eu cenhadaeth.

Brodor o Ystradgynlais oedd Goronwy Daniel, ac yn fab i reolwr pwll glo Cwmllynfell. Priododd â Valerie, gwraig fonheddig a deallus a fu ar staff Syr William Beveridge. Hanai Valerie o ach Lloyd George ond, yn wahanol iawn i'w thaid byd-enwog, gwelai hi'r gorau mewn pobl. Er bod profiadau Griffiths a Daniel mewn perthynas â Streic Gyffredinol 1926 yn wahanol iawn, dysgodd y ddau na ddylid arddel polisi 'y cyfan neu ddim' – sy'n ein gadael yn aml iawn heb ennill dim. Nid ei fagwrfa yn Ystradgynlais a'i gefndir yn y diwydiant glo oedd yr unig bethau amdano a apeliai at Griffiths. Roedd Daniel yn ystadegydd medrus ac fe wnaethai waith ymchwil ar agweddau o'r chwalfa fawr yn ne Cymru rhwng y ddau Ryfel Byd. Roedd yn ŵr o ddiwylliant eang ac yn effro i'r symudiadau yn y byd mawr. Ac, yn drawiadol, rhoddai bwys ar werth hanes a thraddodiad, a gwerthfawrogai'r Gymraeg fel trysor pennaf y genedl Gymreig. Felly, roedd y gŵr hwn, gŵr tal, gwladaidd ei osgo, dethol ei barabliad, yn ŵr go arbennig ymhlith mandariniaid Whitehall. Daeth y gwas sifil Cymraeg a Chymreig nodedig arall, Syr Ben Bowen Thomas, ac yntau i fod yn gyfeillion mawr a chydnabu iddo dderbyn 'ei gyngor anffurfiol, gwerthfawr ar faterion y Swyddfa Gymreig'.[76]

Un o'r pethau olaf a wnaeth Goronwy Daniel cyn ymadael o'r Swyddfa Gymreig ym 1969 oedd rhoi tystiolaeth mewn sesiwn gyhoeddus i'r Comisiwn ar y Cyfansoddiad. Ac yntau'n dal i fod yn was sifil, yr oedd cyfyngiadau ei swydd ar ei dystiolaeth ond rhybuddiodd gyda holl bwysau ei gefndir yn y gwasanaeth gwladol y gallai llywodraeth gwlad, heb wyliadwriaeth ofalus, fynd fwyfwy i ddwylo'r gwasanaeth gwladol. Dyfynnaf ran fach o'i dystiolaeth oleuedig am swyddogaeth y gwas cyhoeddus, anetholedig:

> I believe that in a democratic state, when a public servant, whether in central or local government, goes about his daily business, he ought always to have at the back of his mind the thought that he may be called to account for his actions to a body which consists of freely elected representatives of the people whom he is serving. That is an ideal which may not be always easy to achieve, but I believe it should be the objective. It has several beneficial effects . . . First, it is the best protection against abuse of power by officials; secondly, it enables the executive to explain itself, to explain what it is doing, and why; thirdly, it enables the executive to find out what needs to be done, what fields require other attention.[77]

A ellid amgenach disgrifiad o'r ddelfryd? Mae'r darn hwn yn ei arddull gryno, ddiormodiaith yn nodweddiadol o'i feddwl analytig, clir. Bu'n gynghorydd amryddawn a doeth i'r tri Ysgrifennydd Cymreig cyntaf yn y berw gwleidyddol o 1964 hyd at 1969. Gwnaeth y cyfan oedd yn ei allu i hyrwyddo datganoli ac i wrthweithio dadleuon y gwrthwynebwyr o fewn Whitehall. Credai gyda Griffiths a Cledwyn y gallai bodolaeth Swyddfa Gymreig balmantu'r ffordd at Gyngor Etholedig i Gymru.[78]

Ond cyn y digwyddai hynny byddai Llafur wedi penodi Trefnydd Cyffredinol newydd yng Nghymru. Ym 1965, ymddeolodd Cliff Prothero o'r swydd. Defnyddiodd Griffiths ei ddylanwad i sicrhau mai J. Emrys Jones, Cymro di-Gymraeg a gychwynnodd ar ei daith ym Mhenrhiw-ceibr, Cwm Cynon, a benodwyd i'w olynu. Deuthum i'w adnabod yn dda iawn. Roedd yn gyn-weithiwr rheilffordd a bu'n asiant i George Thomas yn etholiad 1945 (ac felly gallai fod yn hy ar Thomas).

Ym 1965, roedd yn drefnydd i'r Blaid Lafur tua Birmingham ac yn hiraethus am ddychwelyd i Gymru. Gŵr cwrtais, a'r mwyaf dirodres o ddynion, ydoedd J. Emrys Jones – gŵr swil, hyd at fod yn ddi-liw, yn wir – ond gŵr dewr a phenderfynol. Yr oedd ganddo daerineb a chadernid Prothero ond roedd byd o wahaniaeth yn eu dull o weithio ac yn eu hagwedd tuag at y Cyngor Etholedig. Roedd Emrys Jones yn ddatganolwr o argyhoeddiad. Ystyriwn i ei fod ymhlith moderniaid y chwe degau ar gwestiwn datganoli a democrateiddio llywodraeth gwlad. Gwelai fethiant llywodraeth leol i ddatrys ei phroblemau. Roedd yn argyhoeddedig mai datganoli llywodraeth ganol fyddai un o bynciau mawr hanner olaf yr ugeinfed ganrif. Pan benodwyd ef i fod yn Drefnydd Cyffredinol y Blaid Lafur yng Nghymru, ar unwaith fe welwyd datganolwr newydd, gwrol ac ymroddedig ar y llwyfan gwleidyddol yng Nghymru. Yn ei swydd allweddol ar adeg dyngedfennol, gwnaeth bedwar cyfraniad gwirioneddol bwysig. Yn gyntaf, o fewn blwyddyn, cyn cynnal isetholiad Caerfyrddin a chyn bod Plaid Cymru yn ymddangos yn fygythiad i Lafur yn dilyn yr isetholiad hwnnw, darbwyllodd Gyngor Llafur Cymru a'r Gynhadledd Flynyddol i alw am ystyried sefydlu Cyngor Etholedig i Gymru. Yn ail, yn groes i gyngor Ysgrifennydd Cymru, George Thomas, ac Eirene White (a oedd yn weinidog gwladol yn y Swyddfa Gymreig ar y pryd), ac yn wyneb protestiadau Thomas wrth y Prif Weinidog ei hun, mynnodd Emrys Jones ar ei liwt ei hun ym 1969 fod Cyngor Llafur Cymru yn cyflwyno tystiolaeth i'r Comisiwn ar y Cyfansoddiad o blaid Cyngor Etholedig. Ei drydydd cyfraniad oedd ei fod yn gweld bod y frwydr dros Gynulliad Etholedig i Gymru yn gorgyffwrdd â'r frwydr i ddiogelu parhad y Gymraeg; sefydlodd weithgor i lunio polisi i roi i'r Gymraeg ei dyledus le yn yr ysgolion a sefydlodd weithgor arall i roi i'r Gymraeg ei dyledus le yn y gwasanaeth teledu. Ei bedwerydd cyfraniad (fel sydd ymhlyg yn y tri arall) oedd mynnu bod gan Gyngor Llafur Cymru lais dylanwadol yn ffurfiad polisi'r Blaid Lafur yng Nghymru, llais cydradd â'r Grŵp Llafur Seneddol Cymreig.[79]

Gwelir felly fod swyddog blaenllaw iawn wrth lyw'r Blaid Lafur yng Nghymru o 1965 ymlaen. Canolbwyntiai'r cyfryngau yn Lloegr ar y sefyllfa wleidyddol yn yr Alban. Iddynt hwy, roedd gwleidyddiaeth Cymru yn y cysgodion. Eto, rhaid cofnodi bod Cyngor y Blaid Lafur yng Nghymru dan arweiniad Emrys Jones yn y blynyddoedd 1966-1976 ar y blaen i Gyngor Llafur yr Alban yn ei agwedd at ddatblygiad cyfansoddiadol. Hyd yn oed wedi Etholiad Cyffredinol Chwefror 1974, pan enillodd Plaid Genedlaethol yr Alban un ar ddeg o seddau, bu'n rhaid i Lundain ddwyn pwysau ar Gyngor Llafur yr Alban i fabwysiadu polisi cadarnhaol at ddatblygiad cyfansoddiadol pellach. Ym Mehefin 1974, dewiswyd Emrys Jones i fynd â'r neges honno i'r Alban – a dyna gyfraniad pwysig iawn arall ganddo i achos datganoli.

Gellir dal yn ddiogel bod cyfraniad ymroddedig y ddau swyddog yma yn gydradd â chyfraniad y seneddwyr.

Byrhoedlog fel ffasiwn yw poblogrwydd gwleidyddion. Y mae angen amser i lwyr fesur maint cyfraniad unigolion mewn perthynas â datblygiad bywyd cenedlaethol. Bellach mae lle James Griffiths fel un o sylfaenwyr y Wladwriaeth Les ym Mhrydain yn sicr. Ac yn nhermau datblygiad cyfansoddiadol Cymru, mae'n haeddu ei fendithio fel y gŵr yn anad yr un gwleidydd arall a gynrychiolai'r consenws a roes fod i'r Ysgrifenyddiaeth Gymreig ac, yn y pen draw, i Gynulliad Cenedlaethol Cymru. Rhaid cydnabod, fel sy'n amlwg, fod arnaf ddyled bersonol i Jim Griffiths ond ni chredaf y byddwn ymhell o'm lle trwy honni mai efe fu'r gwladweinydd Cymraeg amlycaf a mwyaf dylanwadol yn hanes y Blaid Lafur hyd yn hyn. Ac anodd meddwl am neb a allai fod wedi rhoi i Gymru yr arweiniad a roes ef yng nghyfnod olaf ei fywyd.

4

Gwasanaeth Etifedd y Mans a 'Cymru Fydd'

RHADLONRWYDD, cydbwysedd, goddefgarwch, dyfalbarhad, agosatrwydd gwerinol, rhyw gymaint o gyfrwystra gwleidyddol – ynghyd â hiwmor bob amser – dyna nodweddion neilltuol Cledwyn Hughes; gŵr tebyg iawn i Jim Griffiths ar un olwg.[80] Nid oedd yn wrthryfelwr wrth reddf. Serch hynny, fel ei hen, hen daid, John Hughes (1808-1872), Fronheulog, cynhyrfai pan welai argoel o drais a gorthrwm. Gwelais ef yn cynhyrfu gorff ac ysbryd pan siaradai ambell aelod o Dŷ'r Arglwyddi mewn anwybodaeth lwyr am Gymru. Mab teilwng y mans ydoedd Cledwyn. Fe'i gwreiddiwyd yng ngwerthoedd gwaelodol y mans Cymraeg – mans Eglwys Disgwylfa (MC) Caergybi (a ddisgrifiwyd fel y 'mans mwyaf nodedig ym Môn'), lle bu ei dad, y Parchedig H. D. Hughes (H. D.), yn weinidog llwyddiannus, fel pregethwr a bugail, gyhyd. Ysgrifennodd Cledwyn am ei blentyndod:

> . . . llanwyd bywyd ein plentyndod â chrefydd a'i holl oblygiadau: y capel a'i holl gyfarfodydd, arholiadau dosbarth a sirol a chwmni gweinidogion yn feunyddiol bron. Aem i'r capel deirgwaith y Sul a phob nos ac eithrio nos Sadwrn. 'I beth?' meddwch. I'r Cyfarfod Gweddi nos Lun, y Gobeithlu nos Fawrth, Cyfarfod Darllen nos Fercher, Y Seiat nos Iau a'r Dosbarth Tonic Sol-ffa nos Wener. Cefais bardwn o'r olaf yn bur fuan gan nad oeddwn yn ganwr addawol![81]

Dyna brofiad digon cyffredin i blant a fagwyd yn y capeli Ymneilltuol Cymraeg mewn oes pan oedd y capeli'n orlawn.

Cofiai am weinidogion amlycaf Cymru yn galw yn y Mans. Parhaodd y capel yn bwysig iddo ar hyd ei oes. Fe fyddai'n dal i bregethu ar y Suliau ym mhulpudau eglwysi bychain ar hyd a lled Môn hyd ddiwedd yr wyth degau. Prif ddeunydd ei bregethau, mi gredaf, oedd credo mawr yr Apostol Paul a gwelais nodiadau a luniodd ar Lythyr Paul at y Rhufeiniaid, V, 1 a 2. Yn ddiamau, bu ei ymlyniad amlwg wrth fywyd ysbrydol y capel o help sylweddol iddo gadw'i sedd ym 1974 pan gwympodd y tair sedd Lafur arall yn y gorllewin Cymraeg i Blaid Cymru. Derbyniai *Y Traethodydd* a mawr oedd ei barch i'r golygydd, yr hyglod J. E. Caerwyn Williams. Ond dylid sylwi iddo hefyd dystio am ei fagwraeth: 'Nid mewn awyrgylch cul a chyfyng y magwyd ni'.[82] Dyma deyrnged i ddiwylliant chwarelwyr Dinorwig lle bu ei dad yn chwarelwr (cyn mynd i'r Weinidogaeth), fel ei gyndeidiau am dros ddau gan mlynedd. Sicrhaodd W. J. Gruffydd yn ei *Hen Atgofion*, heb sôn am lenorion eraill, fod portreadau o gymdeithas chwarelwyr Arfon yn cyfoethogi llenyddiaeth Gymraeg.

Ymfalchïai fod ei nain ar ochr ei dad yn Gymraes uniaith Gymraeg (fel, er enghraifft, fy nain innau ar ochr fy nhad). Wedi ei fagu mewn cefndir trwyadl Gymreig a Chymraeg heblaw mai cwbl Seisnig fu'r Ysgol Sir, manteisiai ar bob cyfle i ddangos i'r byd ei fod yn falch o'r fam-ynys, o'i famiaith, o'i famwlad a'r sefydliadau a nodweddai arbenigrwydd Cymru. Ymfalchïai o glywed rhywun yn dweud ei fod cystal Cymro â'r un cenedlaetholwr. Câi foddhad diderfyn wrth wasanaethu Prifysgol Cymru. Edrychai llaweroedd o Gymry arno fel mwy na gwleidydd pleidiol, cul. Fel sy'n ddigon cyffredin i gynifer o Gymry, hyd y gwelaf, ac fel oedd yn gweddu, efallai, i Gymro o Ynys Môn yng nghyfnod magwraeth Cledwyn, yr oedd rhyw ddeuoliaeth yn ei feddwl tuag at Duduriaid Penmynydd. Ymhyfrydai yn rhan y teulu hwnnw ar orsedd Lloegr. Ond eto roedd yn hallt ei feirniadaeth ar bolisïau unoliaethol Harri Tudur a'i ddisgynyddion a fu mor niweidiol i genedligrwydd Cymru. Ceir awgrym o hyn yn y cofnod yn ei ddyddiadur ar gyfer 19 Hydref 1976:

Call at Welsh Office as Howell Evans (P.U.S.) wants to chat about Queen's visit to Wales next year . . . ending at Holyhead and the Britannia. I suggested a call at Penmynydd, home of the Tudors, the greatest dynasty to rule this country. He was very much attracted to the idea, as was John Morris whom I saw later.

Strange how little the Royal Family make of their Welsh connection and what a fuss they make of the Stewarts who were hopeless.

I mentioned Penmynydd to Prince Charles three years ago and he was vague about it. I said Queen Victoria had paid a visit as a Princess and given a stained glass window to the Church.

The Tudors and Wales is another story.[83]

Ond fe'i cyfareddwyd gan Gymro arall a fyddai'n ymweld â mans Disgwylfa – David Lloyd George, un o genedlaetholwyr Cymru Fydd ac yn rhyw fath o Sosialydd cynnar. Soniai amdano gyda'r edmygedd mwyaf. Yng ngolwg Cledwyn, ef oedd y Prif Weinidog mwyaf yn hanes Prydain, yn fwy hyd yn oed na Gladstone a Churchill.[84] Un o'r pethau olaf a wnaeth oedd ffurfio pwyllgor yn Llundain ym 1995 (blwyddyn hanner canmlwyddiant marw Lloyd George) i gasglu cronfa o dros chwarter miliwn o bunnau tuag at godi cofgolofn deilwng yn Parliament Square (a ddadorchuddiwyd ym mis Hydref 2007) i drysori'r coffâd am y dewin o Lanystumdwy.

Roedd ei dad yn un o golofnau Rhyddfrydiaeth Lloyd George ym Môn ac yn un a barchai ddelfrydau mudiad Cymru Fydd. A Cledwyn yn meddwl y byd o'i dad, nid yw'n fawr o syndod iddo fod yn llywydd cangen Coleg Aberystwyth o'r Blaid Ryddfrydol pan oedd yn fyfyriwr yn Ysgol y Gyfraith yno. Beth a'i symbylodd rai blynyddoedd yn ddiweddarach i gefnu ar y traddodiad Rhyddfrydol a etifeddodd drwy'i dad ac i ymuno â'r Blaid Lafur? Wel, yn rhannol, sgwrs a gafodd ag un o'r aelodau yng Nghapel Disgwylfa, sef Syr Robert John Thomas, aelod seneddol Rhyddfrydol Wrecsam (1918-22), aelod Rhyddfrydol Môn (1923-29), awdur y Mesur Aelod

Preifat, Mesur Llywodraeth Cymru 1922, trysorydd Eisteddfod Môn am ddegawd a pherchen cwmni llongau cyn iddo dorri a chael ei ddyfarnu'n fethdalwr. Tystiodd Cledwyn mai Syr Robert oedd y cyntaf i'w annog, pan oedd tuag un ar bymtheg oed a'r ddau'n cydgerdded adref o oedfa bore Sul, mai trwy'r Blaid Lafur y gallai wasanaethu Cymru a'i gyd-ddyn orau, gan mai i Lafur y perthynai'r dyfodol: 'Cledwyn, the future belongs to Labour'. Dechreuodd ei feddwl droi at Lafur. Ond bu dylanwadau eraill arno yn ogystal.[85] Bu'n pori yng ngweithiau R. H. Tawney. A chofier bod Ynys Môn, Mam Cymru, yn druenus o dlawd yn y dyddiau cyn yr Ail Ryfel Byd. Yn ddiamau, bu'r diweithdra a'r tlodi mawr a welai Cledwyn o'i gwmpas yng Nghaergybi, ynghyd â'r gegin gawl yn festri Disgwylfa ar gyfer yr anghenus y cofiai mor dda amdani, a hefyd y gofalaethau bugeiliol eraill y soniai ei dad amdanynt, yn ddylanwad arno.

Ac yna rwy'n cofio am ei wên chwareus wrth iddo sôn am y wraig gweinidog chwedlonol honno o dref Caernarfon, a oedd yn rhyw fath o 'broffwydes' a allai ragweld digwyddiadau. Un diwrnod, pan nad oedd ond yn grwt, aeth yn llaw ei dad i ymweld â'r gweinidog yn ei gartref. Yno, eisteddai'r 'broffwydes' yn ei chadair, yn syllu ar fflamau'r tân. Yn sydyn, dyma hi'n torri ar draws sgwrs i gyhoeddi y deuai'r dydd y byddai'r crwt hwn 'yn codi ar lawr y Senedd yn Llundain yn waredwr i Gymru'. Wel? Sylw doniol, dibwys? Ynteu'r hyn a welai hi yn yr Arfaeth Fawr rhagor nag a welwn ni, efallai?

Treuliodd Cledwyn grynswth ei oes yn nhref Caergybi a'r cyffiniau. Draw i'r gorllewin, drigain milltir dros y dŵr, saif dinas Dulyn – gan milltir yn nes na Chaerdydd. Ac o Gaergybi ar ddiwrnod eithriadol o glir gellir gweld mynyddoedd Wicklow. Er hynny, ni chredaf y gellir gweld dylanwad cenedlaetholdeb Gwyddelig ar ei wleidyddiaeth ond wedyn nid oedd y math hwnnw o genedlaetholdeb yn gydnaws â'i natur.[86]

Yn hytrach, etifeddodd ddelfrydiaeth wladgarol mudiad Cymru Fydd, a oedd yn bur chwyldroadol o gofio am batrwm meddyliol y cyfnod. Hon oedd wrth wraidd ei genhadaeth dros

Senedd i Gymru a diogelu'r Gymraeg. Roedd yn ei waed. Ni ddihangodd oddi wrth Gymru Fydd. Ym mhob un o'r tair darlith a draddododd ar wleidyddiaeth Cymru ac a gyhoeddwyd yn llyfrynnau bychain, rhydd le o bwys i Gymru Fydd. Mae'n arwyddocaol mai'r teitl a roddodd i'r olaf oedd 'Cymru Fu – Cymru Fydd',[87] yn benthyca'n fwriadol eiriad teitl awdl odidog John Morris-Jones, yr ysgolhaig a bardd y mudiad Cymru Fydd. Felly, hawdd gweld sut y daeth i gefnogi ymgyrch y Ddeiseb Senedd i Gymru ym 1950, ac i frwydro o 1962 ymlaen am Gyngor neu Gynulliad Etholedig i Gymru yn ffyddiog y gallai arwain at Senedd i Gymru ar linellau ffederal. Atgyfnerthwyd delfrydiaeth Cymru Fydd gan feirniadaeth hallt yr Arglwydd Brif Ustus, yr Arglwydd Hewart, yn ei lyfr *The New Despotism*, a chan gyfreithwyr academaidd yn Lloegr – ar beryglon y gyfundrefn lywodraethol ym Mhrydain a oedd bellach yn crynhoi awdurdod yn gynyddol yn nwylo'r gweinidogion a'r gweision sifil heb atebolrwydd digonol i'r Senedd. Yn y flwyddyn 1955, os nad cynt, ceir Cledwyn yn cymhwyso'r feirniadaeth hon – fel y gwnaeth S. O. Davies hefyd – i Gymru:

> I am always extremely suspicious of administrative devolution. I do not like the idea of bureaucracy being projected into the Principality without simultaneous answerability to an elected body there. That is a dangerous development against which this House must guard.[88]

O hyn ymlaen seiliai ei ddadl dros Senedd i Gymru nid yn unig ar hawl cenedl y Cymry i ymreolaeth ond, hefyd, ar yr angen ymarferol i ddadwneud y gor-ganoli ar lywodraeth ym Mhrydain ac i sicrhau rheolaeth ddemocrataidd ar y cyrff enwebedig a safai ar wahân i batrwm llywodraeth leol. Rhaid cydnabod bod ei bwyslais newydd yn tynnu cenedligrwydd allan o'r ddadl wleidyddol gan ei gwneud hi wedyn yn haws i ennill cefnogaeth y Mudiad Llafur i'r syniad o Gynulliad Cenedlaethol i Gymru. (Yn wir, erbyn 1997-98 roedd y pwyslais ar genedligrwydd Cymreig wedi darfod bron yn llwyr o'r ddadl.) Er y bu peth beirniadu arno mewn rhai cylchoedd am niwtraleiddio gwleidyddiaeth Cymru ar gorn hyn, ni chredaf fod hynny wedi creu tyndra i Cledwyn ei hun. Hwyrach mai dyma un o'i gyfraniadau pwysicaf i ddatblygiad polisi Cymreig y Blaid Lafur yng Nghymru.

Gellir dal mai braidd yn gyfyng oedd ei ddealltwriaeth o deithi meddwl a thymer Sosialwyr Saesneg cymoedd diwydiannol de Cymru a ddaeth i mewn i fywyd Cymru yn sgîl y Chwyldro Diwydiannol. Er i ddiwydiannau trymion y ddeunawfed ganrif a'r bedwaredd ganrif ar bymtheg yn ne Cymru achub Cymru rhag yr ymfudo dwys (fel y digwyddodd yn Iwerddon), ac mewn pryd, yn ôl yr Athro Brinley Thomas ac eraill, i gadw'r Gymraeg rhag y dirywiad enbyd a brofodd yr Wyddeleg. Ofnai Cledwyn yr Anghymreigrwydd a welai yn ardaloedd diwydiannol y de – yr Anghymreigrwydd a fu'n ddinistr i fudiad Cymru Fydd ym 1896 – ac ymddengys i mi fod y methiant hwnnw ym 1896 yn aros yn rhybudd i Cledwyn ym 1996. Parodd trychineb alaethus Aber-fan, 21 Hydref 1966, pan laddwyd 111 o blant a 33 o oedolion, iddo ofyn iddo'i hun beth a enillodd Cymru dros ganrif a hanner o weithio'r erwau glo. A chofiwn ei atebiad yn ei ddarlith, 'Cymru Fu – Cymru Fydd': 'Mae'n wir i'r gweithfeydd glo greu cymdeithas a phobl arbennig . . . Ond tybiaf fod y colledion yn fwy na'r enillion'.[89] Efallai bod arwyddocâd i'r ffaith na chyfeiria Cliff Prothero (a oedd yn gyn-löwr ac yn gyn-fyfyriwr y Coleg Llafur Canolog) gymaint ag unwaith at Cledwyn yn ei hunangofiant, *Recount*. Gan mai bylchog iawn yw'r gyfrol honno, ni ddylid rhoi gormod o bwys ar y bwlch arbennig hwn.

Pan gerddodd Cledwyn Hughes i mewn i'r Swyddfa Gymreig, y dasg a osododd iddo'i hun oedd cynyddu ei chyfrifoldebau a chodi dwy golofn newydd – Deddf Iaith (yn unol â'r addewid yn y maniffesto) a Deddf Cyngor Etholedig Cymru. Gwelai mai dyma'r ddwy golofn anhepgor i'w codi ochr yn ochr â'i gilydd i gynnal cenedligrwydd Cymreig. Byddai'n mynd ymlaen o'r fan lle y gorffennodd Jim Griffiths. Ond yn holl hanes Tŷ'r Cyffredin byddai cyflwyno dwy ddeddf ar raglen ddeddfwriaethol Prydain Fawr i gwrdd yn arbennig ag anghenion Cymru o fewn oes un Senedd yn gamp eithriadol anghyffredin. Creadigaethau hynod brin fu Deddfau Cymreig ar hyd y canrifoedd; rhyw hanner dwsin, os hynny, ym mhob canrif. Felly, gwelir mor eithriadol uchelgeisiol oedd rhaglen ddeddfwriaethol Cledwyn ym 1966.

Penderfynodd, yn fuan ar ôl cael ei benodi'n Ysgrifennydd Cymru, y byddai'n mynd i Iwerddon. O ble y daeth y syniad? Yn ddiddorol iawn, dywed Goronwy Daniel yn ei 'Nodyn' i'r Palas fod Cledwyn wedi mynd ar yr ymweliad ar 'gais' y Prif Weinidog, Harold Wilson. Fe wyddom heddiw fod y Prif Weinidog wedi derbyn gwybodaeth ar ddiwedd 1965 trwy'r lluoedd diogelwch ei bod yn debygol y byddai'r sefyllfa wleidyddol yng Ngogledd Iwerddon yn dwysáu yn ystod 1966 – blwyddyn dathlu hanner canmlwyddiant Chwyldro'r Pasg. Os yw Goronwy Daniel yn gywir, tybed a oedd rhyw gyswllt rhwng yr wybodaeth honno a'r ymweliad ag Iwerddon? Sut bynnag am hynny, ar 4 Gorffennaf 1966, pan oedd mewn derbyniad yn Llundain i ddathlu Diwrnod Annibyniaeth America, cyfarfu yno â Llysgennad Iwerddon (yr oedd yn gydnabyddus ag ef ers ei ddyddiau'n trafod y *Free Trade Agreement* pan oedd yn weinidog yn Swyddfa'r Gymanwlad a dichon y teimlai y gallai fod yn hy arno). Soniodd wrtho y byddai'n briodol iawn iddo 'ymweld yn swyddogol' â'r Weriniaeth yn fuan. Cyn diwedd y mis, cyrhaeddodd y gwahoddiad. Erbyn mis Medi, yn ôl Cledwyn wrth y Llysgennad, rhoesai Wilson ei fendith ar y daith a chaniatáu'r ymweliad. Wrth dderbyn y gwahoddiad, dywed Cledwyn yn ei lythyr 7 Medi (1966) at y Llysgennad ei fod yn bwriadu galw ar y Capten Terence O'Neill, Prif Weinidog Ulster (1963-69), ar 24 Hydref, ac y carai deithio ymlaen o Belfast i Ddulyn y bore canlynol a'i fod yn rhydd i aros yn y Weriniaeth hyd at 27 neu 28 Hydref. Am drefn y rhaglen swyddogol, dywed:

> I am very happy to leave it to you to decide on the detailed programme for the visit but it may be of help to you to know that I am keenly interested in learning about the language situation since I am in the process of preparing legislation

which is intended to raise the official status of the Welsh language. I am also anxious to learn about your rural problems, industrial development, communications and planning in a broad sense . . . We might have another meeting in London to talk about the visit.[90]

Ond ar y 21 o'r mis Hydref hwnnw, trawodd trychineb Aberfan. Ar unwaith gohiriwyd y daith tan ddechrau Gorffennaf 1967 pan ymwelodd ef a Goronwy Daniel â Belfast ar y 3ydd ac â'r Weriniaeth ar y 4ydd, 5ed a'r 6ed o'r mis. Ar y 4ydd, cafodd sgwrs gyda'r Taoiseach, John Lynch, aelodau'r llywodraeth ac uchel swyddogion yn Nulyn; trannoeth galwodd ar Arglwydd Faer Cork ac ymwelodd ag Ystad Ddiwydiannol Shannon ac aeth ymlaen i'r Gaeltacht gyda'r hwyr. Dychwelodd i Ddulyn ar y 6ed pan gafodd sgwrs gydag Eamonn de Valera, Arlywydd y Weriniaeth. Ni wyddom heddiw pa mor ddefnyddiol i Cledwyn Hughes a'r Swyddfa Gymreig fu'r ymweliad â'r Weriniaeth. Ar y pryd roedd taith y Mesur Iaith ar ddod i ben yn Nhŷ'r Arglwyddi ac ar gychwyn yn Nhŷ'r Cyffredin ac, felly, ni fu'r diwrnod a dreuliodd yng Ngorllewin Iwerddon yng nghwmni'r Gweinidog dros y Gaeltacht yn ddylanwad ar ei gynnwys. Ond yr oedd gan Lywodraeth Iwerddon raglen genedlaethol o ddatblygiad diwydiannol a oedd yn atynnu diwydiant o Loegr, America, a gwledydd eraill. Byddai gwybodaeth am honno yn fuddiol iawn iddo ef a'r Swyddfa Gymreig â'r diwydiant glo yng Nghymru yn dirywio oherwydd cystadleuaeth olew, nwy ac ynni atomig. Ond, fel y ceir gweld, mae lle i awgrymu y gallai'r ymweliad ar y 3ydd â Gogledd Iwerddon a'r sgwrs a gawsai gyda'r Capten O'Neill fod wedi agor eu llygaid i rai peryglon.

Llwyddodd Cledwyn Hughes i godi colofn Deddf yr Iaith Gymraeg. Fel y soniwyd yn barod, bu Jim Griffiths yn paratoi'r tir ar ei chyfer. Eto, ni fu'r dasg yn un hawdd. Cyfeirir at hyn gan Goronwy Daniel drachefn yn y 'Nodyn':

From the beginning of June 1966 to the end of February 1967 Mr Cledwyn Hughes had given much time to securing enough agreement to the Hughes Parry recommendations as would be likely to satisfy moderate opinion in Wales and, like Mr James Griffiths, had encountered difficulties with the Lord Chancellor and some of the Welsh Labour MPs.[91]

Cynnyrch clasurol y broses gymodi yw Deddf 1967. Gellir gweld hynny yng ngeiriad rhannau o Femorandwm y Swyddfa Gymreig ar gyfer Pwyllgor Deddfu'r Cabinet,[92] yn esbonio cynnwys y Mesur arfaethedig ac yn gofyn am ei gydsyniad i'w gyflwyno i'r Senedd. Eglura'r Memorandwm:

(a) The principle of bilingualism has been completely rejected in that there will be no absolute right to have business conducted in Welsh excepting a right to speak Welsh in legal proceedings but that:

(b) the principle of equal validity has been acknowledged but ministers will, therefore, retain the right to decide the conditions under which the Welsh Language will be used by their departments.

Dyna'n union y sicrwydd yr oedd y Pwyllgor Deddfu am ei glywed ond hawdd y gall y gwladgarwr Cymreig synhwyro math o waseidd-dra yn y ddau gymal. Ond o safbwynt Cledwyn, rhaid oedd bodloni'r Pwyllgor na fyddai'r Mesur yn esgor ar unrhyw broblem i adrannau eraill y llywodraeth. Cafwyd sêl bendith y Pwyllgor ar y Drafft Fesur, ac ymhen pythefnos bu cytundeb ar ei union eiriad rhwng Goronwy Daniel ar ran y Swyddfa Gymreig a Syr George Coldstream ar ran yr adran hynafol honno a fu mor anodd ei symud – Adran yr Arglwydd Ganghellor.

Barnai Goronwy Daniel yn ei 'Nodyn' fod penderfyniad y Palas i roi lle amlwg a diledryw i'r Gymraeg yn seremoni'r arwisgiad yng Nghaernarfon wedi helpu i sicrhau y byddai'r adrannau perthnasol yn Whitehall yn barotach i ymateb yn fwy cyfeillgar nag y byddent wedi bod fel arall i'r alwad am ddeddf newydd i'r iaith:

But the agreement reached with other main Government Departments and the Palace on the significance of the language for a successful Investiture introduced a new factor pointing to an early and positive agreement on the provisions that should be made for a new Welsh Language Act of Parliament . . . and agreement on the Bill was reached on 31st May between the Permanent Secretaries of the Welsh Office and the Lord Chancellor's Department.[93]

Rhaid cofio bod Daniel yn frenhinwr i'r carn (ac yn Rhyddfrydwr, gyda llaw) ac iddo fod yn Arglwydd-Raglaw Dyfed (1978-1989). Er hynny, gellir dibynnu ar ei dystiolaeth. Nid oedd yn ŵr i ystumio'r ffeithiau i siwtio'i ffansi.

Deddf yr Iaith Gymraeg 1967 oedd y statud gyntaf erioed i seilio statws cyfreithiol y Gymraeg ym mywyd cyhoeddus Cymru a'r llysoedd barn ar egwyddor dilysrwydd cyfartal â'r Saesneg. Roedd yn ddeddf bwysig iawn am bedwar rheswm, o leiaf. Yn gyntaf, bu'n gyfrwng i ddechrau chwalu rhagfarnau yn erbyn y Gymraeg ac i adfer iddi hunan-barch ym mywyd cyhoeddus Cymru; oni bai y gellid adfer yr hunan-barch hwnnw, go brin y byddai gobaith am ei hadferiad yn bosibl. Yn ail, golygai y byddai rhai awdurdodau cyhoeddus yn dechrau meithrin y Gymraeg fel iaith gweinyddiaeth a bywyd cyhoeddus. Yn drydydd, roedd yn arddangos ewyllys da ar ran y wladwriaeth. Ac, yn olaf, roedd ynddi obaith am gyfiawnder i'r sawl a ddymunai ddefnyddio'r Gymraeg yn ei ymwneud â'r cyrff cyhoeddus. Yn Nhŷ'r Arglwyddi, cymeradwywyd y Mesur yn wresog gan yr Arglwydd Morris o Borth-y-Gest – a oedd ymhlith barnwyr pennaf Prydain, a'r Gymraeg yn annwyl yn ei olwg. Er hynny, gellir gweld bod tri gwendid amlwg ynddo. Yn gyntaf, nid oedd yn mynd i'r afael â'r broblem a wynebwyd gan Eileen a Trefor Beasley yn eu brwydr am y naw mlynedd o 1952 i 1961. Eu problem? Mynnu cael papur treth a phob gohebiaeth yn Gymraeg gan Gyngor Dosbarth Gwledig Llanelli. Dewisol fyddai'r Ddeddf newydd; dyna'i phrif fan gwan. Yr hyn a wnaeth oedd cydnabod egwyddor dilysrwydd cyfartal y Gymraeg a'r Saesneg ond heb osod gorfodaeth ar yr awdurdodau cyhoeddus i'w mabwysiadu. O gofio fel y llesteiriwyd y Gymraeg yn y llysoedd ac ym mywyd cyhoeddus Cymru ers 1536 ac o wybod am arferion a rhagfarnau prif swyddogion yr awdurdodau cyhoeddus, gellid bod wedi rhagweld amharodrwydd ar eu rhan i arddel yr egwyddor newydd. Dau wendid mawr arall oedd na chynhwyswyd ynddo'r ddau argymhelliad a ddisgrifiwyd fel y 'pwysicaf oll' gan Gyngor Cymru, sef y dylid rhoi statws iaith swyddogol i'r Gymraeg ac y dylid 'codi sefydliad parhaol i ofalu am fuddiannau'r iaith'. Mae'n arwyddocaol na cheisiodd yr un aelod gryfhau'r Mesur pan oedd gerbron Tŷ'r Cyffredin. Y rheswm am hynny, mae'n siŵr, oedd mai'r peth pwysicaf ar y pryd yng ngolwg Gwynfor, fel yng ngolwg Cledwyn a'r aelodau eraill a boenai am gyflwr darfodedig yr iaith, oedd cael y Mesur, er ei ddiffygion, ar y llyfr statud yn ebrwydd a heb geisio ei gryfhau. Byddai'n sylfaen i adeiladu arno yn y dyfodol. 'Aed mor bell ag y gellid disgwyl i gychwyn' oedd dedfryd Hughes Parry ei hun ar Ddeddf Iaith 1967.[94]

Serch ei fedr i weithio drwy 'ddirgel ffyrdd', ni lwyddodd Cledwyn i ddarbwyllo'r llywodraeth o rinweddau cyngor etholedig i Gymru er bod cynhadledd flynyddol Plaid Lafur Cymru ym Mehefin 1966 wedi galw am roi ystyriaeth iddo. Rhwng y Mehefin hwnnw a Mawrth 1968, daeth y pwnc gerbron o leiaf dri o bwyllgorau'r Cabinet (Materion Cartref, Tai, Cynllunio'r Amgylchedd) a hefyd gerbron Pwyllgor y Gweinidogion ar Ddatganoli (dan gadeiryddiaeth Richard Crossman) ond methwyd ennill cefnogaeth. Ni chafwyd hyd yn hyn fawr o wybodaeth am yr anghydwelediad yn y pwyllgorau ac ni wyddom ychwaith i ba raddau y bu Cledwyn yn canfasio am gefnogaeth y gweinidogion a fyddai'n bresennol ac a allai fod wedi bod o gymorth iddo yn y trafodaethau – clywais awgrym gan un gweinidog (a chanddo ef yn unig) y gallasai, efallai, fod wedi gwneud mwy. Hwyrach y ceir rhywfaint o oleuni ar y gornel hon gan ei gofiannydd wedi iddo astudio'r cyfan o'r papurau perthnasol yn yr Archifau Gwladol, y cyfan o gynnwys dyddiaduron Crossman (nid yw'r cwbl o'u cynnwys yn y *Diaries*), a phapurau gwleidyddion eraill y cyfnod. Ond bu'r atsain o drwst y brwydrau yn Whitehall yn ysbrydiaeth i'r datganolwyr yng Nghymru ddygnu arni. Er i Cledwyn golli'r frwydr dros y Cyngor Etholedig, yr ymdrechion dygn ond aflwyddiannus hyn oedd ei ail gyfraniad gwerthfawr yn natblygiad polisi Cymreig y Blaid Lafur yng Nghymru.

Yn ystod misoedd olaf Cledwyn yn y Swyddfa Gymreig fel y gwyddom ni heddiw iddynt fod, cyflwynwyd yn Nhŷ'r Arglwyddi gan y Rhyddfrydwr, yr Arglwydd Ogwr,[95] Fesur Aelod Preifat yn darparu llywodraeth i Gymru. Dyma'r union Fesur a roddwyd gerbron Tŷ'r Cyffredin gan Emlyn Hooson, aelod Rhyddfrydol dros Sir Drefaldwyn, saith mis ynghynt. Roedd yn efelychiad o fodel Senedd Stormont, megis Mesur S. O. Davies ym 1955. Bu dadl arno ar 30 Ionawr 1968. Cafwyd safbwynt y llywodraeth gan y Farwnes Norah Phillips (gweddw Morgan Phillips o'r Bargoed, ysgrifennydd cyffredinol y Blaid Lafur Brydeinig rhwng 1944 a 1962). Cledwyn a Daniel oedd awduron ei haraith a chofiaf i mi gael golwg arni yn ei ffurf gynnar. Mae ei rhan allweddol yn haeddu ei dyfynnu'n llawn:

> I do not want to appear to be destructive in my approach to this Bill. The noble Lord is offering a solution to a problem which exists. It is the problem which my honourable friend the Lord President of the Council [Richard Crossman] referred to the other evening – the problem of communication between the British people and their elected representatives and the sense of frustration that tends to exist, particularly among those who feel themselves to be miles away from Westminster and Whitehall. It is our duty to address ourselves to this problem and to consider how best it may be solved, if not in the precise way proposed by my noble friend, then in some other way. Is there, for example, a case for considering some simpler new machinery than he has proposed – for instance, an elected Council to which might be transferred advisory, promotional and executive functions not from other elected bodies but from the many nominated bodies that are now in existence? Would a solution on these lines avoid some of the risks of economic and political separation that may be thought to arise on the noble Lord's proposal, and would they also be more acceptable to the Welsh people? It was because these questions need careful consideration in the best interests of the Welsh people that my right honourable friend the Secretary of State for

Wales left the door open in the White Paper to which I have referred.

Ni siaradodd yr un aelod o Gymru o blaid y Mesur. Siaradodd yr Arglwydd Maelor (T. W. Jones cyn hynny, aelod Llafur, Meirionnydd) yn ei erbyn, ac ataliodd ei bleidlais. Hefyd, uniaethodd yr Arglwydd Heycock ei hunan yn ei erbyn:

> I rise to oppose the Bill . . . I am a Welshman, born of Welsh parents, and I have lived in Wales all my life. For 32 years I have taken part, as other noble Lords have done, in the public life of Wales . . .
>
> From my experience of local government, I say frankly that the services rendered to the people of Wales in education, health and other fields commend themselves, but when I look at the benefits which we receive from the English Government, then clearly if a Government were established in Wales, local government organisation would be finished and reduced.
>
> I would make it clear that I oppose the Bill. I was very surprised to find that my own Party clearly sit on the fence in relation to the opposition to this Bill. Either you are for it, or you are against it . . .

Ond roedd ganddo reswm arall dros wrthwynebu'r Mesur.

> I believe that there will come a time in the history of the Welsh nation when it is necessary to consider the setting up of a Welsh Parliament for Wales, but first we should ascertain from the people of Wales whether or not they desire to have a Welsh Parliament . . . I would ask the Government to give the people of Wales the right to decide for themselves whether or not they want a Parliament for Wales.

Dyfynnais yn helaeth o'i araith oherwydd mae'n nodwedd-iadol o safbwynt gwrthddatganoli arweinwyr Cynghorau Sir a Chynghorau Dosbarth Cymru gyda'u traddodiadau balch a'u hymlyniad wrth eu hannibyniaeth. Er nad oedd Cledwyn wedi tynnu'r faner i lawr, nid oedd rhaid i Llewelyn Heycock golli cwsg. Roedd y frwydr dros y Cyngor Etholedig wedi ei cholli i bob pwrpas erbyn hynny.

Pam y methodd Cledwyn yn ei ymdrechion i sefydlu'r Cyngor Etholedig? Ugain mlynedd yn ddiweddarach, dyma'i esboniad ef ei hun mewn llythyr ataf:

> Nid wyf am wneud esgusion ond roedd fy nghyfnod i yn un pur anodd. Ar y naill law, yr oeddwn yn ceisio adeiladu'r Swyddfa newydd a chael y maen i'r wal hefo datganoli . . . Yr oedd Crossman yn ffyrnig yn erbyn fy ymdrech i gynnwys cyngor etholedig yn y Papur Gwyn ac ef ar y pryd oedd cadeirydd Pwyllgor y Cabinet. Yr oedd Ross yntau yn filain. 'You will make my position in Scotland impossible'. Ar ben hyn, roedd llawer o'm cyd-Gymry (os Cymry hefyd) yn elyniaethus. Cawsant wared â mi yn y diwedd![96]

Willie Ross, Ysgrifennydd yr Alban, oedd yn un o'r gwrthwynebwyr ffyrnicaf y gallai unrhyw un ei ddychmygu i genedlaetholdeb yr Alban a Chymru ac yn ddylanwadol yng Nghabinet Wilson. Mae'r pwynt yn un pwysig gan fod hanes cenedlaetholdeb Cymreig yn y cyfnod hwnnw ynghlwm i raddau helaeth wrth hanes cenedlaetholdeb Albanaidd. Nid oedd ymateb llywodraeth Wilson i'r sefyllfa wleidyddol yng Nghymru yn annibynnol ar ei hymateb i'r sefyllfa yn yr Alban.

Gŵr arall mawr ei ddylanwad yn y Cabinet oedd Richard Crossman, ffrind Wilson, ac un o feddylwyr mwyaf disglair a bywiog y Cabinet, ac felly hefyd yn ddadleuwr medrus; ond gŵr hynod o gyfnewidiol ei feddwl a byr ei amynedd oni ddeuai llwyddiant – ac ni ellid rhagweld beth fyddai ei ysbrydiaeth a'i ddiddordeb nesaf. Gallai hefyd fod yn drahaus. Gwelir ei drahauster yn y dyfyniad hwn o'r *Diaries*:

> What made me furious was the discovery that the little Secretary of State for Wales wanted to publish his own White Paper on Local Government Reform and even to legislate on it for Wales in this Parliament before our Royal Commission in England and Scotland had reported. That seemed to me absolute nonsense and I said so with considerable brutality.[97]

Wedi iddo ddarllen yn y *Sunday Times* yr ymosodiad honiadol uchod, croniclodd Cledwyn yn ei ddyddiadur ar 24 Hydref 1976:

79

Read extract from Crossman Diaries in S. Times. Not complimentary to me – or indeed to anyone . . . He said he did not know me when I entered the Cabinet. That was true, we did not turn in the same circle. He belonged to coteries, cabals and little conspiracies of which I knew nothing – thank heaven. He was naïve and shrewd in his own interest; clever yet lacking in judgement; he could bully yet cave in under attack. He was also much more ambitious than I thought. In a way he is a sad figure, for he never achieved anything in spite of his considerable intellect.

Mae dau beth, o leiaf, i'w cadw mewn cof am safbwynt Crossman yn y chwe degau ar ddatganoli. Yn gyntaf, pan oedd yn weinidog a chanddo'r cyfrifoldeb am lywodraeth leol yn Lloegr, dadleuai'n gryf yn erbyn rhoi lle i'r dalaith mewn patrwm llywodraeth ddatganoledig ac felly gwrthwynebodd ddadleuon Jim Griffiths a Cledwyn i sefydlu Cyngor Etholedig i Gymru. Yn ail, ar ôl ei benodi'n Arglwydd Lywydd y Cyngor yn Awst 1966 a chanddo gyfrifoldeb o hynny ymlaen am faterion y cyfansoddiad, mae'n newid ei feddwl. Daw i weld anghenion y ddwy genedl Geltaidd mewn goleuni gwahanol. Bellach dadleuai'n gryf, fel mater o egwyddor, dros sefydlu Cynulliad i Gymru, ac am un grymusach o lawer na'r un oedd ym meddwl Hughes a Griffiths ac a fyddai'n gyson ag urddas cenedl. Felly, galwai am 'Seneddau Mini' i Gymru a'r Alban ar fodel Senedd Stormont. Dyma weddnewid y ddadl yn llwyr.

Ym mis Tachwedd 1967, ar gais Griffiths, lluniais femorandwm (wedi'i seilio ar ysgrif o'm heiddo, 'Wedi'r Isetholiadau', yn *Barn*, rhifyn Gorffennaf 1967) ar y sefyllfa wleidyddol yng Nghymru yn dilyn yr isetholiadau, i'w anfon ganddo at Crossman a'r Prif Chwip, John Silkin. Yna fe'm galwyd i Lundain gan Crossman i'w drafod. Hwn fyddai'r tro cyntaf i mi ei gwrdd. Ymlaen â mi i'r Babilon fawr ar y seithfed ar hugain o'r mis yn llawn cywreinrwydd. Yn ei stafell yn Nhŷ'r Cyffredin yr oedd Crossman ar ei uchelfannau. Yno hefyd yr oedd y ddau aelod seneddol Llafur, John Mackintosh a John Morris, yn rhannu'r drafodaeth ynghylch y 'Seneddau Mini'; ni chlywswn i'r term 'Senedd Mini' cyn hynny. Gwrandewais ar feirniadaeth liwgar Crossman ar Cledwyn a'r Cyngor Etholedig. I mi, roedd bod yng nghwmni Crossman, a'i syniadau'n byrlymu o'i feddwl, yn bleser. Ond y tro cyntaf hwn, teimlwn nad oedd sail i'w feirniadaeth ddilornus; nac anghofiwn fod yn rhaid i Cledwyn ennill cefnogaeth y 'cyd-Gymry', a daeth Crossman ei hun i sylweddoli ac i gydnabod hynny ymhellach ymlaen. Bore drannoeth, rhoddais adroddiad llawn i Cledwyn a Daniel am y seiat ac fe'm croesholwyd. Ac yn syth ar ôl cyrraedd adref, rhoddais adroddiad cyflawn i Emrys Jones am fy mhrofiad yn Llundain, a dyma ddechrau cyffroi ei ddiddordeb mewn cynulliad deddfwriaethol i Gymru. Rhoddais adroddiad llawn, hefyd, i Jim Griffiths ond edrychai ef yn amheus ar Senedd Stormont a'i pholisïau adweithiol.

Pwy oedd y 'cyd-Gymry (os Cymry hefyd)' y cyfeiriodd Cledwyn atynt? Rwy'n sicr mai cyfeirio a wnâi at rai o'r seneddwyr di-Gymraeg dros etholaethau'r 'Sowth'. Byddai'n feirniadol o'u safbwynt hyd y diwedd (fel y bu Lloyd George o Ryddfrydwyr de Cymru wedi helynt 1896). Buont yn elyniaethus tuag at ei bolisïau Cymreig, fel y buont at bwnc yr Ysgrifenyddiaeth. Yr un pryd, collodd gefnogaeth *Barn* a Chymdeithas yr Iaith. Felly, tanseiliwyd ei safle a'i awdurdod, o'r ddau gyfeiriad. O haf 1966 ymlaen aeth yn fwyfwy anodd arno. Mae ei lythyr ataf ar 22 Tachwedd 1967 yn dangos ôl straen y flwyddyn gyffrous, dymhestlog honno:

Yr ydym yn pasio drwy gyfnod anodd – 'Rhof fy nhroed y fan a fynnwyf . . .'[98]

ond hefyd yn dangos pa mor gyson gadarn ydoedd:

Gwelaf fy nghyfrifoldeb yn weddol glir:
i. i weinyddu'n effeithiol ac i adeiladu gwasanaeth 'civil' o Gymry galluog.
ii. i ddatganoli'n gynyddol a rhesymol (heb edrych i'r dde na'r aswy). Eisoes dylanwadais ar wŷr o bwys i edrych yn adeiladol ar yr angen (ar waethaf rhai amhosibl)
iii. i gadw fy mhen a bod yn oddefgar!

Ac yna, daw ei safiad y gallai bwyso arno yn Nydd y Farn:

> Y mae'n angenrheidiol imi sefyll yn gadarn dros resymoldeb a Chymreictod fel yr wyf fi yn eu deall: fy nghefndir yw radicaliaeth anghydffurfiol – ac ni ellir newid hynny.

Fe gadwodd ei ben ond yn y flwyddyn honno, arwyddodd pedwar ar bymtheg o'i gyd-aelodau seneddol Llafur lythyr at y Prif Weinidog yn galw am gael gwared ohono o'r Swyddfa Gymreig. Yn ôl cofiannydd Ness Edwards (Wayne David):[99] 'Ness Edwards was most certainly the person behind the letter'. Ar 6 Ebrill 1968, symudwyd Cledwyn o'r Swyddfa Gymreig i'r Adran Amaeth, Pysgodfeydd a Bwyd a'i olynu gan George Thomas. Disodlwyd y datganolwr Cymreig gan ŵr o argyhoeddiad tra gwahanol. A dryswyd bwriadau Jim Griffiths a Cledwyn.

Rhaid gofalu rhag casglu mai diraddiad oedd symud Cledwyn o'r Swyddfa Gymreig.[100] Doedd Amaeth ddim yn un o'r adrannau mwyaf grymus ond roedd yn adran go bwysig. Gwelir bod ei chyllid yn y flwyddyn 1968-69 yn £31.5 biliwn tra mai £8.8 biliwn oedd cyllid y Swyddfa Gymreig. Ac yn nhrefn Cabinet Wilson, deuai Gweinidog Amaeth o flaen Ysgrifennydd Cymru. Felly, gallai'r Prif Weinidog hawlio, fel y gwnaeth, fod y symudiad o'r Swyddfa Gymreig i Amaeth yn ddyrchafiad i Cledwyn. Ond roedd yr ad-drefniant yn arwyddo i'r cyhoedd yng Nghymru fod polisi Cledwyn yn fethiant.

Y bore wedi'r cyhoeddiad, aeth y newyddiadurwr Gwilym Owen i'w weld yn ei gartref. Gwelodd ei fod yn ŵr hynod siomedig. Dywed Gwilym Owen yn ei hunangofiant, *Crych dros dro* (tudalen 117):

> Roedd o'n amlwg yn ddyn hynod siomedig ac roedd o dan deimlad dwys cyn inni ddechrau'r cyfweliad. Wrth gwrs, 'ddywedodd o ddim byd beirniadol yn gyhoeddus – 'allai o ddim ac yntau wedi derbyn swydd arall – ond dros baned o de wedyn fe'i gwnaeth hi'n bur amlwg ei fod wedi'i frifo.

Yma ni ellir osgoi'r cwestiwn a ddylai Cledwyn fod wedi ymddiswyddo o'r Cabinet pan gollodd ei frwydr dros y Cyngor Etholedig. Fe'i codais mewn ysgrif yn *Y Cymro* ar y pryd. Ac yntau wedi dadlau am flynyddoedd dros ddatganoli i gorff etholedig i Gymru, onid oedd y methiant hwn yn fater digon pwysig iddo ymddiswyddo o'r llywodraeth? Mae'n gwestiwn haws i'w ofyn na'i ateb. Fe glywsom ddweud bod y dyn yr hyn ydyw – nid oes dim yn hanes Cledwyn i awgrymu ei fod wrth reddf ymhlith y mwyaf o rebeliaid. Dawn i weithio'n greadigol a di-stŵr oedd ei eiddo ef. Byddai ganddo reswm arall dros aros yn y llywodraeth. Heb ei bresenoldeb yn y Cabinet, pwy fyddai'n llais cryf i Gymru yno? Felly gwnaeth yr hyn a wnaeth. Arhosodd yn aelod o'r llywodraeth.

Yn ddiddorol iawn, yn wyneb yr holl dyndra a fu rhwng Cledwyn a George Thomas ar faterion Cymreig, a chofio y gellir cyfrif George Thomas ymhlith y 'cyd-Gymry (os Cymry hefyd)' yr oedd Cledwyn yn ddrwgdybus ohonynt, ymddengys y gallai'r ddau fod wedi bod yn gyfeillion am flynyddoedd. Yn ei hunangofiant, honna Thomas iddynt fod yn gyfeillion am chwarter canrif a dywed iddo dreulio gwyliau (yn ystod y Sulgwyn neu haf 1976 – yn ymweld â Bro'r Llynnoedd, fe gredaf)[101] efo Cledwyn a'i briod. Pan holais Cledwyn am y gwyliau hyn, esboniodd mai ei wahodd ei hun a wnaeth George 'a sut y gallwn i wrthod hynny' – ymateb nodweddiadol o'r rhadlon Cledwyn. Dengys yr hanesyn hwn fel y gall cyfeillgarwch rhwng cymeriadau annhebyg flodeuo yn awyrgylch Tŷ'r Cyffredin.

Yr oedd cael gwared â Cledwyn Hughes o'r Swyddfa Gymreig a'i olynu gan y gwrthddatganolwr George Thomas yn ergyd amlwg ac yn siomiant i'r datganolwyr. Roedd George Thomas yn bregethwr lleyg poblogaidd ym mhulpud y Methodistiaid Calfinaidd, yn sgwrsiwr diddan a fedrai siarad am bopeth dan haul ac yn 'enaid' pob parti. Bu'n flaenllaw, fel eraill o'i flaen, yn y frwydr i ddiwygio cyfraith prydlesi a oedd yn hen, hen broblem mewn nifer o ardaloedd yng Nghymru ac yn arbennig yn ne Cymru. Bu'n gymwynaswr â'r gwan a'r anghenus a'r oedrannus a'r methedig. Ac eto, er cystal yr holl weithgarwch daionus hwn, medrai'r funud nesaf droi i fod yn ddyn bychan a milain. Hawdd iawn oedd pechu yn ei erbyn – ac ni faddeuai'n hawdd i'r rhai a droseddodd yn ei erbyn. Roedd yn deyrngar i'r carn ac yn was bach i Wilson. Roedd yn elyn milain i'r cenedlaetholwyr Cymreig ac yn wrthwynebydd ffyrnig i bob amlygiad o ddeffroad yr ymwybod cenedlaethol yng Nghymru. Tueddwyd i'w gymryd yn llawer rhy ysgafn gan ei gyd-wleidyddion. Camgymeriad oedd hynny. Roedd yn wleidydd medrus a chanddo gyfrwystra'r cadno. I'r Cymro cyffredin roedd Thomas yn ymgorfforiad o wrth-Gymreigrwydd, ac am y rheswm hwnnw enynnai ddicter rhai, tra enillai glod eraill. Felly, roedd yr ad-drefniant yn y Swyddfa Gymreig yn Ebrill 1968 yn argoeli'n ddrwg i'r gwladgarwyr Cymreig. Ond yn swydd Ysgrifennydd i Gymru, ni phrofodd George Thomas i fod yn wrthddatganolwr di-ildio, fel y gellid bod wedi disgwyl. Yn hytrach, glynodd wrth y polisi a ddatblygodd Cledwyn i gynyddu pwerau'r Swyddfa Gymreig a chryfhau Cyngor Cymru.

5

Wedi'r Isetholiad

BORE GWENER, 15 Gorffennaf 1966, wrth fynd adref yn y car o Gaerfyrddin i ymgodymu â'm methiant yn yr isetholiad, roeddwn yn gymysglyd iawn fy nheimladau. Cefais fy hun yn holi beth oedd arwyddocâd tymor-hir gorchest ddramatig Gwynfor Evans. Bu llawer iawn o ysgrifennu am y canlyniad. Dichon nad wyf yn feirniad digon gwrthrychol ar yr isetholiad. Ond ni chredwn ar sail fy mhrofiad yn yr ymgyrch mai chwyldro cenedlaethol oedd y rheswm dros fuddugoliaeth Plaid Cymru. Eto, gwelwn y medrai fod yn symbyliad i ddeffroad cenedlaethol. Byddai rhai wedi hawlio bod etholwyr Caerfyrddin a bleidleisiodd dros Blaid Cymru wedi pleidleisio dros haniaethau cenedlaetholdeb Cymreig fel y mynegwyd hwy gan Gwynfor Evans yn ei ysgrif, 'Natur Cenedlaetholdeb Cymru', a gyhoeddwyd yn rhifyn yr haf hwnnw o *Lleufer* ond a ysgrifennwyd, efallai, cyn yr isetholiad. Ond ni chredwn hynny. Rwy'n bur sicr na chefais fy holi unwaith drwy gydol yr ymgyrch am na Senedd i Gymru na thynged yr iaith. Heblaw am fy ffaeleddau i fy hun, credwn fod pob math o elfennau cymhleth yn y bleidlais. Ymgyrchwyd yn feistraidd gan ugeiniau o bobl ifainc brwdfrydig, a oedd wedi heidio i'r etholaeth o'r colegau i ddilyn Gwynfor. Ymgyrchent ar sail anghenion pob dydd yr etholwyr: gwell ffyrdd i'r mart, cadw gweithiau glo'r Gwendraeth a Dyffryn Aman ar agor (ac roedd breuddwyd gwladoli'r diwydiant glo yn dechrau troi'n chwerw), cadw 17 o ysgolion bychain gwledig ar agor – yr oedd Awdurdod Addysg y Sir newydd gyhoeddi ei fwriad i'w cau a chanoli'r addysg. Condemniwyd y llywodraeth am gyflawni cyn lleied mewn deunaw mis ac am weithredu polisïau cyffelyb i rai'r Torïaid y bu Llafur ei hun mor llym arnynt pan oedd yn wrthblaid. Ar ben hynny, bu rhewi ar incwm a phrisiau. A gwyddom mor anwadal yw'r etholwr ym mhob gwlad ym mhob oes.¹⁰² Felly, nid oedd y canlyniad yn hollol anrhagweladwy. Serch hynny, roedd yn gwbl annisgwyl. Yn sydyn, wynebai Cymru gyfandir newydd a dieithr.

Adwaith cyntaf Llafur i'r canlyniad oedd ymgaledu at bolisïau cyfaddawdu Jim Griffiths a Cledwyn Hughes. Nid oedd eu cyfaddawdu wedi dwyn dim llesâd i Lafur. Ymgaledwyd yn erbyn ildio'r un cam ymhellach i'r cenedlaetholwyr. Lleisir yr adwaith mewn llythyr, 25 Mehefin 1967, gan Ness Edwards at Crossman,¹⁰³ a ysgrifennwyd gyda bendith Jim Callaghan mae'n fwy na thebyg, yn galw arno i beidio ag ildio'r Cyngor Etholedig:

> Any new Welsh body outside of the U.K. Parliament will be used as a platform for the Welsh Parliament, just as 'Equal Validity' is now being used to exclude the English language.
>
> Every concession to the 'Nats' only increases their appetite. As you probably know, the majority of us in the Welsh Labour Group are against this tendency, and certainly would be against the idea of a Welsh body outside of Parliament.
>
> So far we have acquiesced in the silly steps that were initiated by Jim Griffiths now being followed up by Cledwyn.

Yn anochel, roedd yr hinsawdd wedi troi yn erbyn y datganolwyr. Dros nos, daeth tyndra gwleidyddol enbyd. Mae gennyf syniad iddo fod yn debyg i'r tyndra hwnnw rhwng y Mudiad Llafur a'r Blaid Ryddfrydol mewn rhannau o Gymru mewn cyfnod o newid gwleidyddol ar ddechrau'r ganrif ddiwethaf ac, o bosib, a danseiliodd rym Ymneilltuaeth. Aeth yn anodd i'r datganolwyr o fewn y Blaid Lafur recriwtio atgyfnerthiad o blith beirdd, llenorion, deallusion, a myfyrwyr Cymraeg eu hiaith. Mae gennym dystiolaeth un meddyliwr ifanc yn ysgrifennu ym 1966 ac wedi'r isetholiad na allai ef fel Cymro roi cefnogaeth i'r Blaid Lafur heb, yn ei eiriau ef, 'wadu pwysigrwydd canolog fy nghenedligrwydd' er, pe bai ef yn Sais, byddai'n aelod o'r Blaid Lafur.¹⁰⁴ Ni allaf gredu ei fod yn eithriad. Mewn llythyr ataf, 9 Mawrth 1967, ysgrifennodd

Alwyn D. Rees, Golygydd *Barn*: 'Hyd y gwelaf, does neb yn amddiffyn y llywodraeth yn Gymraeg bellach'. Colli cefnogaeth awduron a myfyrwyr Cymraeg a Chymry Cymraeg llengar fu un o golledion tristaf y Blaid Lafur yn sgîl yr isetholiad, mi gredaf.

Ni allai canlyniad isetholiad Caerfyrddin – na'r ddau drawiadol arall a'i dilynodd yn y de-ddwyrain a Seisnigeiddiwyd, sef yng ngheyrydd Llafur yng Ngorllewin y Rhondda ym 1967 ac yng Nghaerffili ym 1968 – beidio â chael dylanwad ar y llywodraeth. Doedd dim cytundeb ymhlith aelodau'r Cabinet ar achos yr anfodlonrwydd. Daliai'r mwyafrif y dylid oedi cyn symud cam ymhellach ar lwybr datganoli, os symud o gwbl. Ac, yn wir, pa mor ddwfn oedd yr anfodlonrwydd? Soniwyd uchod fod Cledwyn wedi galw ar y Capten Terence O'Neill yn Belfast ym mis Gorffennaf '67. Ni wyddom ddim byd o gwbl am yr ymweliad nac am y sgwrs a fu rhyngddynt ac nid yw O'Neill yn sôn am yr ymweliad yn ei hunangofiant, *The Autobiography of Terence O'Neill*, ond gwyddom ei fod yn gweld yn gliriach na'r un Prif Weinidog o'i flaen yr angen dirfawr am gymodi rhwng y Protestaniaid a'r Catholigion. Ond oddi wrth yr hyn a ddywed Daniel yn ei 'Nodyn' i'r Palas, mae'n amlwg i'r ymweliad â Gogledd Iwerddon wneud argraff ddofn ar Ysgrifennydd Cymru:

> He [Cledwyn Hughes] saw the increasing tensions between the Protestant and Catholic populations in the former [Gogledd Iwerddon], the signs of the violence and suffering that was soon to follow and the relevance to the maintenance of peace and democracy in Wales of the steps that the Government and the Palace had agreed to take for the Investiture of Prince Charles.

Mae cymal olaf y dyfyniad yn amwys – o fwriad, mae'n siŵr. Ond fe'm temtir i ofyn a yw'n amlygu bod pennaeth parhaol y Swyddfa Gymreig erbyn hyn yn dechrau pryderu am gyfraith a threfn yng Nghymru? A oedd yn tueddu i ofni bod arwyddion o Ulster fach yn dechrau brigo yng Nghymru? Yn ôl a ddeallaf, gellir bod yn weddol sicr y byddai Ysgrifennydd Cymru wedi llunio adroddiad llawn i'r Prif Weinidog am yr ymweliad, ond ni welais gyfeiriad ato yn unman. Ni lwyddwyd i ddarganfod yn yr Archifau Gwladol yn Kew unrhyw ddeunydd o gwbl am yr ymweliad ag Iwerddon yn y ffeiliau y gellid disgwyl iddynt fod yn berthnasol, ond rhaid ychwanegu nad oedd y cyfan o'u cynnwys ar agor yn ystod haf 2007. Eto, darganfuwyd, mewn ffeil arall yn Kew, gofnod hir (tua mil o eiriau) diddorol a phwysig sy'n taflu ffrwd o oleuni ar y sefyllfa ddiogelwch yng Nghymru. Fe'i ysgrifennwyd gan yr Ysgrifennydd Cartref at y Prif Weinidog a'i farcio 'Secret and Confidential' a'i ddyddio 14 Ebrill 1969. Ymddengys bod y cofnod wedi'i seilio ar asesiad newydd gan y Gwasanaeth Diogelwch ar genedlaetholdeb Cymreig ac ar adroddiad Uned yr Heddlu Arbennig yn yr Amwythig am y bygythiad i'r Tywysog yn ystod ei arhosiad yn Aberystwyth o 21 Ebrill i 27 Mehefin. Wrth ddyfalu am y rhesymau am y ffrwydrad yn Swyddfa'r Dreth Incwm yng Nghaer yr wythnos flaenorol a'r ffrwydrad yn Swyddfa'r Dreth Incwm yng Nghaerdydd, dywedir:

> It is difficult to say what the occasion of the explosion was. The explosion at the tax office in Cardiff co-incided with a visit by the Duke of Norfolk to Chester: it also co-incided with the opening of the Celtic Youth Congress in Cork; it might be in some way connected with the forthcoming trial of the nine members of the Free Wales Army and National Patriotic Front.[105]

Dengys y dystiolaeth hon bod y Gwasanaeth Diogelwch yn Llundain yn effro i'r posibilrwydd bod cysylltiad posibl rhwng digwyddiadau yng Nghymru a rhai yn y Weriniaeth, er mor annhebygol oedd hynny.

Mae'r Ysgrifennydd Gwladol yn cloi'r cofnod gyda'r neges hon:

> One cannot say whether the Chester explosion is an isolated occurrence or a prelude to a series of incidents in the period before the Investiture. It certainly emphasises the need to take

all possible precautions and this is being done; but I feel in no doubt that we ought not to consider abandoning our plans for the Prince's stay at Aberystwyth or for the Investiture.

Ond mae lle i gredu bod y cofnod hwn wedi codi pryderon i'r Prif Weinidog, oherwydd ar frig tudalen 1 (yn llawysgrifen y Prif Weinidog, mi gredaf) gofynnir:

> Wd Home Sec [...] reconsider in light of latest outrage actually in the Police HQ in Cardiff. Might we not be wiser to cancel Aberystwith [*sic*] . . .

Dychwelwn yn awr at yr agenda ddatganoli.

Trwy gydol 1967, daliai'r Prif Weinidog i simsanu ynghylch trosglwyddo rhagor o gyfrifoldeb i Gaerdydd yn unol, wedi'r cyfan, ag addewid y Maniffesto. 'Harold Wilson was slow to appreciate the growing threat of nationalism and when the damage materialized, he failed to take command of the situation' yw dyfarniad huawdl yr Athro Webster arno.[106] Diau y byddai Ness Edwards a Cledwyn yn cytuno. Dengys y dystiolaeth yn yr Archifau Gwladol fod Cledwyn ei hun erbyn hydref 1967 yn ddig wrth y Prif Weinidog am yr anwadalu rhwng tacteg ac egwyddor a oedd yn ffolineb o'r mwyaf yn ei olwg. Protestiodd ynghylch y dadleuon a'r rhagfarnau a ddefnyddiwyd gan rai o aelodau'r Cabinet a oedd yn ei farn ef yn arwydd o ddiffyg ymddiriedaeth ynddo ef ac yn y Swyddfa Gymreig. Ond ni sylwais iddo leisio'i ddicter ar goedd; go brin iddo wneud hynny.

Yna, o'r diwedd, ar Ddiwrnod Ffŵl Ebrill 1969, a George Thomas erbyn hyn wrth y llyw, yn nannedd gwrthwynebiadau cryf gan rai o weinidogion trymaf y Cabinet a'u hysgrifenyddion parhaol, trosglwyddwyd y cyfrifoldeb am Fwrdd Iechyd Cymru i'r Swyddfa Gymreig. Byddai hyn yn cryfhau'r Adran yn sylweddol iawn. Dyma'r pecyn mwyaf o gyfrifoldebau a drosglwyddwyd iddi erioed a byddai'n cyfrif am gymaint â deuparth ei gwariant blynyddol. Gallai Ysgrifennydd Cymru honni bellach fod ei Adran wedi tyfu'n gydradd ag adrannau eraill Whitehall o ran statws, o leiaf – er y byddai'r adrannau eraill yn parhau o hyd i fod gymaint cryfach na hi. Roedd y trosglwyddiad yn gryn fuddugoliaeth i'r datganolwyr. Gorchmynnodd Thomas chwifio'r Ddraig Goch ar y diwrnod hwnnw o flaen pob ysbyty yng Nghymru i ddathlu'r achlysur. Serch hynny, dim ond ffyliaid a gredai y gwelid ar unwaith ffrwyth y trosglwyddiad yn nhermau polisïau penodol Gymreig. Fe gymerai amser i fagu'r meddylfryd yng Nghaerdydd a fedrai feddwl yn strategol am roi arweiniad na fyddai'n ddim amgen na drych o bolisïau Llundain. Ond, o degwch â George Thomas, rhaid dweud hyn: er nad oedd yn ddatganolwr o argyhoeddiad, cadwodd yn ffyddlon i'r polisi a luniwyd gan Griffiths, Hughes a Daniel i helaethu, a hynny'n fuan, bwerau'r Swyddfa Gymreig. Pam y dewisodd fabwysiadu polisi y gallesid disgwyl iddo fod yn annerbyniol iddo? Credaf, ar sail sawl sgwrs a gefais gydag ef ym 1969-70, mai'r gwir plaen yw iddo benderfynu cadw at bolisi'r Swyddfa Gymreig o'i wirfodd ac nid ar gais Wilson neu Wilson yn unig am ddau reswm: yn rhannol am iddo ddod i gredu (i raddau o'i anfodd, hwyrach), oherwydd yr amgylchiadau gwleidyddol bryd hynny, mai dyma'r atebiad gorau i rym y bygythiad etholiadol oddi wrth Blaid Cymru, a hefyd yn rhannol am y byddai twf y Swyddfa Gymreig yn codi ei safle personol ef ei hun – ac yr oedd ynddo dipyn o hunan-dyb ac uchelgais. Yr oedd buddiannau'r Swyddfa Gymreig, y Blaid Lafur a buddiannau personol George Thomas ei hun yn cyfuno er daioni i Gymru.

Ceir awgrym mewn dogfen gan Callaghan yn yr Archifau Gwladol y byddai'r meddyliwr bachog Syr Archie Lush (cynnyrch Neuadd y Glowyr Tredegar, Coleg Harlech a Choleg Iesu, Rhydychen), brawd-enaid Aneurin Bevan, ei gennad a'i asiant gwleidyddol a chyn-gadeirydd Bwrdd Ysbytai Cymru, a Dr Elwyn Davies, Ysgrifennydd yr Adran Addysg yng Nghymru, yn debyg o wrthwynebu trosglwyddo'r Bwrdd Iechyd.[107] Mewn dogfen arall, dywed Callaghan fod Lush a'r Cynghorydd Llafur W. R. Jeffcott, Penarth, Cadeirydd Bwrdd Llywodraethwyr Ysbytai Caerdydd a'r Ysbyty Athrofaol (gŵr a oedd yn agos iawn at Callaghan), yn gadarn yn erbyn y bwriad.[108] Ond mae'n ddigon posibl fod safbwynt Lush wedi ei gamddeall, neu ei gamliwio. Onid Lush a Huw T. Edwards a ddylanwadodd ar Bevan i greu Bwrdd Ysbytai Cymru yn cydnabod Cymru fel uned weinyddol yn y Gwasanaeth Iechyd Gwladol?[109] Gallaf ddweud o'm profiad fod Lush, o 1959 ymlaen o leiaf, yn ddatganolwr o ran argyhoeddiad. Cefnogodd alwad Bwrdd Ysbytai Cymru ym 1969 am Gyngor Etholedig i Gymru a fyddai'n gyfrifol am y gwasanaeth iechyd, ymhlith gwasanaethau eraill. Dywedodd wrthyf iddo dderbyn gwahoddiad tua diwedd y chwe degau i annerch un o ganghennau Plaid Cymru yng ngogledd Sir Fynwy. Ond nid oedd ganddo ef, mwy na Bevan, a llawer o aelodau seneddol eraill, fawr o barch at Fwrdd Iechyd Cymru. Teimlent nad oedd Cymru wedi cael arweiniad teilwng gan y Bwrdd. Ni chredent y gellid ei lanhau a'i ddiwygio. Fe allai hyn egluro anhapusrwydd Archie Lush wrth feddwl am drosglwyddo'r cyfrifoldeb am iechyd i'r Swyddfa Gymreig ond a fyddai'n dal i fod o dan oruchwyliaeth cyn-swyddogion y Bwrdd Iechyd, mwyach, yn gwasanaethu y tu mewn i'r Adran newydd. Gwenais wrth ddarllen yr honiad am safbwynt Dr Elwyn Davies, Ysgrifennydd yr Adran Gymreig o fewn y Weinyddiaeth Addysg; os gwir, diau y gwelai fod egwyddor y trosglwyddiad yr un mor berthnasol i'w adran ef ei hun.

Y mis Ebrill hwnnw (1969), yn ogystal â throsglwyddo'r cyfrifoldeb am y Bwrdd Iechyd (a'r Bwrdd Ysbytai) i ffurfio Adran Iechyd y Swyddfa Gymreig, penododd y Llywodraeth Gomisiwn Brenhinol i archwilio Cyfansoddiad y Deyrnas Unedig (a gadeiriwyd gan yr Arglwydd Crowther ac, ar ôl ei farwolaeth ym mis Chwefror 1972, gan yr Arglwydd Kilbrandon). Cyn hynny, yng Ngorffennaf 1967, gofynnodd Elystan Morgan i'r Prif Weinidog a fyddai'n sefydlu Comisiwn Brenhinol i ymchwilio i ddymunoldeb 'sefydlu cyrff etholedig i Gymru'; ar yr 20fed o'r mis, cafodd Ateb Seneddol ysgrifenedig gan Cledwyn Hughes: 'I have been asked to reply. No.' Yna ym mis Rhagfyr, dychwelodd at y syniad gan ofyn i'r Prif Weinidog

91

a fyddai'n 'argymell penodi Comisiwn Brenhinol ar y cwestiwn o seneddau domestig i Gymru a'r Alban ac i ddwyn adroddiad'; ar yr 11eg o'r mis, cafodd Ateb Seneddol ysgrifenedig gan y Prif Weinidog ei hun: 'No'. Ond erbyn hynny, ac ar ôl i'r *Times* godi'r cwestiwn yn ei erthyglau golygyddol wedi buddugoliaeth Mrs Ewing (Plaid Genedlaethol yr Alban) yn isetholiad Hamilton yn Nhachwedd 1967, dechreuwyd galw'n fwy cyffredinol am Gomisiwn Brenhinol ar y Cyfansoddiad. Cafodd y syniad gefnogaeth rhai siaradwyr ac yn arbennig Arglwydd Aberdâr yn y ddadl honno yn Nhŷ'r Arglwyddi yn Ionawr 1968 ar fesur Arglwydd Ogwr. Ni wyddom pa bryd y trafodwyd y syniad am y tro cyntaf yn un o bwyllgorau'r Cabinet. Ond tystia un cofnod fod y posibilrwydd o benodi Comisiwn o'r fath wedi cael ei wyntyllu yn un o isbwyllgorau'r Cabinet ar 18 Gorffennaf 1968 – dyddiad diddorol iawn, union ddyddiad isetholiad 'trychinebus' Caerffili a achoswyd gan farwolaeth Ness Edwards a phan gychwynnodd y darlithydd ifanc, Dr Phil Williams, ar ei yrfa fel ymgeisydd seneddol, ond cyn cyhoeddi'r canlyniad.[110] Gwelwyd erbyn yr hydref y dylid dod â holl wledydd, cenhedloedd a thaleithiau'r Deyrnas Unedig o fewn cylch ei arolygiaeth.

Ym mhwyllgorau'r Cabinet, dadleuai Crossman yn gryf y byddai sefydlu'r Comisiwn 'yn ffordd i wneud dim o bwys' ond daeth Callaghan, yr Ysgrifennydd Cartref ac un o weinidogion trymaf y Cabinet a gwrthddatganolwr, i gefnogi'r syniad yn frwd. Dangosodd yr Athro Webster yn ei ddarlith 'Devolution and the Health Service in Wales, 1919-1969', y cyfeiriwyd ati'n barod, mor allweddol fu arweiniad yr Ysgrifennydd Cartref yn y ddadl hon ymhlith y gweinidogion fel y cydnabu'r Prif Weinidog hefyd yn ei hunangofiant.[111] Y tro hwn, rhagorodd Callaghan ar Crossman mewn tacteg pan ddadleuodd y dylid datganoli rhai pwerau i'r Swyddfa Gymreig ar unwaith (ac felly ennill cefnogaeth Thomas) ond i ohirio llunio polisi cynhwysfawr nes byddai Comisiwn Brenhinol wedi arolygu holl agweddau cyfansoddiadol datganoli. Sut y daeth Callaghan i bleidio'r ddadl dros Gomisiwn Brenhinol? Erbyn hyn yr oedd

Elystan Morgan yn Is-weinidog yn y Swyddfa Gartref. Manteisiodd ar ei gyfle. Rywbryd – nid yw'r gronoleg yn hollol glir i mi – rhoes anogaeth i'w bennaeth, Callaghan, i gefnogi'r syniad. Ni wyddom pa mor ddylanwadol fu'r ymyrraeth honno. A lwyddodd i'w argyhoeddi o rinweddau'r symudiad fel y gwelai ef hwynt? Defnyddiaf y gair 'symudiad' oherwydd cefais yr argraff mai ymateb, efallai, i rywbeth oedd eisoes ar waith a wnaeth Callaghan. Os dengys ymchwil bellach fod ymyrraeth Elystan Morgan wedi bod yn allweddol, dyna un o'i gyfraniadau pwysicaf i hanes gwleidyddol Cymru fodern; ond ychydig o etholwyr Ceredigion unigryw fyddai'n gwybod am hynny pan benderfynasant gefnu arno yn Etholiad Cyffredinol Ebrill 1974.

Ni ellir bod yn sicr beth oedd blaenaf amcan sefydlu'r Comisiwn ym meddwl aelodau'r Cabinet. Mae'n awgrymog mai ei brif hyrwyddwr oedd yr hen wrthwynebwyr cydnerth i genedlaetholdeb Celtaidd, sef Callaghan ei hun, Willie Ross (Ysgrifennydd yr Alban) a George Thomas – 'cyfeillion cyffesedig y Deyrnas Unedig', chwedl Crossman. Roedd gwirionedd yn nadl Crossman y byddai sefydlu'r Comisiwn 'yn ffordd i wneud dim o bwys', yn yr ystyr na allai'r llywodraeth, yn ymarferol, ddwyn mesur gerbron y Senedd i wneud unrhyw newid sylfaenol i'r *status quo* yn yr Alban a Chymru cyn bod y Comisiwn wedi gorffen ei ymchwiliad ac fe gymerai hynny o leiaf dair i bedair blynedd a chyfle i ymgyrch y cenedlaetholwyr ollwng stêm ac i ddiffygio. Ai sicrhau'r ddihangfa honno oedd gwir bwrpas sefydlu'r Comisiwn ym meddwl y Cabinet? Beth bynnag oedd ei amcan, byddai bodolaeth y Comisiwn yn cadw'r syniad am Gynulliad neu Gyngor Etholedig i Gymru yn uchel ar yr agenda wleidyddol am lawer blwyddyn eto. Gwelir heddiw mai dyna fu cyfraniad pwysicaf y Comisiwn ar y Cyfansoddiad.

Heb ymgynghori ag Emrys Jones, ac yn groes i farn Crossman, cymerodd y Llywodraeth y penderfyniad mewn egwyddor i sefydlu'r Comisiwn yn hydref 1968 ond ni phenodwyd ei aelodau tan fis Ebrill 1969, a bu'n rhaid aros am bedair blynedd am ei Adroddiad.

Y ddau Gomisiynydd o Gymru oedd Syr Ben Bowen Thomas, y cyn-was sifil, ac Alun Talfan Davies, y bargyfreithiwr blaenllaw, cyd-berchen Llyfrau'r Dryw gyda'i frawd Aneirin, cyhoeddwr y misolyn *Barn*, ymgeisydd Annibynnol sedd Prifysgol Cymru (1943) ac ymgeisydd seneddol Rhyddfrydol. Roedd y ddau'n Gymry Cymraeg a Chymreig a chanddynt adnabyddiaeth drylwyr o fywyd Cymru ac yn fficswyr yn eu meysydd eu hunain. Yn nhrafodaethau'r Comisiwn byddent yn ddadleuwyr medrus dros ddatganoli i gorff etholedig i Gymru.

Fel y cyfeiriwyd yn barod, mynnodd Emrys Jones fod Cyngor Llafur Cymru yn cyflwyno tystiolaeth o blaid Cyngor Etholedig i'r Comisiwn. Ceir y dystiolaeth honno mewn memorandwm o tua 12,000 o eiriau, dan y teitl, 'The Attitude of the Labour Party in Wales towards the Reform of the Machinery of Government'. Sylwer mai'r gair yng ngeiriad ei deitl yw *attitude*, nid *proposal* na *recommendation*. Dywedir yn y Cyflwyniad, 'We have tried to do no more in this memorandum than to indicate to the Commission the broad general lines along which we consider the Commission should work'. Mae'n ddogfen ddiplomatig wedi ei drafftio'n hynod ofalus a'i hawgrymiadau'n betrus i gwrdd â beirniadaeth George Thomas a safbwynt yr aelodau seneddol. Eto, roedd ei byrdwn yn eglur. Awgrymai fynd ymhellach na'r hyn a gredai Thomas oedd yn briodol, yn arbennig mewn dau gyfeiriad pwysig; gallai fod yn fuddiol i'r Cyngor Etholedig gymryd drosodd, bob yn dipyn, rai o ddyletswyddau'r Swyddfa Gymreig, a gallai Senedd Westminster gyflwyno deddfwriaeth eilaidd i'r Cyngor i gael ei sylwadaeth. Drafftiwyd y memorandwm gan ddau swyddog ym mhencadlys y Blaid Lafur yn Llundain. Un ohonynt oedd Gwyn Morgan, Dirprwy Ysgrifennydd y Blaid Lafur Brydeinig, Cymro Cymraeg o Gwm Cynon a gŵr a fu o gymorth sylweddol i'r Ymgyrch Ddatganoli yng Nghymru yn y '70au. Datganolwr o argyhoeddiad a drafftiwr medrus ydoedd Gwyn Morgan.

Ymhen pedair blynedd, ym mis Hydref 1973, cyhoeddodd y Comisiwn ei Adroddiad swmpus (Gorch. 5460) ynghyd â

Memorandwm Anghydsynio (Gorch. 5460-1). Tra oedd mwyafrif yr aelodau'n bleidiol o ran egwyddor i gynulliadau etholedig i Gymru a'r Alban, yr oedd anghytundeb ynglŷn â beth y dylai corff o'r fath ei wneud. Felly, nid oedd gan y Comisiwn weledigaeth glir am y ffordd orau ymlaen. Ar y llaw arall, roedd y Memorandwm Anghydsynio a arwyddwyd gan ddau o'r Comisiynwyr yn bleidiol i gynulliadau gweithredol, gan ddiffinio'r cyfrifoldebau penodol y dylid eu trosglwyddo iddynt.

Gellir edrych ar y Comisiwn ar y Cyfansoddiad fel un o gynhyrchion yr isetholiad ond, yn bwysicach na hynny, gwnaeth y torri drwodd yn isetholiad Caerfyrddin fyd o lesâd i Blaid Cymru. Dyma brofi am y tro cyntaf y gallai plaid annibynnol Gymreig ennill cynrychiolaeth yn Nhŷ'r Cyffredin a thystio bod strategaeth ddigyfaddawd Gwynfor Evans o ganolbwyntio adnoddau ar ymladd etholiadau seneddol 'ar bob achlysur posib' yn dwyn ffrwyth o'r diwedd. Ers y dydd y collwyd brwydr Tryweryn, bu'r strategaeth honno dan feirniadaeth fwyfwy o fewn Plaid Cymru. Ceir cyfeiriad at y cyfnod anodd hwn gan Gwynfor ei hun yn *Bywyd Cymro*.[112] Ac erbyn hyn mae gennym *magnum opus* Rhys Evans, *Gwynfor: Rhag Pob Brad*, sy'n rhoi golau pellach ar yr argyfwng yr oedd Gwynfor ynddo ar y pryd. Gellir ychwanegu y ceir ategiad i'r cudd gynllwynio i gael gwared â'r arweinyddiaeth yn yr ohebiaeth doreithiog o tua dau gant o lythyrau rhwng John Legonna[113] a Harri Webb o 1962 hyd at yr isetholiad pan ddaeth i ben.[114] Rhoes yr isetholiad Gwynfor ar ei orsedd. Llwydd sy'n talu. Tyfodd ei awdurdod yn gyflym. Caeodd y rhengoedd. Cyfannwyd yr ymraniadau. Tawelodd Grŵp Garthewin a safai dros y cenedlaetholdeb pur a gysylltid â Saunders Lewis (yn fwyaf arbennig R. O. F. Wynne, ysgwier Garthewin, Cathrin Daniel a'u cyfeillion Pabyddol, yn ogystal â Trefor a Gwyneth Morgan). Distawodd Grŵp y Genedl Newydd (yn fwyaf arbennig John Legonna, Harri Webb, Ray Smith a'r meddyliwr clir a threfnus Emrys Roberts) a welai rwystr ar ffordd Plaid Cymru i hyrwyddo'r achos cenedlaethol yn y pwyslais a roddai Gwynfor Evans ar heddychiaeth ac a welai ddiffygion ynddi fel peiriant gwleidyddol. Cafodd Plaid Cymru angerdd newydd. Fe'i hadnewyddwyd. Bellach, yng ngolwg ei haelodau, byddai gwleidyddiaeth Cymru yn llifo'n rhagordeiniedig o Lafur i Blaid Cymru, fel yr ysgubodd gynt o Dorïaeth i Ryddfrydiaeth, ac o Ryddfrydiaeth i Lafur. Ac nid yw'n rhyfedd yn y byd bod llawer o'i haelodau wedi cysylltu'r fuddugoliaeth yng Nghaerfyrddin â'r fuddugoliaeth enwog bedwar ugain mlynedd yn ôl i'r diwrnod pan etholwyd T. E. Ellis, cynnyrch Aberystwyth a Rhydychen, yn aelod seneddol Rhyddfrydol dros Feirionnydd. Roeddent yn ffyddiog y byddai'r aelod newydd yn ennyn brwdfrydedd y werin Gymreig fel y gwnaethai T. E. Ellis, ac yn barod i ymddiried yn ei arweinyddiaeth.

Cymerodd Gwynfor Evans ei sedd yn y Tŷ ar 18 Gorffennaf. Jim Griffiths, fel yr aelod dros y rhan arall o Sir Gâr ac ar gais yr aelod newydd, ac S. O. Davies, oedd ei ddau gyflwynydd. Yn syth, gofynnodd am gael tyngu'r Llw o Deyrngarwch – a gymer pob aelod o'r Tŷ cyn cymryd ei sedd – yn y Gymraeg yn ogystal â'r Saesneg. Fe'i gwrthodwyd am na chaniateid hynny yn ôl Rheolau'r Tŷ. Nid oes cofnod fod neb erioed o'i flaen yn holl hanes Senedd Prydain wedi gwneud cais tebyg. Canlyniad ei safiad fu cymhwyso'r Rheolau erbyn Etholiad 1969 i ganiatáu cymryd y llw yn Saesneg ac yna yn y Gymraeg ond bu'n rhaid aros tan 1983 cyn y newidiwyd rheol gyffelyb Tŷ'r Arglwyddi. Addefa Gwynfor am ei brofiad yn Nhŷ'r Cyffredin: 'Fe'i cawn yn anodd goddef y lle'.[115] Mi fedraf ddeall hynny. Onid dyna hefyd ymdeimlad Tomos Masaryk yntau yn ei ddyddiau cynnar yn Senedd Awstria?

Gellid dweud yn deg nad oedd Gwynfor Evans yn llinach y cenedlaetholwr Gwyddelig Charles Stewart Parnell (1846-91). Perthynai'r ddau i draddodiadau hollol wahanol, onid i ddau fyd hollol wahanol. Yr oedd yr arweinydd Gwyddelig yn Nhŷ'r Cyffredin bedwar ugain mlynedd ynghynt – a chyda rhengoedd o genedlaetholwyr Gwyddelig milwriaethus yn lleng y tu ôl iddo – yn barod i dorri pob Rheol. Er iddo gymhwyso rheol y Llw

Teyrngarwch trwy ychwanegu'r Gymraeg, gweithiodd Gwynfor *gyda*'r drefn seneddol, yn hytrach na tharfu arni fel y gwnaeth Parnell. Yn hwyr neu'n hwyrach, codai'r cwestiwn p'run oedd y ffordd orau iddo ef – ac ymhellach ymlaen, iddo ef a'i ddau gyd-genedlaetholwr o Gymru – weithredu'n wleidyddol effeithiol yn y Senedd er mwyn hyrwyddo amcanion eu plaid? Sut y dylid pleidleisio pan ddaeth yn ddydd o argyfwng ar lywodraeth wantan Callaghan? Ei chynnal ynteu ei suddo? A safent gyda'r llywodraeth, fel y gwnaeth yr aelodau Rhyddfrydol dan arweiniad David Steel, ai peidio? Bu gan Cledwyn ran allweddol yn saernïo'r cytundeb 'Lib-Lab' enwog er sicrhau parhad llywodraeth Callaghan yn y ddwy flynedd 1977-79. Gwaetha'r modd, mae'r deunydd yn nyddiadur Cledwyn am wleidyddiaeth yng Nghymru yn brin. Ond ar 21 Mawrth 1977, ddeuddydd cyn pleidlais o ymddiriedaeth yn y llywodraeth, cofnododd:

> . . . Dafydd Elis Thomas is particularly upset. He does not want to vote against the Government on Wednesday because he knows the Tories will do nothing for Wales on devolution; but he is being pressed by his Party in Wales. Told me that if the Government look like being defeated, he will not vote at all. He has a better grasp of political realities than his two colleagues although he is the youngest of them.[116]

Sylwadaeth ddiddorol. Yn sicr, byddai'n ofynnol i'r tri seneddwr gymryd sylw o lais aelodau'r Blaid yn y wlad. Ond ni fu Dafydd Elis Thomas yn ŵr i wneud yr hyn na ddymunai yn ôl ei weledigaeth am anghenion Cymru.

Yng Nghymru, yn rhinwedd ei safle fel aelod seneddol, a'i bwyslais ar genedlaetholdeb heddychol a gweithredu seneddol ond Gandhiaidd, roedd Gwynfor mewn sefyllfa i ddylanwadu ar genedlaetholdeb Cymreig milwriaethus y chwe degau cynhyrfus; testun cofnod yr Ysgrifennydd Cartref at y Prif Weinidog 14 Ebrill 1969 y cyfeiriwyd ato eisoes. Cawsai'r cenedlaetholdeb hwnnw fynegiant ym Myddin Rhyddid Cymru, y Ffrynt Gwladgarol a Mudiad Amddiffyn Cymru yn bennaf fel protest yn erbyn arwisgiad y Tywysog Siarl yng

Nghastell Caernarfon ac a gyrhaeddodd ei uchafbwynt ysgytiol pan laddwyd, ddiwrnod cyn yr arwisgiad, y ddau Gymro ifanc, George Francis Taylor a William Alwyn Jones, yn ddamweiniol wrth iddynt geisio gosod deunydd ffrwydrol ar y rheilffordd yn Abergele er mwyn rhwystro taith y trên brenhinol i Gaernarfon. Hyd y gwyddom, ni lwyddodd ffrwydradau'r '60au i orfodi'r Llywodraeth i wneud newidiadau o bwys i'r trefniadau ar gyfer yr Arwisgiad nac ar gyfer arhosiad y Tywysog yn Aberystwyth. O fwrw'i olygon yn ôl dros ddrama'r chwe degau, gwelai Goronwy Daniel fod dylanwad Gwynfor a'i genedlaetholdeb cyfansoddiadol wedi helpu'n sylweddol i dawelu'r dyfroedd yn y blynyddoedd cyffrous hyn. Barnai na ddylid 'diystyru Pasiffistiaeth Gwynfor'.[117]

Mae'n debygol na welir fyth gronicl cyflawn o'r trafodaethau rhwng y Palas a'r llywodraeth a arweiniodd at y cyhoeddiad ar 17 Mai 1967 am gynnal seremoni arwisgo yng Nghastell Caernarfon ar 1 Gorffennaf 1969. Honnwyd gan rai mai cynllwyn oedd yr arwisgiad yn tarddu o ben Cledwyn er mwyn cryfhau safle etholiadol y Blaid Lafur yng Nghymru trwy wneud Plaid Cymru yn amhoblogaidd wedi ei llwyddiant llachar yng Nghaerfyrddin. Dyma'r darlun y mae Rhys Evans yn ei dynnu yn *Rhag Pob Brad* (t. 294):

> Ond wedi isetholiad Caerfyrddin a thrychineb Aber-fan, dechreuodd popeth newid a dechreuodd y Swyddfa Gymreig ddwyn pwysau dros gael Arwisgo buan. Yn wir, oddi ar fis Rhagfyr 1966, bu Cledwyn Hughes yn plagio Downing Street a Phalas Buckingham am ddyddiad pendant i'r fath raddau nes i Harold Wilson ddweud wrtho am bwyllo. Ni ellir ond dychmygu gorfoledd Cledwyn Hughes felly, pan gyhoeddwyd ar 17 Mai 1967 y câi'r Arwisgo ei gynnal ar 1 Gorffennaf 1969 . . . Fe gymerodd hi amser i feddyginiaeth y Blaid Lafur weithio, fodd bynnag.

Mynegir un ffynhonnell am y sylwadaeth uchod, sef cofnod 22 Rhagfyr 1966, gan W. K. Reid at Syr Burke Trend, sy'n darllen:

Wales and the Prince of Wales. He said that the PM had spoken to the S/S for Wales advising him to soft-pedal for a bit.[118]

Ond a yw'r cofnod byr hwn yn cyfiawnhau'r dehongliad fod Cledwyn wedi 'plagio' Downing Street a Phalas Buckingham? Nid dyna'r unig ddehongliad sy'n bosibl. Cledwyn yn plagio'r Palas? Go brin, mi gredaf. Yn plagio Downing Street? Cywir, efallai. Ond os yw hyn yn gywir, cyfyd cwestiwn arall: a fu hynny am fod y Palas erbyn hyn yn plagio'r Swyddfa Gymreig (yr adran a oedd yn gyfrifol am arwain ar y mater) am gyflymu'r penderfyniadau gan y llywodraeth ynghylch y trefniadau ar gyfer yr arwisgiad?

Un gŵr yng Nghymru a oedd mewn sefyllfa i wybod yn iawn am y trafodaethau cynnar rhwng y Palas a'r llywodraeth ym 1965-67 oedd Goronwy Daniel. Ceir tystiolaeth berthnasol yn y 'Nodyn' hwnnw a gyfansoddodd ym 1994 (felly nid yn gwbl gyfoes, mae'n wir).[119] Y 'Nodyn' yw'r dystiolaeth lawnaf sydd gennym am y trafodaethau cynnar hyd y gwyddys. Y man cychwyn yw'r ail baragraff:

2. The first Secretary of State for Wales (Mr James Griffiths) had not needed to deal with the problems of the Investiture because Sir Edward [*sic*] Adeane (H.M. The Queen's Private Secretary) had visited the Welsh Office in February 1965 and indicated that the Royal Family considered that Prince Charles, who was then only seventeen, had to prepare himself for, and make a good start in, the three year course of studies required to gain a Cambridge degree and he should be given a year or two before having also to prepare himself for the investiture.

Mae'r dyfyniad yn dangos bod y Palas ei hun yn rhyw feddwl flwyddyn cyn isetholiad Caerfyrddin am gynnal seremoni arwisgo rywbryd tua 1969-70.

Trown nesaf at baragraff 10. Ar ôl cyfeirio at y 'contentious issues' a wynebai'r Ysgrifennydd Gwladol ar ôl Etholiad

Mawrth 1966 (sef sicrhau cytundeb ar argymhellion Pwyllgor Hughes Parry, y Cyngor Etholedig, a'r dref newydd, ac wedi hynny trychineb Aber-fan), cofnoda Daniel:

10. Finally, and more germane to the Note, Sir Michael Adeane had informed the Welsh Office while the 1966 election was being fought, that H.M. The Queen thought that a start should soon be made on the arrangements appropriate for the investiture of Prince Charles and would in due course, value the advice of the Secretary of State for Wales.

Syr Michael Adeane oedd Prif Ysgrifennydd y Frenhines, cennad uchaf y Palas. Gwelir, felly, yn ôl Syr Goronwy, mai o'r Palas ei hun – yn ystod etholiad cyffredinol 1966 ac yn ddigymell – y daeth y symudiad cyntaf i 'gychwyn yn fuan' ar y paratoadau ar gyfer arwisgiad.

Yn anorfod, ni allai Cledwyn ddiystyru'r ffaith fod y sefyllfa wleidyddol yng Nghymru yn newid yn gyflym wedi'r isetholiad ac yn dirywio'n fawr o safbwynt y llywodraeth. Cydnabyddir hynny ym mharagraff 13:

13. There were two other considerations as well in 1966-68. One of them was the shock of the Carmarthen by-election on 14th July 1966 when Plaid Cymru more than doubled the support it had received in the April 1966 [*sic* 31 Mawrth 1966] general election and Mr Gwynfor Evans, its President, became the first Welsh nationalist to sit in the House of Commons. Labour's concern about the threat presented by the Nationalists was further increased by the by-elections in two of its strongholds, Rhondda West in 1967 and Caerphilly in 1968 which they got close to winning. The important other consideration was the evidence from members of Parliament in close touch with their constituencies, and from other sources, that the great majority of Welsh and non-Welsh speakers held the Royal Family in high regard and much disliked the use of violence by militant groups. Moreover Plaid Cymru had turned down in 1949 proposals from some of its members that it should adopt a republican platform and the Welsh Republican Movement then formed had ended in 1957.

100

Beth bynnag oedd strategaeth y llywodraeth, ymddengys i mi yng ngoleuni tystiolaeth Daniel mai cyfraniad neilltuol Cledwyn a'r Swyddfa Gymreig i'r arwisgiad oedd cynghori y dylai'r Tywysog Siarl dreulio tymor yng Ngholeg Aberystwyth yn astudio 'hanes a phroblemau Cymru a'i hiaith a'i llên' ac y dylid rhoi safle urddasol ac amlwg i'r Gymraeg yn yr arwisgo yng Nghastell Caernarfon. Onid manteisio ar y cyfle i Gymreigio'r arwisgiad oedd eu prif nod? Credaf fod hynny'n cael ei ategu ym mharagraff 14:

14. In the light of the above considerations Mr Cledwyn Hughes proposed that Prince Charles should prepare for his investiture by visiting Wales as often as possible and spend the spring term of 1969 studying at the University College of Wales, Aberystwyth, the history and problems of Wales and its language and literature. That proposal was carefully considered by the Royal Family and the main Government Departments concerned, particularly the Home Office, Treasury and Cabinet Office. By the Spring of 1967 that proposal had been agreed and also the desirability of giving the Welsh language an honourable place in the ceremony itself.

Ni fu'r arwisgiad yn destun siarad rhyngof a Cledwyn. Ond rwy'n cofio iddo ddweud mai'r tro cyntaf iddo gael sgwrs â'r Frenhines amdano oedd ar 29 Hydref 1966. Derbyniasai wahoddiad ganddi i gyd-deithio â hi'n ôl i Lundain ar y *Queen's Flight* wedi iddi fod yn ymweld ag Aber-fan. Roedd Syr Michael Adeane hefyd ar yr awyren. Yn ystod y daith gwysiwyd ef i'w chaban, a dyna'r lle a'r pryd y bu'r sgwrs. Mae gennyf gof clir am hyn oherwydd roedd yn fy nharo'n rhyfedd fod sôn o gwbl wedi bod am yr arwisgiad ar yr achlysur clwyfedig hwn i rieni Aber-fan. Gall y sgwrs honno fod wedi argyhoeddi Hughes a Daniel ei bod yn amserol, yn briodol ac yn ddyletswydd ar y Swyddfa Gymreig i ddwyn pwysau ym misoedd Tachwedd a Rhagfyr (1966) ar Adrannau perthnasol Whitehall i symud ymlaen yn ebrwydd. Ai dyna'r esboniad, neu ran bwysig ohono, am gofnod 22 Rhagfyr 1966?

Bu'r arwisgiad yn boblogaidd ymhlith y lliaws yng Nghymru fel yn Lloegr, er y gwyddom am radicaliaid ym mhob dosbarth a fu'n hollol anghysurus ynghylch 'y gwegi' a'r 'ffriliach', os caniateir i mi ddefnyddio geiriau'r Parchedig Lewis Valentine. Ac nid amheuir na fu'r rhwysg ymerodrol yn niweidiol i ragolygon etholiadol Plaid Cymru. Ond mae'n anodd gennyf goelio mai o ben a phastwn Cledwyn ei hun y tarddodd yr holl syniad, gyda'r prif amcan o fod yn feddyginiaeth i'w blaid.

Erbyn cynnal yr arwisgiad (yn wir, ers dwy flynedd cyn hynny), daethai cyfnod Cledwyn fel gweinidog y Goron a chanddo awdurdod ar faterion Cymru i ben. Ond, fel y cawn sylwi, nid dyna ddiwedd ei gyfraniad i wleidyddiaeth Cymru. Fe fyddai'n cyflawni llawer iawn eto yn Nhŷ'r Arglwyddi lle bu ei ddylanwad o fewn y Blaid Lafur yn gaffaeliad grymus i achos Cymru.

O edrych yn ôl ar y blynyddoedd 1964-69, gwelwn mai eu cyfraniad i hanes cyfansoddiadol Cymru fu sefydlu'r Ysgrifen-yddiaeth Gymreig ym 1964, pasio Deddf yr Iaith Gymraeg ym 1967 a rhoi cychwyn ar lefel y Cabinet ym 1966-68 i'r ddadl am gynulliad etholedig i Gymru a sefydlu Comisiwn Brenhinol ar y Cyfansoddiad ym 1969. Byddai gweledigaeth Jim Griffiths a brwydrau Cledwyn Hughes ym mhwyllgorau'r Cabinet, gwytnwch Emrys Jones, a'r Comisiwn Brenhinol, yn sicrhau y byddai'r egwyddor o gorff etholedig i Gymru yn parhau ar yr agenda wleidyddol yn y saith degau. Hefyd byddai grym y tonnau bygythiol a achoswyd gan orchest Gwynfor Evans yn isetholiad Caerfyrddin yn parhau i danseilio'r hen drefn.

Yn ei ffordd ei hun, roedd yr 'ymweliad swyddogol' hwnnw ag Iwerddon ym 1967 hefyd yn wedd ar y newid. Ceir tystiolaeth bod gwleidyddiaeth Cymru yn lledu ei golygon yn y rhestr cwestiynau yr oedd Jeffrey Iverson, cynhyrchydd *Week In, Week Out* (un o raglenni BBC Cymru), yn awyddus i'w gofyn i'r Taoiseach yn ystod yr ymweliad:

Are there any lessons – economic or otherwise – that Wales can learn from Ireland? Theoretically [could] self-government for Wales ever be as practical for Wales as it has been for Ireland –

bearing in mind that England and Wales form one land mass? Attempts are being made in Wales to retain and revive the use of the Welsh language. Based on Ireland's experiences, is this a hopeless or an uphill task? Are there any positive suggestions that the Taoiseach has been able to make to Mr Hughes on problems like the development of rural areas and combating rural depopulation?[120]

Anfonwyd y cwestiynau ymlaen llaw i'r Llysgennad yn Llundain ond ni chaniatâi protocol eu cyflwyno gan eu bod yn holi am faterion mewnol neu wleidyddol Cymru. Ond tystiant i'r ffaith mai dyna oedd prif faterion mewnol Cymru ac y credai'r BBC y byddai'n briodol i'r Cymry edrych arnynt trwy lygaid Prif Weinidog Iwerddon.

Felly, erbyn diwedd y chwe degau, roedd cyfres o ddigwyddiadau pwysig yn tystio i Gymru ac i'r byd a'r betws fod yr hen oruchwyliaeth yng Nghymru yn dechrau newid.

6

Cyfraniad y Gweithredwr Gwleidyddol

AR DDECHRAU'R saith degau, yr oedd George Thomas yn dawel ei feddwl pe dychwelid llywodraeth Lafur i rym yn yr etholiad cyffredinol nesaf y byddai yntau'n dychwelyd i'r Swyddfa Gymreig i orffen ei waith yno. Cyffesa hynny yn ei hunangofiant. Gan mai ef oedd llefarydd Llafur dros faterion Cymreig a chan fod ganddo berthynas glòs â Wilson ac addewid o'r Ysgrifenyddiaeth, yn ei ôl ef ei hun, roedd yn naturiol iddo ddisgwyl hynny. Ond pan ddychwelwyd Wilson i awdurdod yn Stryd Downing yn Chwefror 1974, taflwyd Thomas dros y bwrdd. Fe'i siomwyd yn enfawr. Chwerwodd. Byth ar ôl hynny hyd at ei farw ym 1998, mae'r dystiolaeth ail-law yn awgrymu iddo chwarae ei ran – rywle yn y cefndir – yn yr ymgyrch wrthddatganoli oedd yn mynd rhagddi.

Gadawyd Cledwyn hefyd ar y meinciau cefn, yn siomedig ond yn obeithiol y deuai ei dro yntau i lywyddu ar un o swyddi uchaf y Wladwriaeth – yn bennaf yr Ysgrifenyddiaeth Dramor, oherwydd ei ddiddordeb mawr mewn materion tramor fel y dengys colofnau *Hansard* Tŷ'r Arglwyddi.

Er peth syndod i'r cyhoedd, John Morris a benodwyd yn Ysgrifennydd Cymru.[121] Buom yn gydweithwyr a chyfeillion ers ein dyddiau yng Ngholeg Aberystwyth. Roedd yn amlwg bryd hynny ei fod yn ŵr ifanc hunanfeddiannol, penderfynol ac uchelgeisiol. Cyrraedd y Senedd cyn gynted ag y gallai oedd ei uchelgais bersonol fawr ac anrhydeddus. Er yn ddibrofiad a heb eto ennill enw iddo'i hun, enillodd gryn enwogrwydd trwy ddod o fewn un bleidlais i guro neb llai na'r enwog Megan Lloyd

George am enwebiad Llafur am sedd Caerfyrddin (1956). Er iddo fod, gan amlaf, yn wleidydd pur wyliadwrus, dyma amlygu'r beiddgarwch sydd hefyd i'w weld yn ei yrfa. Mewn byr amser wedyn, yn annisgwyl, cipiodd yr enwebiad am sedd ddiogel Aberafan yn erbyn ymgeisydd lleol cryf ac adnabyddus, yr Henadur Llewelyn Heycock (yr Arglwydd Heycock wedi hynny), gyrrwr trên, cadeirydd Awdurdod Addysg Morgannwg (1944-74), ac un o frenhinoedd llywodraeth leol Cymru. Bu Heycock yn gefn cadarn i addysg, gan gynnwys addysg Gymraeg yn ysgolion Morgannwg ac i Ysgol Rhydfelen yn arbennig. Bu'n dŵr o nerth i Goleg Harlech a Phrifysgol Cymru lle bu'n ddolen gyswllt gref rhwng y Llys a'r Dirprwy Ganghellor. Ystyriai Ifor L. Evans, Prifathro Coleg Prifysgol Cymru, Aberystwyth, ei fod, tua 1950, 'ymhlith yr hanner dwsin o Gymry mwyaf dylanwadol y dydd'. Ei uchelgais derfynol ac ysblennydd oedd gorffen ei yrfa yn gynrychiolydd etholedig ei fro yn Nhŷ'r Cyffredin. Ond fe'i cyhuddid o ffafrio'i deulu a'i ffrindiau mewn penodiadau cyhoeddus ac, o ganlyniad, collodd gefnogaeth mewn rhai cylchoedd pwysig yn yr etholaeth. A chollodd yr enwebiad. Dyna pryd y dechreuwyd sôn gan rai am lwc John Morris. Gallasai profiad Aberafan fod wedi troi'n beryglus iddo ond bu'r Henadur Heycock yn deyrngar i'r aelod newydd, i'r Gymraeg a'r Brifysgol genedlaethol eithr, fel y gwelsom eisoes, nid i'r ymgyrch ddatganoli. Teimlwn fod cael datganolwr fel John Morris i'r Tŷ Cyffredin dros un o seddau diogel Llafur yn ne Cymru yn gaffaeliad gwerthfawr i'r achos, er nad oedd yn un â'i gymdogion o'r de o ran eu cefndir.

Mab fferm o ogledd Ceredigion yw John Morris. Disgynna o linach radicalaidd ei hen dad-cu, David Jenkins, ffermwr-denant Cwm Meurig Uchaf ar ystâd Trawsgoed ym mherchenogaeth yr Arglwydd Lisburne (yr hen Fychaniaid Cymreig er gwaetha'r teitl Gwyddelig). Rhoes David Jenkins dystiolaeth – trwy gyfieithydd – gerbron y Comisiwn Tir yng Nghymru ym 1894 am ymddygiad 'creulon ac annynol' ei feistr tir, yn ei droi o Gwm Meurig Uchaf, ac yn galw am ddiwygio'r Deddfau Tir. Rwy'n bur sicr nad anghofiodd John Morris am y caledi a ddioddefodd David Jenkins dan wasgfa Trawsgoed, serch na ellir gweld iddo gael ei ddenu ryw lawer gan athroniaeth wleidyddol. Nid oedd unrhyw gynnwys athronyddol i'w areithiau. Dros gyfnod o ddeugain mlynedd ar y Fainc Flaen, gweithredwr gwleidyddol ydoedd o ran ei anian, gŵr a nodweddid gan ymroddiad pwrpasol a phenderfyniad i gyflawni amcan pan oedd amodau'n caniatáu. Heb iddo gael y cyfle i weithredu'n gadarnhaol, ni fynnai ymhél yn llwyr â gwleidyddiaeth gan dueddu i gilio'n ôl at ei waith ar y Bar. Mentraf awgrymu mai'r elfen hon yn ei gymeriad yw cryfder pennaf John Morris, mewn un ystyr, a hanfod y llwyddiant a ddaeth i'w ran. Cefais innau gyfle i fod yn gynghorydd rhan amser iddo yn y Swyddfa Gymreig. Nid ystyriwn fy mod yn gynghorydd yn gymaint ag yn un a geisiai helpu i gyfieithu bwriadau a gobeithion yn bolisi ymarferol. Roedd gennyf wybodaeth fanwl am y Gwasanaeth Iechyd a phrofiad o ddelio â'r Swyddfa Gymreig ac wedi gweld mor galed ac mor anodd ei symud a'i drin oedd y peirianwaith llywodraeth. Daeth i law lythyrau rhadlon i ddymuno'n dda, gan gynnwys negeseuon oddi wrth Jim Griffiths, Archie Lush a Harri Webb ac, yn wir, daeth gair hyfryd ac annisgwyl gan Gwynfor.

Ag awenau'r Swyddfa Gymreig yn dynn yn ei ddwylo, blaenoriaeth bwysicaf John Morris oedd dod â mesur o ymreolaeth i Gymru. Serch hynny, gwnaeth benderfyniadau a fyddai'n werthfawr dros ben i'r Gymraeg. Cynyddodd werth y nawdd ariannol ar gyfer cyhoeddi llyfrau Cymraeg ac i fudiadau addysgol gwirfoddol. Rhoddodd gymorth ariannol, am y tro cyntaf, i'r Eisteddfod Genedlaethol. Gwnaeth lawer iawn rhagor na hynny. Rhoes arweiniad mewn dau faes o bwysigrwydd mawr. Yn gyntaf, llwyddodd i berswadio'r Trysorlys i dderbyn bod gweinyddu addysg ddwyieithog yn rhwym o fod â chostau ychwanegol a bod gan Ysgrifennydd Cymru yr hawl i wario ar hybu'r Gymraeg. Ymddengys yn rhyfedd iawn i ni heddiw nad oedd y gwirionedd hwn wedi ei gydnabod pan basiwyd Deddf Iaith 1967 – awgrym arall mai'r peth mawr yn Senedd 1967 oedd cael cydnabod egwyddor dilysrwydd cyfartal yn gyfraith gwlad ac na ddylid codi un dim a allai wneud yr egwyddor honno yn llai derbyniol i'r Trysorlys a'r aelodau seneddol. Yn ail (ac fe ymhelaethir ar hyn ym Mhennod 11), rhoddodd flaenoriaeth uchel i sicrhau gwasanaeth teledu Cymraeg i Gymru. Serch nad oedd gan y Swyddfa Gymreig gyfrifoldeb statudol am ddarlledu, brwydrodd John Morris – yn nannedd gwrthwynebiad y Trysorlys – yn ddiysgog, yn ddiflino ac, o'r diwedd, yn llwyddiannus i sicrhau y byddai llywodraeth San Steffan yn caniatáu sefydlu sianel deledu Gymraeg ym 1982.

Yr arfer gan yr adrannau yn Whitehall ar drothwy etholiad cyffredinol yw astudio maniffesto'r wrthblaid i baratoi ar gyfer ei weithredu pe deuai'n llywodraeth gwlad ar ôl yr etholiad. Ond serch bod maniffesto Llafur yn etholiad Chwefror 1974 yn cynnwys addewid i sefydlu Cyngor Etholedig, yr oedd yn rhyfedd nad oedd y Swyddfa Gymreig na'r un adran yn Whitehall wedi bod yn gweithio ar sut i gyfieithu iaith maniffesto yn iaith llywodraeth. Trannoeth yr etholiad, nid oedd gan y gweision sifil gynlluniau i'w cynnig i'r gweinidogion ar y ffordd i gyflawni'r addewid am Gyngor Etholedig. Mae hyn yn syndod o gofio hefyd am y dystiolaeth a roddodd y Blaid Lafur i'r Comisiwn ar y Cyfansoddiad ym 1971 ac am 'ymrwymiad' George Thomas, pan oedd yn llefarydd Cymreig, yn ystod y ddadl ar 16 Mawrth 1972 yn y Pwyllgor Sefydlog ar y Mesur Llywodraeth Leol, 'y byddai'r Llywodraeth Lafur nesaf yn sefydlu Cyngor Etholedig' a fyddai'n cymryd drosodd swyddogaeth cryn ddeunaw o gwangoau.[122] Cefais yr argraff fod y swyddogion hŷn yn barnu nad oedd unrhyw ddifrifoldeb pwrpas y tu ôl i'r addewid am Gyngor Etholedig. Yn sicr, syndod i rai ohonynt yng Nghaerdydd oedd clywed gan yr Ysgrifennydd Gwladol newydd ar ei ddiwrnod cyntaf yn ei swydd mai sefydlu'r Cyngor Etholedig oedd ei bennaf flaenoriaeth. Ar y dechrau, cerddai'r sibrwd ar hyd coridorau Parc Cathays y gallai gael bron unrhyw beth a fynnai i Gymru ond, yn bendifaddau, dim Cyngor Etholedig. (Yr oedd hyn yn gamarweiniol. Cafodd yn fuan wrthwynebiad cryf o'r adrannau yn Whitehall i'r bwriad i sefydlu bwrdd statudol i ddatblygu Cymru wledig, y gorfforaeth a argymhellwyd gan Gyngor

Cymru gynt ac a oedd mor agos at ei galon; llwyddodd i'w sefydlu er gwaethaf y gwrthwynebwyr.)

Ond yma, rhaid sylweddoli bod safbwynt Wilson ar ddatganoli ym 1974 wedi'i weddnewid o gymharu â'r hyn oedd ym 1964-1969. Ciliasai'r gwamalrwydd; bellach mae ganddo ymrwymiad cadarn i egwyddor datganoli, er nad oedd hynny'n wir am safbwynt rhai o aelodau trymaf y Cabinet. Byddai'r Prif Weinidog yn disgwyl ymrwymiad cyffelyb ar ran pwy bynnag a benodid ganddo i fod yn Ysgrifennydd Cymru ym 1974. Does dim rhaid wrth siniciaeth am wleidyddiaeth i gredu y byddai hyd yn oed George Thomas, trwy ei addysg wleidyddol, wedi derbyn nad oedd y dystiolaeth honno i Kilbrandon yn ddigonol mwyach. Ond gwyddai'r Prif Weinidog fod John Morris yn ddatganolwr o ran egwyddor. Ymhen rhyw fis neu ddau wedi'r etholiad cyffredinol, teimlwn fod cyfnewidiad meddwl ar waith o fewn y Gwasanaeth Sifil. Dechreuodd pethau symud yn gyflym yn Swyddfa'r Cabinet. Sefydlwyd Uned y Cyfansoddiad o fewn y Swyddfa honno. Yng Nghymru, fodd bynnag, wynebai John Morris ac Emrys Jones Wyddfa i'w dringo.

Darparwyd yn Neddf Cymru 1978 (y Ddeddf a luniodd gyfansoddiad y Cynulliad arfaethedig) fodel unigryw i Gymru. O'r holl gyfraniadau a wnaeth John Morris mewn perthynas ag adeilaeth y Cynulliad, sicrhau y byddai ganddo'r pŵer i wneud deddfwriaeth eilaidd oedd y pwysicaf. Ar y pryd roedd yn gyfraniad beiddgar.

Pan roddwyd i'r Cynulliad yr awdurdod i greu deddfwriaeth eilaidd – 'eilaidd' ond deddfwriaeth, serch hynny – croeswyd ffin anweledig ond un bwysig eithriadol yng ngolwg aelodau seneddol Llafur Cymru. Dyma ffin na feiddiodd na Jim Griffiths na Cledwyn Hughes dresmasu arni ddegawd ynghynt. Pam y daeth John Morris i gymeradwyo'r cam hwn? Beth oedd y weledigaeth y tu ôl i'r antur?

Yr ateb yw ei fod yn ceisio pontio'r gagendor rhwng y model 'deddfwriaethol' a gefnogid gan chwech o gomisiynwyr Kilbrandon, Plaid Cymru a'r Blaid Ryddfrydol a'r model 'gweithredol' a gefnogid gan Grŵp Seneddol Llafur Cymru.

Buasai'r syniad am bontio yn ffurfio yn ei feddwl ers cyhoeddi Adroddiad Kilbrandon yn Nhachwedd 1973. Fe'i mynegodd gyntaf ar goedd mewn cyfarfod dan nawdd cymdeithas a elwid 'Skewen Debating Society' ar 16 Ionawr 1974. Yn ôl adroddiad yn y *Western Mail* drannoeth gan ei 'Ohebydd Materion Cymreig', John Osmond:

> Mr Morris is the first Welsh Labour MP to part from an emerging party view that an assembly should have a purely executive role – co-ordinating local government and carrying out the legislated dictates of Westminster.
>
> He agreed that a public impression had been created that Labour was for an executive assembly and Plaid Cymru was pressing for one with legislative powers.
>
> 'To some extent I am bridging the gap,' he said last night.

Yna, dywedodd rywbeth oedd yn ymddangos yn od ond sy'n dangos ei fod yn ceisio bod yn gyfannwr:

> But he stressed that essentially the difference between executive and legislative was a matter of words.

Deallais ganddo fod crynodeb Osmond wedi ei seilio ar sgwrs ffôn a fu rhyngddynt. Deallais hefyd nad oedd ef wedi drafftio'n ofalus ymlaen llaw ei sylwadau ar gyfer achlysur Sgiwen. Cefnogwyd ei safbwynt yn gryf gan olygyddol y *Western Mail* ar 18 Ionawr:

> Mr Morris will no doubt now find himself assailed by some of his own colleagues for mentioning the word [legislative] at all. They will be doing him a disservice by so Pavlovian a reaction, whatever else they may do to themselves.

Ond atebwyd y golygydd a John Morris yn syth gan y Grŵp Llafur Seneddol Cymreig. Ar 22 Ionawr, cyhoeddodd ddatganiad yn galw'n ddiamwys am Gynulliad yn meddu ar bwerau gweithredol ac ymgynghorol yn unig. Adlewyrcha araith 16 Ionawr a datganiad 22 Ionawr y ddadl sylfaenol o fewn y Blaid Lafur yng Nghymru ers o leiaf yr Ail Ryfel Byd, ac sy'n parhau o hyd.

Rwy'n berffaith sicr fod John Morris yn ewyllysio sicrhau'r mesur helaethaf o lywodraeth ddatganoledig i Gymru oedd yn bosibl yn y cyfnod hwnnw ac a fyddai'n gyfrwng llywodraeth effeithiol. Ond ni fedrai ddiystyru safbwynt aelodau seneddol Llafur a oedd wedi ei seilio ar farn wahanol am anghenion Cymru a dymuniad pobl Cymru. Dyna'r ddau brif ddylanwad ar adeilaeth Deddf Cymru 1978: ewyllys John Morris ac ewyllys y Grŵp Llafur Seneddol Cymreig. Argymhellodd Morris gyfaddawd a oedd, fel mae'n digwydd, yn welliant sylweddol ar dystiolaeth Llafur Cymru i Kilbrandon – er na fu'r ddogfen honno'n ddylanwad penodol arno – ond ni lwyddodd i argyhoeddi ei gyd-aelodau Llafur o dde Cymru o'i rinweddau. Heddiw ni fedrwn ond cydsynio na lwyddodd John Morris i farnu'r tymer yn Nhŷ'r Cyffredin yn gywir, ond mae'n bosibl hefyd nad oedd modd, mewn gwirionedd, creu cyfaddawd a fyddai'n arwain at lywodraeth ddatganoledig effeithiol ac a fyddai ar yr un pryd yn dderbyniol i seneddwyr y cyfnod hwnnw. Eto, heb yn wybod iddo'i hun, lluniodd Ddeddf a fyddai'n dderbyniol yng ngolwg y to nesaf o seneddwyr Llafur o Gymru.

Byddai John Morris yn clywed yn wastadol gan y gweision sifil hŷn, gan mai'r nod gwleidyddol oedd sefydlu cynulliad etholedig i Gymru, y byddai'n rheidrwydd anelu at 'setliad' a fyddai'n sicrhau sefydlogrwydd y drefn newydd. Ni fyddai cynulliad etholedig heb bwerau deddfu yn bodloni neb; yn hytrach, byddai'n fforwm campus i fynegi rhwystredigaeth ac yn rhwym o arwain at ansefydlogrwydd gwleidyddol. Ar y llaw arall, roedd y syniad o Gynulliad Cymreig gyda'r awdurdod i basio deddfwriaeth eilaidd – syniad a ddeilliodd o fyfyrdod a beiddgarwch Morris – yn rhy newydd, yn rhy radical, i'w gyd-aelodau seneddol a chynghorwyr Llafur, ac efallai hefyd i'r farn gyhoeddus yng Nghymru. Yn natganiad 22 Ionawr, canwyd y gloch rybudd. Ond daliodd y llywodraeth a John Morris at eu penderfyniad er gwaethaf y risg amlwg oedd ynghlwm wrtho.

Dylid, hefyd, nodi ffaith fechan na chawsai fawr o sylw. Byddai'r Cynulliad arfaethedig yn cymryd drosodd, o'r diwrnod cyntaf, nifer helaeth o bwerau'r Swyddfa Gymreig. Y ffaith yw mai pynciau fel cyflogaeth, addysg, tai, iechyd a ffyrdd oedd prif ddiddordeb mwyafrif llethol yr aelodau seneddol Cymreig yn y ganrif ddiwethaf. Pe trosglwyddid pwerau'r Swyddfa Gymreig mewn perthynas â'r rhan fwyaf o'r gwasanaethau hyn i'r Cynulliad, beth wedyn fyddai gwaith aelodau seneddol Cymru? A'u statws? Oni fyddent yn aelodau seneddol ail ddosbarth?

Byddai'r sefydliad newydd yng Nghaerdydd yn gorff nad oedd ei debyg ym Mhrydain. Safai megis yn y canol rhwng cyngor sir ac is-senedd daleithiol. Beth fyddai'n enw cyfaddas arno? (A beth sy mewn enw?) Un enw a awgrymwyd gan was sifil oedd 'Senedd/*Senate*' (y term a ddefnyddiwyd ym Mesur S. O. Davies) ond enw a oedd yn bryfoclyd mewn rhai cylchoedd – fel y mae o hyd. Gellir gweld rhywbeth o ddylanwad y meddylfryd hwn ar waith yn 2006 yn yr helynt a gododd pan benderfynwyd galw cartref newydd y Cynulliad yn 'Senedd'. Pan fentrodd John Morris ddefnyddio'r gair 'senedd' unwaith, ac unwaith yn unig, tynnodd storm o brotest am ei ben. Swyddogaeth Westminster yn unig oedd deddfu ar gyfer Cymru. Byddai'n rhaid cael enw arall ar y sefydliad. Yn y diwedd, bodlonwyd ar 'Cynulliad' – enw a aethai ychydig o'r ffasiwn. 'Sut,' gofynnodd fy nghyfaill Huw Davies, 'y gallwn ni obeithio ennill dim byd dan y fath enw?' Ailblwyfodd yr hen enw yn ardderchog.

Unwaith eto roedd Cliff Prothero yn chwerw ynghylch y polisi datganoli. Gwelai fod Cyngor Etholedig 1964 wedi ei drawsnewid o fod yn gorff gweithredol i fod, yn ei olwg ef, yn debycach i senedd daleithiol. Cyflwynodd ei gwynion yn erbyn y polisi i'r Swyddfa Gymreig ac fel hyn y rhestrodd hwy:

1. When the Labour Party in Wales decided in favour of an Elected Council it was to deal with local government matters.
2. An Elected Assembly is not required and would be too costly.
3. It would increase bureaucracy and cause divisions between elected Members of Parliament and the electors.
4. It would provide a platform not for constructive debate but for unfair criticism of Members of Parliament.

5. Local Government should again be reorganised in preference to an Assembly.

Ac, yn ei hunangofiant, gwna'r pwynt ychwanegol:

I am a loyal member of the Labour Party and more convinced than ever that the setting up of an Elected Assembly would be detrimental to the Labour Party in Wales.[123]

Yn ddiamau, yr oedd y cyn-drefnydd yn ei brotest yn mynegi barn a theimlad llawer o gynghorwyr lleol a swyddogion etholaethau, canghennau a wardiau'r Blaid Lafur.

O'n blaen safai rhwystr y Refferendwm, ond nid oedd modd i neb ohonom wybod y byddai'n gymaint o rwystr ac o drychineb. Hyd at hanner olaf y ganrif ddiwethaf, ni fu'r refferendwm yn rhan o'r drefn Brydeinig i benderfynu beth oedd llais y wlad. Pan gollwyd Mesur S. O. ym 1955, awgrymodd Megan Lloyd George ar goedd y byddai pobl Cymru wedi cymeradwyo'r Mesur mewn refferendwm; prin oedd y rhai a gredai'r fath beth. Y gwrthwyneb oedd yn debyg o fod yn wir. Yn aml, offeryn i gadw'r *status quo* yw refferendwm. Felly, pan lwyddodd y gwrthwynebwyr yn y Senedd i impio refferendwm yn y Mesur Datganoli, fe newidiwyd amodau'r ymgyrch yn llwyr ac ar unwaith. Bellach, roeddem ar lwybr newydd nad oedd John Morris wedi arfaethu ar ei gyfer.

Hawdd inni fod yn ddoeth wrth edrych yn ôl dros ysgwydd y blynyddoedd. Heddiw, hawdd gweld mai diniweidrwydd oedd credu y ceid corff llywodraethol etholedig i Gymru – beth bynnag y gelwid ef – ar blât, heb gael galwad oddi isod amdano.

Roeddem yn bryderus ynglŷn â beth fyddai canlyniad y refferendwm pan ddelai. Pa mor frwdfrydig a gweithgar o blaid Mesur y llywodraeth Lafur fyddai aelodau Plaid Cymru? A fyddent yn barod i'w gefnogi, ni waeth pa mor wan ydoedd, fel cam a allai arwain at y peth mwy i ddod? Byddai'n werth cael trafodaeth gyda Gwynfor Evans fel na fyddai unrhyw gamddealltwriaeth rhyngom yng nghanol y dadleuon ymbleidiol. Credwn y byddai gair Gwynfor yn Gyfraith ac yn Ddeddf. 'Efallai y gallem gael pryd o fwyd gyda'n gilydd', awgrymodd mewn llythyr ataf, 11 Medi 1978. Â'r llythyr ymlaen: 'Credaf ein bod o'r un farn mai sefydlu Cynulliad etholedig yw'r peth pwysicaf o lawer y gellir ei wneud dros Gymru'. Trefnasom i gwrdd ymhen wythnos i gymryd stoc. Bu hynny mewn tafarn/gwesty ym Mlaenau'r Cymoedd, ymhell o olwg ac o glyw'r byd, fe dybiem. Ond pwy oedd yno, â'i gefn atom, er mawr ryfeddod i ni, ond yr aelod seneddol lleol! Fel y gellir deall, bu'n rhaid ei osgoi. Yng ngoleuni'r hyn a ddysgais yn y seiat honno, argyhoeddwyd Emrys Jones y dylid sefydlu cynghrair amhleidiol, 'Pwyllgor Cymru dros y Cynulliad', i ymgyrchu dros y bleidlais 'Ie'. Bwriadwyd iddo weithio'n gyfochrog â Chydbwyllgor y Mudiad Llafur (yn cynrychioli'r Blaid Lafur, yr Undebau Llafur a'r Co-op), ond yn bennaf y tu allan i dde-ddwyrain Cymru. Dewiswyd Elystan Morgan yn Gadeirydd a'r Cynghorydd Llafur Jack Brooks yn Ysgrifennydd. Mae tuedd y dyddiau hyn i fod yn orfeirniadol o'r penderfyniad i sefydlu'r grŵp ymbarél. Y ffaith syml ac annymunol amdani oedd ei bod yn anhepgorol i godi mudiad amhleidiol *ad hoc* i gryfhau ac i ledu'r apêl gan nad oedd modd cael llywodraeth Callaghan[124] i roi, tan yn hwyr iawn yn y dydd, yr arweiniad cydnerth yr oedd dirfawr angen amdano i wrthbwyso dadleuon y gwrthddatganolwyr.

Mae gan Gwynfor Evans ddarlun trawiadol o gyfarfod cyhoeddus o blaid y Cynulliad a gynhaliwyd yn nhref Caerfyrddin:

> Yno John Morris oedd y prif siaradwr. Cytunodd ef i ddod ar yr amod na fyddwn i ar y llwyfan. Sefyll yn y cefn a wnawn i gan symboleiddio lle'r Blaid yn yr ymgyrch.[125]

A dywed Cliff Prothero:

> In fact it was a sorry sight to see the Deputy Leader of the Labour Party appearing on the same platform with Communists and Nationalists.[126]

Michael Foot oedd y Dirprwy Arweinydd, wrth gwrs; ef oedd Arglwydd Lywydd y Cyngor ac Arweinydd Tŷ'r Cyffredin. Roedd blaenoriaethau Michael Foot mewn un modd yn wahanol i flaenoriaeth John Morris. Ym 1976-79 canolbwyntiai Ysgrifennydd Cymru ar gau rhengoedd Llafur yng Nghymru er mwyn sicrhau pleidlais gref dros Fesur Cymru yn y refferendwm ac ni fedrai ysgogi gwrthwynebiad yn y rhengoedd drwy rannu llwyfan â Phlaid Cymru. Ar y llaw arall, canolbwyntiai Arglwydd Lywydd y Cyngor ar sicrhau cefnogaeth tri aelod seneddol Plaid Cymru i gynnal y Llywodraeth mewn awdurdod yn Nhŷ'r Cyffredin. Felly, byddai Foot yn fwy na pharod i rannu llwyfan cyhoeddus â Gwynfor. Yn wir, cwynai rhai Llafurwyr iddo fod yn rhy garedig yn ei wleidydda gyda Phlaid Cymru ar draul y Blaid Lafur.

Â'r arian yn brin, ymdrechodd John Morris ac Emrys Jones, ar y cyd ag Elystan Morgan a'r dyrnaid oedd ar ei bwyllgor, yn galed ond heb lwyddiant – a hynny am lawer o resymau ond hwyrach yn bennaf am nad oedd Cymru'n barod i fentro ar lwybr a allai arwain at wahaniad oddi wrth Loegr. Mae'n siŵr y gallai'r pwyllgor fod wedi gwneud rhai pethau'n wahanol ond ni chredaf y byddai hynny wedi gwneud gwahaniaeth i'r canlyniad. Ategir hyn gan Refferendwm 1997 oherwydd, serch ei chynnal o dan amgylchiadau delfrydol i'r datganolwyr, cael-a-chael fu hi bryd hynny. Roedd pleidlais drychinebus Refferendwm 1979 yn chwerw drist i'r gwladgarwyr a'r datganolwyr fel ei gilydd. Yn chwerw am fod y bleidlais yn drychinebus ym mhob rhan o Gymru ac yn chwerwach am nad oedd llygedyn o oleuni hyd yn oed yng Ngwynedd lle'r oedd y Gymraeg yn gadarn a dylanwad Plaid Cymru ar ei gryfaf. Ac yn drist am yr ofnwyd bod y Cymry wedi colli'r cyfle i sefydlu cnewyllyn cyfansoddiad ymreolaeth i Gymru am genhedlaeth, onid am byth.

7

Wedi Refferendwm '79

Y BLYNYDDOEDD wedi'r refferendwm ac etholiad cyffredinol
1979 – y naill ar ôl y llall – oedd cyfnod y tywyllwch ar y
gwladgarwyr Cymreig a'r Sosialwyr. Roedd colli Refferendwm
1979 yn ergyd na welwyd ei thebyg. Yn y bleidlais honno
gwelai rhai Cymry arwydd o'r gwarth y syrthiasai eu cenedl
iddo. Ond ni chododd yr un Cymro o feddylfryd a chyfriniaeth
y Gwyddel Padraig Pearse (1879-1916) i alw am 'brynedigaeth',
oni bai y gellir gweld yr alwad honno yn natganiad Gwynfor
Evans y flwyddyn ddilynol i ymprydio hyd angau. Eto, nid wyf
yn siŵr am hynny.

Ac wedi ethol y Blaid Dorïaidd i rym ym mis Mai 1979,
proffwydyd gan rai arbenigwyr gwleidyddol yn y Prifysgolion
fod y Blaid Lafur yn wynebu dirywiad cyffelyb i eiddo'r Blaid
Ryddfrydol ar ôl y Rhyfel Byd Cyntaf. Bu helyntion a
rhaniadau mewnol difäol yn yr etholaethau, er i'r Tueddiad
Milwriaethus fod yn llawer llai dylanwadol yng Nghymru nag
yn Lloegr. Pasiwyd penderfyniadau pwysig gan Gynhadledd
1980 a Chynhadledd Arbennig 1981 tuag at ymrwymo'r Blaid
Lafur i fynd â Phrydain allan o'r Gymuned Ewropeaidd. Rhoes
y cyfan straen enfawr ar deyrngarwch llawer iawn o aelodau
seneddol a chyn-aelodau seneddol Llafur, gan arwain yn y
diwedd at benderfyniad David Owen, Bill Rodgers a Shirley
Williams ddiwedd Ionawr 1981 i ffurfio'r Cyngor dros
Ddemocratiaeth Gymdeithasol o fewn y Blaid Lafur. Ymhen
deufis arall byddai'r Cyngor yn lansio'r Blaid Ddemocrataidd
Gymdeithasol yn blaid wleidyddol newydd ac annibynnol ar y
Blaid Lafur.[127] Clywais gan Shirley Williams iddi fod yn
ffyddiog y byddai Cledwyn yn ymuno â'r Cyngor arfaethedig.

Felly, ar drothwy ei lansiad, gwahoddodd ef i ymuno â hwy. Ond pan ddaeth ef i sylweddoli na fyddai'r Cyngor yn ddim amgen na cham at gychwyn plaid wleidyddol newydd, daeth yn glir i Shirley Williams ei fod yn gam na fyddai'n hawdd i Cledwyn ei gymryd.[128] Ei ymateb oedd y byddai'n chwilio ffordd yr oedd y gwynt yn chwythu yng Nghymru, a dyna'r cyfan. Er hynny, anfonodd Williams wahoddiad teipiedig, dyddiedig 27 Ionawr (1981), ato – un o lythyrau cyffelyb a anfonwyd at gwmni dethol, yn ôl a ddeallaf.[129] Dywed yn y llythyr:

> The Council will represent those who are willing to declare their support for the principles of social democracy. We have indicated in the declaration [Limehouse] what we believe them to be, and we have set them out in greater detail in the Open Letter three of us sent to the Guardian last July.
>
> Members of the Council will, we hope, be willing to contribute to discussions on policy matters in their own area. From time to time we hope to call the Council together to consider political and social developments and to give us the benefit of their advice and counsel. We hope you will be willing to join the Council. Should you have any queries, you can reach me at Policy Studies Institute (01 828 7055). I would very much appreciate the earliest possible reply, since we would like to issue the list within the next ten days.

Ychwanegodd ar ei waelod yn ei llawysgrifen yr ôl-nodyn hwn:

> This is for confirmation only. Please let me know how you are getting on. Welsh Trades Unionist would be very helpful.

Ni allai hi gofio yn 2005 a gafodd atebiad. Y tebyg yw nad anfonodd Cledwyn ddim ati mewn ysgrifen. Y llythyr hwn yw'r unig dystiolaeth y gwn i amdani fod un o benseiri'r Cyngor dros Ddemocratiaeth Gymdeithasol yn eiddgar i gael Cledwyn i ymuno â hwy. Ceir y llythyr heddiw ymhlith papurau Cledwyn yn y Llyfrgell Genedlaethol.

Gellid sylwi nad oedd gan y Democratiaid Cymdeithasol cyn

tua 1983-84 bolisi datganoli neilltuol gogyfer â Chymru ar wahân i'w polisi cyffredinol o gefnogi'r egwyddor o gyfundrefn Ffederal ar gyfer Prydain, ond roedd y nod hwnnw cyn belled oddi wrthym ag erioed. At hyn, yr oedd Cledwyn yn bedair blwydd a thrigain ac nid peth ysgafn fyddai iddo gilio ar y blaid a roes iddo'i gyfle gwleidyddol i weithio dros ei ddelfrydau am ddeugain mlynedd ac i beryglu cysylltiadau â hen gyfeillion y bu mor ddiolchgar am eu cyfeillgarwch. Eto, dichon fy mod yn cyfeiliorni wrth sôn am hyn oherwydd mae'n debygol iawn na themtiwyd Cledwyn o gwbl i gefnu ar Lafur. A thrwy gyfrwng y Blaid Lafur y dewisodd weithredu hyd ddiwedd ei oes.

Ymunodd tri o Aelodau Seneddol Llafur Cymru â'r blaid newydd: Tom Ellis (Wrecsam),[130] Ednyfed Hudson Davies (Caerffili) a Jeffery Thomas (Abertyleri), ynghyd â'r cyn-aelod Gwynoro Jones (Caerfyrddin, 1970-Hydref 1974). Byddai Tom Ellis a Gwynoro Jones yn aelodau blaenllaw yn y fenter. Byddai cefnogaeth Cledwyn wedi bod yn gryn gaffaeliad yng Nghymru i'r blaid newydd. Ond drwy'r dyddiau tywyllaf daliai i fod yn ffyddiog y byddai'r rhod yn troi ac y medrai Llafur adfywio. A dyna a ddigwyddodd ymhen yr hir a'r hwyr. Eto ni ragwelodd y byddai Llafur yn cael ei alltudio am ddeunaw mlynedd ac y byddai'r pendil wedi troi cymaint i'r dde. Yn hynny o beth, roedd yntau, fel y rhan fwyaf, yn cyfeiliorni.

Y Democratiaid Rhyddfrydol oedd y cyntaf yng Nghymru i alw, ar ddiwedd yr wyth degau, am i'r lluoedd radicalaidd gydweithio i gyflawni un amcan oedd yn gyffredin iddynt oll, sef corff etholedig i Gymru. Fe'u symbylwyd yn arbennig gan lwyddiant Rhyddfrydwyr a Sosialwyr yn yr Alban i sefydlu Confensiwn Cyfansoddiadol i balmantu'r ffordd tuag at Senedd i'r Alban.[131] Gwelent ei bod yn anhepgorol dod â'r Blaid Lafur yn rhan o fudiad tebyg yng Nghymru os oedd i lwyddo. Deallais gan Richard Livsey (Arweinydd Democratiaid Rhyddfrydol Cymru, 1989-92, 1997-2001) iddo geisio cefnogaeth y Blaid Lafur i'r syniad oddeutu 1989, ond heb lwyddo. Yna, wedi penodi Ron Davies yn llefarydd Cymreig, ceisiodd ddenu ei gefnogaeth yntau, eto'n ofer. Y flwyddyn ddilynol, sef 1993, gwnaeth ei olynydd, Alex Carlisle (Arweinydd 1992-97), yr un apêl, ac unwaith yn rhagor tua 1995, ond i ddim pwrpas.[132]

Erbyn 1992, dadleuai John Osmond yn y *Western Mail* y dylem ninnau yng Nghymru ddilyn arweiniad Cyfamodwyr yr Alban. Croesewais ei gyfraniad. Ac wedi canlyniad yr Etholiad ym mis Mai, a'r dyfodol mor dywyll, yr oedd ei neges yn amserol. Mewn darlith, *Cymru ar Drothwy'r Ganrif Newydd*, a draddodais i Adran Gwleidyddiaeth a Hanes Cyfoes Urdd y Graddedigion yn Ebrill 1992, cefnogais alwad Osmond.

Cafodd y syniad fendith Archesgob Cymru, Y Parchedig Alwyn Rice Jones. Cytunodd yn ddibetrus i fod yn Llywydd ar y Confensiwn arfaethedig. Ffurfiwyd pwyllgor llywio. Rhwng Awst 1992 a Rhagfyr 1993, cadeiriais ei gyfarfodydd i fraenaru'r tir.[133]

Derbyniwyd cefnogaeth gadarn gan Cytûn ond ni chafwyd cefnogaeth cyrff allweddol. Ni ddaeth yr un cynrychiolydd o Gyngres Undebau Llafur Cymru i gyfarfodydd y Pwyllgor Llywio, er i'w harweinwyr gymeradwyo'r syniad – mewn egwyddor. Gwelwyd colli arweiniad a chefnogaeth ddewr Dai Francis. Doedd dim brwdfrydedd ar ran dwy Gymdeithas yr Awdurdodau Lleol; ni allent benderfynu ar y mater heb ddealltwriaeth gyda'r aelodau seneddol Llafur. A dyna lle'r oedd yr anhawster sylfaenol. Er bod John Smith yn gefn i'r Confensiwn Albanaidd, roedd aelodau seneddol Llafur Cymru yn rhanedig ar y cwestiwn. Yr oedd John Morris, gydag awdurdod cyn-Ysgrifennydd Gwladol, yn gwrthwynebu'r holl syniad. Credai swyddogion y Blaid Lafur yng Nghymru mai cyfrwng i hybu agenda Plaid Cymru fyddai'r Confensiwn; hyd yn oed pe bai elfen o'r gwirionedd ganddynt, ni chredwn y dylai hyn fod yn derfynol ar y cwestiwn. Codais y pwnc efo Ron Davies. Ond yn ddigroeso. Credais ar y pryd mai'r rheswm am hynny oedd yr un hanesyddol hwnnw: fe wnawn ni yn ôl ein gweledigaeth yn y Blaid Lafur, ac yn ein hamser ein hunain. Ond mae'n bosibl ei fod am gelu ei wir argyhoeddiad nes deuai amgylchiadau mwy ffafriol. Rhoes un aelod blaenllaw o Bwyllgor Gwaith y Blaid Lafur ei gefnogaeth yn frwd i'r syniad ar y dechrau, ond wedi iddo ddeall am y gwrthwynebiad, oerodd ei frwdfrydedd. Tynnodd ei enw'n ôl.

Pe bai'r Confensiwn wedi ei sefydlu, roedd ganddo botensial mawr. Rwy'n bur sicr na fyddai wedi bodloni ar fod yn gylch trafod. Byddai wedi archwilio Deddf Cymru 1978 yn drylwyr a llunio gwelliannau i'w hymgorffori mewn Deddf Ddatganoli newydd. A buasai, yn arbennig, wedi ceisio lledu ysbryd o gydweithredu ymhlith y datganolwyr ym mhob plaid a'r rhai heb fod yn perthyn i unrhyw blaid, ysbryd a oedd mor brin yng ngwleidyddiaeth Cymru.

Ond Confensiwn Cymreig ni fu. Eto, nid ofer yr ymdrech i'w sefydlu. Yn wyneb y gweithgarwch hwnnw, ymatebodd Pwyllgor Gwaith y Blaid Lafur yng Nghymru ym Mehefin 1992 drwy benodi ei Chomisiwn Polisi ei hun, i ailedrych ar ei pholisi datganoli ac i'w ddiweddaru pe bai angen. Ym mis Mai 1993, cyhoeddodd y Comisiwn Adroddiad dros dro. Wedyn, ymhen dwy flynedd, ym mis Mai 1995, cyhoeddodd ei Adroddiad terfynol, 'Shaping the Vision', yn argymell sefydlu corff etholedig i Gymru ac na fyddai angen am refferendwm i'w gymeradwyo. Felly, galwai'r amgylchiadau ar y Blaid Lafur yng Nghymru i ddychwelyd at yr agenda a roddwyd o'i blaen gan James Griffiths ugain mlynedd ynghynt; yr oedd pethau'n dechrau goleuo.

8

Buddugoliaeth Dyngedfennol

GELLIR GWELD erbyn hyn fod grymusterau'r farchnad dan lywodraethau Torïaidd rhwng 1979 a 1996 wedi rheibio diwydiannau trymion Cymru, wedi dinistrio Undeb Glowyr Cymru, ond wedi arwain nifer cynyddol o Gymry i ailystyried eu gwrthwynebiad i'r mesur o ddiwygiad cyfansoddiadol a gynigwyd iddynt ym 1979. O dipyn i beth, a llawer o ddigofaint a chwerwder amlwg yn corddi yng nghymoedd y de, daeth mwy a mwy i newid eu meddwl ac i gredu y buasai'r Cynulliad a wrthodwyd ganddynt (er na fyddai ganddo'r pwerau i rwystro cau pyllau glo, gweithfeydd dur a ffatrïoedd) wedi bod yn darian yn erbyn polisïau dinistriol llywodraethau haearnaidd Mrs Thatcher. A'r wers? Y wers oedd y gallai fod perthynas rhwng amgylchiadau economaidd Cymru a'i threfn gyfansoddiadol – gwers a fu mor anodd ei hamgyffred ar hyd y ganrif. Roedd wedi cymryd can mlynedd i ddod i'r fan hon.

Ond gweledigaeth ac arweiniad y Sgotyn John Smith, yr arweinydd Llafur, fu'n brif sbardun i'r Mudiad Llafur yng Nghymru osod datganoli yn ôl ar frig y rhaglen wleidyddol yn y naw degau. Bargyfreithiwr galluog ydoedd John Smith, a chanddo feddwl clir a meistrolaeth ar fanylion polisi. Ac yntau'n Weinidog Gwladol Swyddfa'r Cyfrin Gyngor (yn ddirprwy i Michael Foot o 1976 i 1979), gwnaeth John Smith gyfraniad nodedig i adeilaeth Mesurau Datganoli y saith degau a thyfodd i fod yn ddatganolwr o argyhoeddiad. Megis yr ydym yn ddyledus i Keir Hardie am ei gymwynas â gwerin Cymru ar ddechrau'r 20fed ganrif, rydym yr un mor ddyledus i John Smith ar ddechrau'r 21ain ganrif am ei weledigaeth o werth datganoli i fywyd Cymru (ac i fywyd yr Alban). Aeth i'w fedd yn annhymig ym 1994 yn bymtheg a deugain oed, heb y cyfle i arwain gwlad ac i gyflawni ei genhadaeth. A dyfynnu geiriau ei weddw, Elizabeth (Y Farwnes Smith o Gilmorehill), yn ei haraith yn Nhŷ'r Arglwyddi ar 30 Gorffennaf 1997 mewn dadl ar y ddau Bapur Gwyn ar Ddatganoli i'r Alban a Chymru, 'I both hope and expect that we shall be able to say that a piece of unfinished business is well on its way to completion'. John Smith oedd y catalydd ond nid yw hynny'n dibrisio pwysigrwydd y gwaith anhygoel a gyflawnodd Ron Davies yn y cyfnod byr hwnnw o chwe blynedd o 1992 hyd at 1998. Gellir honni mai ef a fynegodd ysbryd datganoli orau yng Nghymru yn y cyfnod hwn.

Ganed Ron Davies yn Awst 1945. Mae'n debyg mai ef yw'r gwleidydd Cymreig cyntaf o bwys a aned ar ôl yr Ail Ryfel Byd, yn gynnyrch Cymru seciwlar ail hanner yr ugeinfed ganrif. Maged ef yng Nghwm Rhymni diwydiannol lle'r oedd y Gymraeg ac Ymneilltuaeth erbyn hynny yn prysur edwino. Cymry di-Gymraeg, yn rhan isaf y cwm, oedd ei rieni. Roedd ei dad yn weithiwr diwydiannol ac wedi bod â chyswllt â'r Blaid Gomiwnyddol am ysbaid, efallai. Athrawes ysgol gynradd oedd ei fam, a merch i siopwr (sy'n awgrymu iddi gael magwraeth mewn amgylchiadau cysurus). Hanai ei rhieni o'r wlad, o Sir Gaerfyrddin mae'n debyg – os felly, byddent yn Gymry Cymraeg, mae'n siŵr. Dywed fod ei dad yn gryn deyrn ar yr aelwyd yn ystod ei fachgendod. Ond cofia am ei fam yn ddynes alluog a rhyddfrydig ac yn boblogaidd gyda'i disgyblion yn Ysgol Machen. Er y byddai ei rieni yn gogwyddo at bleidleisio i Lafur, ac weithiau'n gwneud hynny, a'i dad hefyd yn aelod selog o'i undeb, yr AEU, a'i fam yn ddynes flaengar ei syniadau, clywais ef yn dweud nad oedd traddodiad gwleidyddol yn perthyn i'r aelwyd. Yn wahanol iawn i brofiad Jim Griffiths, Cledwyn Hughes a John Morris, ymddengys na fu'r aelwyd yn gefn o fath yn y byd iddo ef.[134]

Yn llanc deunaw oed, ar ôl iddo fethu cael lle yng Ngholeg Aberystwyth, gadawodd Gwm Rhymni i astudio daearyddiaeth yn y Coleg Polytechnig yn Portsmouth. Ai yno y dechreuodd yr ymwybyddiaeth ei fod yn Gymro egino? Yn ddiamau, roedd gan Sosialaeth ei hapêl yn gynnar iddo, oherwydd tra oedd yno ymunodd â'r *Socialist Society*. Wedi graddio, aeth i Goleg Prifysgol Cymru Caerdydd i ennill Diploma Hyfforddi Athrawon, a dychwelodd i Gwm Rhymni yn athro ysgol, yna'n diwtor-drefnydd i'r WEA, ac wedyn derbyniodd swydd ymgynghorydd Addysg Bellach gydag Awdurdod Addysg Morgannwg Ganol. Yn dair ar hugain oed, fe'i cawn yn Gynghorydd Llafur ar Gyngor Dosbarth Trefol Machen a Bedwas. Wedi Etholiad 1983, yr oedd yn Nhŷ'r Cyffredin yn aelod Llafur dros etholaeth Caerffili. Hyd y gwn, dyna'r sôn cyntaf amdano yng ngwleidyddiaeth Cymru.

Ni chymerodd unrhyw ran yng ngweithgarwch Refferendwm 1979 er bod swyddogion Llafur yn yr etholaeth ymhlith arweinwyr pwysicaf yr ymgyrch wrthddatganoli. Pleidleisiodd yn erbyn y Cynulliad a hynny, mae'n debyg, oherwydd bod Plaid Cymru (pennaf gelyn cynghorwyr Llafur Cyngor Bedwas a Machen) o'i blaid. Pe na bai ond am y rheswm hwnnw'n unig, roedd y Cynghorydd Ron Davies yn hapus i ddilyn ei arweinydd, Neil Kinnock.

Felly, yn gwbl annisgwyliedig, nid o fröydd Cymraeg y gogledd-orllewin neu'r de-orllewin eithr o ganol y de-ddwyrain diwydiannol, Seisnigedig a phwerdy gwleidyddiaeth Cymru am ran helaethaf y ganrif ac am flynyddoedd i ddod – a'r cefndir hwnnw'n ei wneud yn wahanol i'r arweinwyr datganoli blaenorol – y datblygodd Ron Davies i fod yn arweinydd ymosodol ac yn ganolbwynt i'r ymgyrch ddatganoli yng Nghymru yn naw degau'r ganrif. Sut y bu hyn?

Ni chlywais ef erioed yn awgrymu iddo gael fflach o weledigaeth – 'tröedigaeth' – am Gymru a roes gyfeiriad newydd i'w fywyd. Yn hytrach, datblygu'n raddol a sicr o tua'r flwyddyn 1982 ymlaen, ar ryw olwg ymron ar ddamwain, a wnaeth ei ymrwymiad i Gymru. Gwelsai yn yr wyth degau cynnar mor wrthddemocrataidd oedd cyfundrefn y cwangoau yng Nghymru o dan weinyddiaeth Mrs Thatcher ac mor adfydus ar gymoedd y de oedd ei pholisïau ariannol. Yn ystod ei gyfnod yn swydd Chwip Cymreig (1985-87) ymddiddorodd yn anorfod ym mhroblemau beunyddiol Cymru. Hefyd gwelai mor haerllug a dideimlad a dibris o farn yr aelodau seneddol Cymreig (cysgod o Dryweryn?) oedd agwedd gweinidog Torïaidd fel John Redwood. Tra oedd yn Llefarydd ar Amaeth a Materion Gwledig (1987-92) daeth iddo ddealltwriaeth o werth y gymuned leol a'i hanes a'i thraddodiadau, ac atebolrwydd am ei pharhad. Lledai ei ddiddordeb y tu hwnt i ffiniau gwleidyddiaeth plaid. Yn y flwyddyn 1988, penderfynodd anfon Angharad, ei ferch, i ysgol feithrin Gymraeg. Nid yw'n glir a oedd i'r penderfyniad hwn arwyddocâd cyffredinol am bwysigrwydd y Gymraeg heblaw ei fod yn arwyddo ei fod yn amgyffred gwerth addysg Gymraeg i'w blentyn. Ym myd syniadaeth, dechreuodd bori yng ngwaith yr Athro Kevin Morgan (Cadeirydd y Pwyllgor 'Ie' yn ymgyrch Refferendwm 1997), a chlywsom ef yn sôn am ei ddylanwad daionus arno, ond heb ymhelaethu ar hynny. Ni synnwn nad dyma pryd y daeth i wybod am athroniaeth a gweithgarwch Goronwy Roberts gynt. Daeth hefyd, yn yr wyth degau, i synhwyro pwysigrwydd cynyddol y Gymuned Ewropeaidd i Gymru. Am yr amrywiol resymau hyn daeth i ganfod pwysigrwydd egwyddor datganoli llywodraeth i gorff etholedig i Gymru. Tua 1989 tystiodd mai'r hyn oedd yn fwyaf priodol i gwrdd ag anghenion Cymru fyddai sefydlu Senedd Gymreig yn meddu ar bwerau deddfu llawn; dyna fyrdwn ei dystiolaeth i Gomisiwn Polisi Plaid Lafur Cymru.

Daeth yn fuan i amlygrwydd yn Nhŷ'r Cyffredin. Trwy rym ei uchelgais a'i benderfyniad a'i allu, cododd yn gyflym drwy rengoedd Llafur. Ym 1992 fe'i etholwyd i gabinet yr Wrthblaid ac, yn sgîl hynny, cafodd ei benodi gan John Smith yn Brif Lefarydd dros faterion Cymreig. Disgrifia yn ei ddarlith, 'Reflections', y dasg a roddwyd iddo gan yr Arweinydd: 'We'll need a proper Parliament in Wales, just like we'll legislate for in Scotland'.[135] Golygai hynny sefydlu cynulliad deddfwriaethol i Gymru. Dyma'r dasg anodd a'i wynebai. Ar unwaith aeth ymlaen yn eofn i'w chyflawni.

123

Ym 1992 ni wyddwn i fawr ddim amdano. Doeddwn i ddim wedi meddwl amdano fel datganolwr, nac wedi siarad ag ef. Clywais sôn gan aelodau seneddol ei fod yn gymeriad cryf, opiniynwr, yn mynnu ei ffordd ei hun ac yn sathrwr ar draed pobl. Yn wir, gallaf dystio, ar sail sgyrsiau a gefais gyda Ray Powell, aelod seneddol Ogwr ar y pryd, ac a fu mor weithgar a dewr o blaid y cynulliad yn Refferendwm 1979 (ond na chododd ei lais drosto ym 1997), ei fod wedi dod i ddirmygu Ron Davies, sy'n awgrymu nad oedd ganddo fawr o fedr i drin pobl. Yn ddiau, roedd gormodiaeth ac elfen o eiddigedd a malais ym meirniadaeth y seneddwyr ond bod rhywfaint o wirionedd hefyd. Pa mor hawdd fyddai cydweithio ag o? Ymgysurwyd yn y ffaith iddo gael ei benodi gan John Smith. A minnau'n llefarydd Llafur ar faterion Cymreig yn Nhŷ'r Arglwyddi, trefnwyd i gwrdd. Tueddai i edrych ar y byd o'r safbwynt a gysylltid â 'Hen Lafur'. Felly, synnais ei fod mor gadarnhaol at ddatganoli a'r Gymraeg. Fel yr âi'r wythnosau heibio, fe'm hargyhoeddwyd ei fod yn mynd i'r afael â'r sefyllfa. Hefyd croesawn yr arwyddion ei fod yn coleddu egwyddorion gweriniaethol; ond mae'n siŵr y byddai hynny'n gwbl annerbyniol i eraill. A pheth arall a werthfawrogwn: aeth ati, fel mater o egwyddor, i ddysgu'r Gymraeg. Dysgais yn fuan fod ganddo'r gallu i lunio strategaeth ynghyd â'r ewyllys a'r egni i ymgyrchu'n benderfynol i'w gweithredu'n effeithiol. Edmygais drylwyredd ei baratoadau a oedd yn rhagori ar ddim a welais erioed o'r blaen; edrychai fisoedd tua'r dyfodol gan ddarparu ymgyrch ledled Cymru fel na fyddai odid wythnos yn mynd heibio heb weithgareddau i feithrin barn gyhoeddus ffafriol i achos datganoli. Creodd fomentwm.

Gyda sydynrwydd ysgytwol ac yn drist tu hwnt, bu farw John Smith yng ngwanwyn 1994 ac yntau yng nghanol ei waith a chyn bod brwydrau datganoli'r naw degau eto wedi gwir boethi. Daeth Blair i mewn i'r etifeddiaeth, gan barchu'r weledigaeth a ymddiriedwyd iddo gan John Smith, er nad oedd gan Blair fawr o ddiddordeb yn yr ymgyrch ddatganoli yng Nghymru. Anodd oedd gweld bod llawer yn gyffredin rhwng Ron Davies a'r arweinydd newydd. Erbyn 1995 clywid am groestynnu rhyngddynt yn enwedig ynghylch pwerau deddfu'r Cynulliad. Mae lle i gredu iddi fynd yn gryn argyfwng ar y berthynas tua'r flwyddyn honno, a bod Davies bron yn agos at ymddiswyddo fel llefarydd Cymreig.

Yn ystod 1995 gwnaeth Ron Davies ei ddau ddatganiad pwysicaf. Y naill oedd mai 'proses yw datganoli, nid un digwyddiad'; proses sydd yn mynd yn ei blaen. Gwelai mai cam cyntaf, ond cam neilltuol bwysig tuag at rywbeth mwy, fyddai sefydlu Cynulliad Cymru pa mor annigonol bynnag a fyddai ar y dechrau. Dengys profiad mor graff oedd ei ddiffiniad o ddatganoli fel 'proses'. Y llall oedd ei addewid y byddai'r Cynulliad yn tanio 'coelcerth o'r cwangoau'. Bu'r addewid dramatig hwn yn gyfrwng i ennill llu o bleidleisiau i'r achos yn Refferendwm 1997, fe gredir. Ond daeth i fod yn bryder ymhen deng mlynedd i rai o'n sefydliadau cenedlaethol pwysicaf, fel Awdurdod Datblygu Cymru, Llyfrgell Genedlaethol Cymru, Cyngor y Celfyddydau, a Bwrdd yr Iaith Gymraeg. Felly, rhaid ymhelaethu am gefndir 'coelcerth y cwangoau'. Bu, yn ystod y cyfnod rhwng y ddau Ryfel Byd, ac y mae o hyd, deimlad cryf iawn yn y Blaid Lafur yng Nghymru o blaid Gwladwriaeth Les a bod honno'n datblygu, i raddau pell, drwy'r awdurdodau lleol. Dyna fyddai hanfod ei hagwedd weriniaethol. O ddiwedd y chwe degau ymlaen, galwodd am ddod â'r cyrff statudol ac enwebedig o dan reolaeth cyngor etholedig i Gymru. Felly, gwelir fod addewid 'coelcerth y cwangoau' yn hollol gyson â disgwyliadau aelodau'r Blaid Lafur. Ond a allai'r Cynulliad lyncu'r holl gwangoau – roedd tua thrigain ohonynt – heb gynyddu'n ddirfawr y canoli yr oeddem yn ceisio'i ddadwneud er mwyn gwella llywodraeth ddemocrataidd? A pheth arall: a fyddai rheolaeth gan y Cynulliad yn batrwm boddhaol ar gyfer pob gwasanaeth cyhoeddus? Siaredais â Ron Davies am fy mhryderon ond cefais yr argraff ei fod yn gaeedig ei feddwl ar y mater. Y peth pwysicaf iddo ef ar y pryd oedd ennill yr etholiad ac, ar ôl hynny, ennill y refferendwm; gallai'r Cynulliad ystyried drosto'i hun beth oedd goblygiadau'r polisi, a'i newid neu ei wrthod pe dymunid. Dyna fyddai ei hunanamddiffyniad.

Yn etholiad 1997, fel yn etholiad mawr 1945, cafodd Llafur oruchafiaeth ysgubol. Roedd y datganolwyr yn wên i gyd pan ymddiriedwyd awenau'r Swyddfa Gymreig i Ron Davies. Efallai nad yw pawb eto wedi sylweddoli bwysiced, hefyd, oedd bod y Prif Weinidog drannoeth yr etholiad wedi rhoi'r flaenoriaeth uchaf yn rhaglen ddeddfwriaethol ei weinyddiaeth gyntaf i ddatganoli'r gyfundrefn lywodraethol i Senedd yr Alban, Cynulliad Gogledd Iwerddon a Chynulliad Cymru. Rydym yn ddyledus i Blair am y ddau benderfyniad, er na fu ef ei hun o fawr help yn yr ymgyrch yng Nghymru.[136]

Yng ngolwg y datganolwyr, Ron Davies a Dafydd Wigley oedd y ddau gawr a rodiai gopaon gwleidyddol Cymru am yr ysbaid byr o 1992 i 1998. Nid oedd y ddau wleidydd unigolyddol, lliwgar, a pharodffraeth, Rhodri Morgan a Dafydd Elis Thomas (a fyddent ill dau yn ddwy seren ddisglair yn hanes y Cynulliad) ond hanner cam ar eu hôl. Cyd-dynnodd Davies a Wigley yn rhagorol er mor hollol wahanol eu cefndir. Byddai'r ddau'n cwrdd yn ôl y galw, i drafod problemau cyffredin ac i gyrraedd cyd-ddealltwriaeth. Deallai'r ddau ei gilydd. Meddai Wigley am eu perthynas: 'Fel yr oedd Ron yn deall fy nhacteg i, roeddwn innau'n deall ei dacteg yntau'.[137] Ni welais ddim byd tebyg i hyn o'r blaen. Dechreuwyd chwalu'r gwahanfur uchel a fu rhwng arweinwyr y ddwy blaid yn y gorffennol. Gwnaeth y ddau gryn gampwaith. Daeth yr echel Davies-Wigley yn bur agos at sicrhau dealltwriaeth a chytgord rhwng Llafur a Phlaid Cymru.

Trwy gydol ymgyrch y refferendwm, teimlwn fod môr o ddifaterwch ymhlith y mwyafrif mawr o'n cyd-Gymry am genedligrwydd Cymru. Bu defnyddio diddiwedd ar eiriau teg a breuddwydion melys Llafur Newydd fel 'moderneiddio', 'cynwysoldeb', 'lluosogrwydd', 'tryloywder', 'ffordd gynhwysol ar sail consenws', ac yn y blaen. Yna, cafwyd addewid hefyd na fyddai Cynulliad Cymru yn efelychu arferion pleidiol a chwerylgar San Steffan; yn hytrach, byddai'n 'creu democrat-iaeth newydd i Gymru' o'i heiddo'i hun ac a fyddai'n arwain at safon uwch o ddeialog gwleidyddol ac y byddai cariad brawdol yn rheoli yng ngwleidyddiaeth Cymru yn oes oesoedd. Fel'na y codwyd gobeithion uchelgeisiol. Byddai'n amhosibl eu gwireddu, o leiaf yn y tymor byr. Ac fel'na hefyd y collwyd golwg ar broblemau ymarferol y byddai'n rhaid eu hwynebu a'u datrys wrth sefydlu'r Cynulliad a'i gael i ymarfer cyfrifoldeb llywodraeth; ond ni ddylid synnu gormod – felly y mae hi i raddau gyda phob etholiad o ran hynny. Haws addo na gwneud.

Er bod y llywodraeth Lafur yn anterth ei phoblogrwydd rhyfeddol, ac er bod y Blaid Dorïaidd – yr hen elyn – wedi'i pharlysu yn yr Etholiad, a phobl yn sychedig am newid wedi deunaw mlynedd o lywodraeth un blaid, eto dim ond o drwch blewyn yr enillwyd y refferendwm ar 18 Medi 1997.[138] Gair sy'n cael ei gamddefnyddio'n aml yw 'tyngedfennol'. Ond am unwaith mae'n air sy'n briodol i'w ddefnyddio am ganlyniad Refferendwm '97. Cyrhaeddwyd penllanw gobeithion y buwyd yn aros amdano am dros gan mlynedd. Hon oedd un o'r buddugoliaethau pwysicaf yn hanes Cymru fodern. Roedd clychau buddugoliaeth yn atseinio am ddyddiau yng nghlustiau pob gwladgarwr. Llifodd y siampên. Dyrchafwyd Ron Davies yn arwr drwy Gymru.

Gwelsom mai Deddf Cymru 1978 oedd yr ymgais gyntaf gan unrhyw lywodraeth erioed i ddod â mesur o hunanlywodraeth i Gymru. Ugain mlynedd yn ddiweddarach roedd y Ddeddf honno a'r ymchwil manwl y seiliwyd hi arno (i raddau llawer iawn mwy nag y tybir yn gyffredin heddiw) yn sylfaen i Ddeddf Llywodraeth Cymru 1998. Un o gyfraniadau arbennig Ron Davies i adeiladaeth Deddf 1998 oedd mabwysiadu strwythur cabinet yn lle pwyllgorau trawsbleidiol Deddf 1978 (diwygiad y pwyswyd amdano gan Blaid Cymru a'r Blaid Dorïaidd). Ond credaf mai ei gyfraniad pwysicaf, a alwai am wroldeb a medrusrwydd, oedd argyhoeddi'r Blaid Lafur fod yn rhaid mabwysiadu egwyddor cynrychiolaeth gyfrannol ar gyfer etholiadau'r Cynulliad; heb atyniad yr egwyddor honno, mae'n amheus iawn a fyddai'r refferendwm wedi ei ennill. Ni fu'n hawdd cael y Blaid Lafur yng Nghymru i'w derbyn, oherwydd rhagwelwyd yn gywir y byddai'n cryfhau cynrychiolaeth i'r pleidiau bychain, ond mae lle i gredu na ragwelwyd y byddai hefyd yn arwain yn aml at lywodraeth glymbleidiol.

Mae'n werth sylwi y ceir yn Neddf 1998 bedwar cymal gwerthfawr i'r Gymraeg. Yn Adran 47 (1), darperir bod y Gymraeg i'w thrin ar y sail ei bod yn gyfartal â'r Saesneg yng ngwaith y Cynulliad 'cyn belled ag y bo'n briodol o dan yr amgylchiadau ac yn rhesymol ymarferol'. Yn Adran 66 (4), darperir y bydd llunio pob deddfwriaeth eilaidd yn ddwyieithog, oni bai fod drafftio dwyieithog 'yn anaddas', neu heb fod 'yn rhesymol ymarferol'. Yn Adran 122 (1), darperir bod deddfwriaeth eilaidd, a wneir yn y Saesneg ac yn y Gymraeg, yn gydradd eu statws cyfreithiol. Ac yn Adran 32, darperir y gall y Cynulliad 'wneud unrhyw beth i gefnogi yr iaith Gymraeg' gyda'r pwerau sy ganddo; hon oedd yr Adran '[f]wyaf arwyddocaol a phellgyrhaeddol o'i [g]wireddu' ym marn Bwrdd yr Iaith. Ond rhaid sylwi na osodwyd dyletswydd ar y Cynulliad i hyrwyddo a hybu'r Gymraeg.

Er cymaint a gyflawnodd Ron Davies, eto nid oedd Cynulliad 1998 yn cyrraedd y nod a roddwyd iddo gan John Smith chwe blynedd ynghynt. Yn benodol, ni lwyddodd i berswadio'r Llywodraeth y dylid rhoi pwerau deddfu sylfaenol i Gymru. Cydnabu nad oedd yn fodlon ar y pwerau a drosglwyddwyd i'r Cynulliad. Eglurodd fel y bu'n rhaid iddo blygu a derbyn model a oedd yn wallus yn ei olwg er mwyn cael cytundeb y Cabinet a'i galluogai i symud ymlaen gyda chyn lleied o ddadlau ac o oedi ag yr oedd modd: 'I knew, and so did just about everybody else, that the proposals were flawed – but politics is the art of the possible, and so we got on with what we could'.[139]

Mor rhyfedd, mor ddyrys, yw bywyd. Os bu Rhagluniaeth yn garedig wrth Ron Davies ar y deunawfed o Fedi 1997, eto ymhen blwyddyn, ac yntau yn awr anterth ei nerth, bu ffawd yn ddidostur wrtho. Yn sydyn, ar noson 26 Hydref 1998, daeth argyfwng yn ei fywyd personol. Ar unwaith, bu'n rhaid iddo ymddiswyddo o fod yn Ysgrifennydd Cymru ac yna o fod yn ddarpar Arweinydd Llafur yn y Cynulliad – a dychwelyd i'r meinciau cefn. Rhoes y newyddion anhygoel ysgytwad i bawb; bu'n benbleth ac yn siom i'r gwladgarwyr a'r datganolwyr fel ei gilydd. Sut y medrai 'eiliad o wallgofrwydd' ddinistrio mor llwyr? Gwelwyd ei golli. Ni all neb ohonom wybod a fyddai Ron Davies wedi aros yr un dyn yn y swydd. Ond mae ei record fel Ysgrifennydd Cymru, fel Llefarydd ar faterion Cymreig, y berthynas ragorol a fu rhyngddo a Dafydd Wigley, ei agwedd gadarnhaol tuag at anghenion y Gymraeg a'r dystiolaeth ei fod yn coleddu'r egwyddor weriniaethol, i gyd yn argoeli y gallasai fod yn arweinydd eofn a radical mewn cyfnod allweddol yn hanes ein cenedl.

Ar ddiwedd y flwyddyn 2002, yn fwriadol ni thalodd ei danysgrifiad aelodaeth blynyddol i'r Blaid Lafur. Ai dyma arwydd ar ei ran o 'wrthgiliad, *losing membership by default*', chwedl W. J. Gruffydd pan ymadawodd â'r Blaid Genedlaethol? Byddai Ron Davies ei hun yn gwadu hynny gan ddweud mai dyna'i brotest ef yn erbyn gwrthgiliad Llafur oddi wrth Sosialaeth. Ond go brin fod yr esboniad hwn yn argyhoeddi. Beth bynnag a'i cymhellodd, waeth pa mor galed oedd hi arno ar feinciau cefn y Cynulliad, gellir dadlau'n gryf mai camgymeriad dybryd ar ei ran oedd iddo beidio ag adnewyddu ei dâl aelodaeth. Bellach, ni fyddai drysau Transport House yn agored iddo a byddai'n peidio â bod yn aelod o'r Cynulliad ar ôl 2003. Byddai'n wynebu anialwch gwleidyddol. Collwyd o'r Cynulliad Cenedlaethol lais un o'i brif hyrwyddwyr ac fe erys bwlch ar ei ôl.

9

O Orfoledd i Realaeth

CYNHALIWYD SEREMONI agoriadol Cynulliad Cenedlaethol Cymru ar y chweched ar hugain o Fai 1999 – diwrnod i'w gofio i'r Cymry. Ni wyddom ba drefn sy fry ond byddai'n dda gennyf feddwl fod yr holl arloeswyr a oedd bellach wedi ymadael â'r fuchedd hon yn dystion i'r achlysur hanesyddol hwn ac yn gweld bod eu hysbryd yn cyniwair yn fywyd.

Cafodd Gwynfor Evans, a roes yn ddiwyro ei holl ddoniau a'i holl amser ar hyd ei oes faith i hau'r had ar dir caregog a llwm, y boddhad llwyr o weld medi cynhaeaf ei lafur. Roedd agor Cynulliad Cenedlaethol Cymru yn goron ar ei yrfa. Cafodd Cledwyn Hughes y dedwyddwch o weld Cymru ar fin gwireddu delfrydau Cymru Fydd, o'r diwedd ar derfyn can mlynedd. Eto, teimlwn fod ynddo erbyn blwyddyn olaf ei daith ryw hanner tristwch – o bosib y blinder a all ddod gyda henaint a llesgáu. Ond efallai nad yw hyn yn ddigon o esboniad ychwaith, oherwydd cofiaf ef yn dweud wrthyf mewn sgwrs yn ystod y flwyddyn honno fod angen diwygiad crefyddol i ddeffro'r wlad.[140] Erbyn heddiw mae Disgwylfa wedi cau. Oedd 'na rywbeth gwerthfawr wedi'i golli yn yr hanner can mlynedd olaf? Cafodd John Morris, y gwleidydd gweithredol, y pleser o weld gwneud iawn am y methiant ugain mlynedd ynghynt, ac, yn arbennig, y boddhad o ganfod bod Deddf Cymru 1978 wedi bod yn sylfaen i'r Cynulliad a oedd yn agor y diwrnod hwnnw. Eithr anodd meddwl y gall neb lawn amgyffred beth oedd yn mynd drwy feddwl Ron Davies a wnaethai gymaint i sefydlu'r Cynulliad, ond mwyach heb fod wrth y llyw.

Ar y dydd hanesyddol hwnnw, daeth to o wynebau newydd i'r amlwg yng ngwleidyddiaeth Cymru: rhai'n cyffroi chwilfrydedd ond y mwyafrif mawr yn amhrofiadol mewn gwaith seneddol a llywodraethol; rhai heb fod ganddynt fawr berspectif am sylfeini hanes Cymru a'i hiaith a'i diwylliant; a rhai a fu ddoe yn wrthddatganolwyr rhonc ond bellach wedi penderfynu mynd gyda'r llif. Un ffaith drawiadol am yr aelodaeth oedd bod dau ddwsin yn ferched. Ni ddylid dibrisio arwyddocâd yr arwydd hwn o dwf aruthrol yn nylanwad y ferch ar wleidyddiaeth Cymru. Yn barod, gellir adnabod ei ddylanwad ym mlaenoriaethau'r Cynulliad yn sefydlu Comisiynydd Plant, Comisiynydd yr Henoed, a'r gwaharddiad ar ysmygu mewn llefydd cyhoeddus.

Ond arweiniwyd y cyhoedd i ddisgwyl gormod. Nid tasg hawdd yw codi sefydliad cenedlaethol o'r newydd. Fe gymer rai blynyddoedd o ymarfer a phrofiad. Deil rhai o hyd i fod yn rhy barod i rwgnach am ddiffygion y Cynulliad. Ac yn arbennig mewn cyfnod fel hwn pan fo siniciaeth mor amlwg a'r cyhoedd yn colli ymddiriedaeth yng ngwleidyddiaeth y pleidiau, y gwendidau a'r diffygion sy'n chwannog i fynd â phrif sylw'r cyfryngau. 'Dyw canolbwyntio, fel y gwneir, ar yr helbulon a'r methiannau ddim heb ei beryglon i iechyd cymdeithas. Deil eraill fod y Cynulliad wedi bod yn brin o arweinwyr a fedrodd adnabod yr awdurdod a oedd ganddo o'r dechrau i wneud deddfwriaeth eilaidd a'i ddefnyddio; un o honiadau'r Prif Weinidog cyntaf, Alun Michael, a orfodwyd i'r swydd gan Blair, wrth iddo ymlafnio â'r problemau cychwynnol. Er na ddylid ofni cydnabod y bu peth sail i'r feirniadaeth honno, profwyd fod y pwerau a drosglwyddwyd i Gynulliad Cymru yn rhy wan a darniog, yn enwedig gan na roddwyd iddo'r pŵer i wneud deddfau sylfaenol mewn perthynas ag unrhyw un o'r meysydd polisi y mae'n gyfrifol amdanynt. Bu'n rhaid iddo weithredu oddi mewn i'r fframwaith deddfwriaethol a luniwyd yn San Steffan. Hyd yn oed gyda Llywodraethau Llafur yn rheoli yn Llundain ac yng Nghaerdydd ar yr un pryd, ac ewyllys da ar y ddwy ochr, gwaith caled, blinderus ac amhosibl ar adegau fu cael llywodraeth Prydain i gyflwyno deddfwriaeth sylfaenol i gwrdd â gofynion rhesymol llywodraeth Cymru. Cafwyd beirniadaeth drom gan nifer o arbenigwyr Cyfraith Gyfansoddiadol, gan Blaid

Cymru a chan aelodau'r Cynulliad o bob plaid ar y tir hwn. Galwyd yn fuan am roi i'r Cynulliad bwerau deddfu tebyg i bwerau deddfu Senedd yr Alban.

Yng Ngorffennaf 2002, penododd y Cynulliad Gomisiwn annibynnol, a'i aelodau'n cynrychioli pob plaid yn y Cynulliad, dan gadeiryddiaeth cyn-aelod seneddol Llafur a chyn-lysgennad Prydain yn y Cenhedloedd Unedig yn Washington, y bargyfreithiwr, yr Arglwydd Richard (un arall o feibion y Betws) i adolygu digonolrwydd ei bwerau a'i drefniadau etholiadol. Ym mis Mawrth 2004, cyflwynodd y Comisiwn ei adroddiad – *Adroddiad Comisiwn Richard*.[141] Fe'i croesawyd yn frwd gan arbenigwyr Cyfraith Gyfansoddiadol. Bu ei ddylanwad yn drwm. Dangosodd:

bod y ffin rhwng y cyfrifoldeb a ddatganolir i Gaerdydd a'r hyn a gedwir yn Llundain yn aneglur yn aml;

bod y Cynulliad yn dibynnu'n helaeth ar ewyllys da Whitehall a gall hynny fod yn anodd ei sicrhau pan na fydd y pleidiau a fydd yn rheoli yn Llundain a Chaerdydd ym meddu ar safbwynt gwleidyddol cyffredin;

bod achos cryf dros wahanu gwaith Llywodraeth y Cynulliad (fel gweithrediaeth) oddi wrth y gwaith a wneir gan aelodau'r Cynulliad (fel deddfwrfa);

bod anallu'r Cynulliad i wneud deddfau sylfaenol i gwrdd â'i anghenion yn wendid sylfaenol sy'n ei rwystro rhag bod yn llwyddiant gwirioneddol.

Argymhellodd:

bod gwahanu'r 'weithrediaeth' oddi wrth y 'ddeddfwrfa';

bod trosglwyddo pwerau deddfu sylfaenol i'r Cynulliad yn y meysydd datganoledig erbyn y flwyddyn 2011;

y dylid cynyddu aelodaeth y Cynulliad i'w alluogi i ymarfer pŵer deddfwriaethol sylfaenol. (Barna y dylid ei gynyddu o drigain i bedwar ugain, a byddai hynny'n golygu ychwanegu tua deng miliwn o bunnau'r flwyddyn at y gost o gynnal y Cynulliad, ond byddai'r pris hwn yn talu yn y pen draw yn nhermau polisïau mwy pwrpasol.)

Felly, hanfod yr Adroddiad oedd bod gwendidau sylfaenol yn Neddf Llywodraeth Cymru 1998 a bod angen eu cywiro. Galwodd am wneud hynny dros y chwe blynedd ddilynol. Awgrymaf ei bod braidd yn gamarweiniol sôn, fel y gwneir, am yr Adroddiad fel un unfrydol. Roedd y sefyllfa'n fwy cymhleth. Bedair wythnos wedi i'r Comisiwn gynnal ei gyfarfod olaf, anfonodd un o'r Comisiynwyr, Ted Rowlands (yr Arglwydd Rowlands erbyn hyn) lythyr byr ond trawiadol at y Cadeirydd:

Nid wyf yn credu bod y profiad a'r dystiolaeth o ddim ond pedair blynedd o'r setliad datganoli yn cyfiawnhau dod i'r casgliad, ar hyn o bryd, y dylid ei ddisodli â model amgen na chafodd ei fabwysiadu ym 1997/1998 gan lywodraeth etholedig a Senedd y dydd.

Fodd bynnag, efallai y bydd y profiad o weithredu'r setliad dros y blynyddoedd sy'n dod yn cyfiawnhau newid o'r fath. Os felly, credaf y bydd ein hadroddiad yn gyfraniad pwysig i drafodaeth wybodus. Mae'n cynnig i'r pleidiau gwleidyddol a'r cyhoedd fodel amgen cydlynol ar gyfer Cynulliad deddfwriaethol a allai, pe byddai'n derbyn cefnogaeth pobl Cymru mewn refferendwm, ffurfio sylfaen ar gyfer newidiadau cyfansoddiadol pellach.

Cyhoeddwyd y llythyr ar ei ben ei hun dan y teitl 'Llythyr at y Cadeirydd' yn Atodiad 8 ar dudalen 305, sef tudalen olaf un *Adroddiad Comisiwn Richard*. Gwelir bod Ted Rowlands wedi atal 'ar hyn o bryd' ei gefnogaeth i brif gasgliad yr Adroddiad. Y peth diddorol a phwysig yw ei fod yn arwyddo beth fyddai ymateb y ddwy lywodraeth i'r Adroddiad.

Bu llawer o drafod yng Nghymru ar yr argymhellion. Roedd y dadleuon o'u plaid ac yn eu herbyn yn eu hanfod yn hynod debyg i'r rhai a symbylwyd gan y *Trydydd Memorandwm* yn nyddiau Jim Griffiths ddeugain mlynedd ynghynt. Ar un olwg, roedd hanes yn ei ailadrodd ei hun.

Ac wrth wrando ar Rhodri Morgan yn annerch rhai o aelodau Cymreig Tŷ'r Arglwyddi ym mis Rhagfyr 2004, teimlwn ei fod ef yn bersonol yn derbyn dilysrwydd dadansoddiad Richard, ond y byddai'n rhaid iddo, cyn y gallai ymateb yn gadarnhaol i'w argymhellion, sicrhau bod ganddo gefnogaeth aelodau Llafur yn y Cynulliad ac yn Nhŷ'r Cyffredin. Wedi'r cyfan, fe ŵyr am yr anawsterau hanesyddol ymhlith aelodau seneddol Llafur ac fe ŵyr hefyd am ddyfnder yr argyhoeddiad fod y genedl Gymreig yn parhau i wynebu argyfwng ei bodolaeth. Mae'n fab i'r diweddar Athro T. J. Morgan a fu'n Gofrestrydd Prifysgol Cymru, yn Athro'r Gymraeg yng Ngholeg Abertawe, awdur y gyfrol *Y Treigladau a'u Cystrawen* a gweithiau ysgolheigaidd eraill, cyd-olygydd (gyda W. J. Gruffydd) y chwarterolyn dylanwadol *Y Llenor* (o 1946 hyd ei dranc ym 1951) ac un o gefnogwyr Gruffydd yn isetholiad y Brifysgol 1943. Pa wleidydd Llafur arall sydd o fewn y fath linach, ac o'r herwydd mor wybodus am bwysigrwydd y dreftadaeth Gymraeg?

Achlysur pwysig arall oedd agoriad swyddogol Senedd Cynulliad Cenedlaethol Cymru ar Ŵyl Ddewi 2006. Yn ei araith fer a chynnil, atgoffodd Rhodri Morgan yr aelodau o natur yr her a'u hwynebai fel gwleidyddion:

> Y gamp yn awr i ni'r gwleidyddion yw sugno ysbrydoliaeth o'r cartref teilwng newydd yma yn ystod ein trafodaethau a'n dadleuon a'n pleidleisiau gyda phob gronyn o gryfder a hygrededd sydd ar gael i ni, fel bod pobl Cymru heddiw a'r cenedlaethau a ddaw yn barnu – 'fe oedd cael yr adeilad newydd yn werth yr ymdrech!' Heddiw, yn awr, yr ydym ni i gyd yn ymrwymo'n hunain i ateb yr her honno yn eich presenoldeb chi, eich Mawrhydi, ac yn ysbryd Dewi Sant, ein nawddsant, ac o dan lygaid pobl Cymru.

Nid eglurodd Rhodri Morgan nodweddion 'ysbryd Dewi Sant' ond carwn feddwl bod yr ymrwymiad hwn yn ymgais i godi uwchlaw geiriau ystrydebol. Cofiwn mai'r her olaf a gysylltwyd ar hyd y canrifoedd maith ag enw ein Nawddsant yw 'Cadwch y ffydd a gwnewch y pethau bychain a welsoch ac a glywsoch gennyf fi'. Mae'n her sy'n berthnasol i aelodau Cynulliad Cymru.

10

Deddf Llywodraeth Cymru 2006: Cam Arall ym Mhroses Datganoli

Y<small>N</small> R<small>HAGFYR</small> 2005, cyflwynodd llywodraeth Prydain fesur seneddol (a ddaeth i fod yn Ddeddf Llywodraeth Cymru 2006) i gryfhau pwerau Cynulliad Cymru i'w alluogi i weithredu ei flaenoriaethau deddfwriaethol yn gynt, yn haws ac yn effeithiolach, i ddiwygio rhai o'r trefniadau etholiadol ac i wahanu'r 'weithrediaeth' oddi wrth y 'ddeddfwrfa'. Argymhelliad Comisiwn Richard oedd trosglwyddo pwerau deddfu sylfaenol yn syth i'r Cynulliad ar lun patrwm yr Alban, ond nid oedd hyn yn dderbyniol i'r ddwy lywodraeth. Gan mai creadigaeth refferendwm yw'r Cynulliad, dadleuwyd ganddynt mai dim ond mwyafrif etholwyr Cymru yn pleidleisio mewn refferendwm a allai newid ei natur a'i wneud yn Gynulliad Deddfwrol. Nid aethai'r Comisiwn i'r afael â'r ymresymiad hwn a brofai'n ystyriaeth mor allweddol. O dderbyn yr ymresymiad, a oedd consensws ymhlith yr etholwyr yng Nghymru yn 2006 o blaid trosglwyddo pwerau deddfu sylfaenol i'r Cynulliad? Cymysglyd iawn oedd y farn gyhoeddus. Â'r cof am siomiant Refferendwm 1979 yn fyw ac mai dim-ond-y-dim oedd hi yn Refferendwm 1997, a ellir fforddio wynebu trydydd refferendwm heb dystiolaeth fod llwyddiant yn debygol? Heb y dystiolaeth honno, byddai rhuthro i gynnal refferendwm yn gambl beryglus. Bid siŵr, nid yw'r farn gyhoeddus yn aros yn ei hunfan. Diau y bydd datganoli yn cryfhau ei apêl i bobl Cymru fel y daw Senedd yr Alban i fod yn sefydliad cryfach ac fel y gelwir yn gynyddol yn Lloegr ei hun am newidiadau cyfansoddiadol.

Ar bwnc deddfu, cynnyrch cyfaddawd o fewn y Blaid Lafur yng Nghymru yw Deddf Llywodraeth Cymru 2006.[142] Rhydd awdurdod i'r Cynulliad, drwy awdurdod y Cyfrin Gyngor, newid, ymestyn, neu ddiddymu deddfau seneddol a basiwyd yn Llundain ac i lunio deddfau newydd – yn amodol ar dderbyn caniatâd yr Ysgrifennydd Gwladol a'r ddau Dŷ Seneddol. Ydi'r ddyfais ddigynsail hon yn mynd i weithio? Cymeriad ffyddiog yw Peter Hain, yn teilyngu ei ganmol am ei gyfraniad i ddatganoli. Roedd yn ffyddiog y byddai'r pwerau newydd o help sylweddol. Ond ni ellir cuddio dibyniad trwm y drefn newydd ar: (i) ewyllys da a chydweithrediad ar ran yr Ysgrifennydd Gwladol; (ii) ewyllys da ac agwedd oleuedig tuag at anghenion y Cynulliad ar ran y ddau Dŷ; (iii) ewyllys da Prif Weinidog Prydain. Ni ellir gwarantu ewyllys da. Gall fod yn eithriadol o brin, pan fo llywodraethau o safbwyntiau gwleidyddol gwahanol yng Nghaerdydd ac yn Llundain a heb gydymdeimlad â'i gilydd, neu pan fo galw am gwtogi llym ar wariant cyhoeddus neu, eto, pe medrai blaenoriaethau deddfwriaethol y Cynulliad weithio er anfantais i'r Deyrnas Unedig ym marn Westminster. At hynny, beth pe cyfyd anghytundeb sylfaenol rhwng y ddwy lywodraeth wrth ddiffinio ystyr yr ymadrodd, 'llythyren ac ysbryd setliad 1997'? Mae'r ddibyniaeth ar ewyllys da yn awgrymu'n gryf iawn y daw'r dydd y bydd *impasse* rhwng Cynulliad Cymru a Llywodraeth a Senedd Westminster. Dyna un rheswm pam y gellir dal nad yw'r gyfundrefn newydd yn 'setliad terfynol'.

Yn wir, cydnabu Llywodraeth y DU o'r cychwyn cyntaf ym mharagraff 3.22 o'r Papur Gwyn, 'Trefn Lywodraethu Well i Gymru' a gyhoeddwyd ym Mehefin 2005:

> Fodd bynnag, efallai y gwelir yn y dyfodol bod hyd yn oed y pwerau ychwanegol hyn yn annigonol o hyd i ddiwallu anghenion y Cynulliad ac y bydd angen cael opsiwn i roi mwy fyth o bwerau deddfu iddo.

Felly, mae Deddf Llywodraeth Cymru 2006 yn corffori opsiwn o drosglwyddo pwerau deddfu sylfaenol i'r Cynulliad yng nghyswllt meysydd penodol os bodlonir tair amod: (i) bod dwy ran o dair o aelodau'r Cynulliad yn cymeradwyo cynnal refferendwm ar y cwestiwn; (ii) bod y ddau Dŷ Seneddol yn cymeradwyo ei chynnal, a (iii) bod mwyafrif etholwyr Cymru a fydd yn pleidleisio yn y refferendwm yn cefnogi'r trosglwyddiad. Hon yw un o ddarpariaethau pwysicaf Deddf 2006 oherwydd mae'n corffori mewn statud am y tro cyntaf erioed yr amodau i'w bodloni er mwyn cynnal refferendwm i awdurdodi sefydlu Senedd Gymreig.

Un o'r pethau rhyfeddaf ynghylch y ddeddfwriaeth newydd, pan gyhoeddwyd y Mesur yn 2005, oedd bod safle statudol yr iaith Gymraeg yn wannach ynddo na'r hyn ydoedd o dan Ddeddf Llywodraeth Cymru 1998. Aeth wythnosau heibio cyn y gwelwyd hynny. Dichon mai'r prif esboniad am y dallineb oedd bod y gwleidyddion wedi canolbwyntio'u sylw ar y darpariaethau i wahanu'r weithrediaeth oddi wrth y ddeddfwrfa, i gryfhau'r pwerau deddfu ac i ddiwygio'r trefniadau etholiadol ac, o ganlyniad, nid astudiwyd y cymalau iaith oedd yn y Mesur fel y dylid. Ond canfuwyd y gwendid gan nifer bychan o gyfeillion y Gymraeg.

Ceisiaf egluro'r cefndir. Gosododd Deddf 1998 ddyletswydd ar y Cynulliad i gynnal ei weithgarwch ar y sail bod y Gymraeg a'r Saesneg yn gyfartal (Adran 47). Yn sgîl y ddyletswydd hon, gwahaniaethodd y Cynulliad rhwng 'busnes' y ddeddfwrfa (sef gwaith y Cynulliad yn y Siambr, y pwyllgorau a Swyddfa'r Llywydd) a 'swyddogaethau' y weithrediaeth (y wir lywodraeth). Gwnaeth y weithrediaeth Gynllun Iaith Gymraeg yn unol â Deddf yr Iaith Gymraeg 1993 ond gan nodi bod y Cynllun yn un 'gwirfoddol' gan fod y Cynulliad yn un o gyrff y Goron. Lluniwyd 'Datganiad ar Ddarparu Gwasanaethau Dwyieithog' gan y ddeddfwrfa yn disgrifio sut y byddai gwasanaeth seneddol y Cynulliad yn darparu gwasanaethau dwyieithog yn unol â Deddf 1998. Felly, roedd y ddwy gangen o'r Cynulliad dan rwymedigaeth i weithredu egwyddor cydraddoldeb y Gymraeg a'r Saesneg wrth gyflawni eu swyddogaethau. Un o'r prif ddiwygiadau a wna Deddf 2006 yw gwahanu'n ffurfiol y weithrediaeth oddi wrth y ddeddfwrfa. Ond er bod y Mesur wedi rhoi dyletswydd ar y ddeddfwrfa i gynnal ei gweithgarwch ar sail cydraddoldeb y ddwy iaith (Cymal 35), ni osodwyd rheidrwydd cyffelyb ar y weithrediaeth. Dyna pam y gellid yn deg honni bod safle'r Gymraeg yn wannach yn y Mesur pan gyhoeddwyd ef yn 2005 nag ydoedd dan Ddeddf 1998.

Roedd ynddo fwlch pwysig arall na chafodd sylw. Tra gosodwyd gweinidogion y Cynulliad dan reidrwydd i hyrwyddo llywodraeth leol (Cymal 73), y sector gwirfoddol (Cymal 74), buddiannau busnes (Cymal 75), datblygiad cynaliadwy (Cymal 79), a chyfle cyfartal (Cymal 77) – eto, nid oedd y Mesur yn gosod arnynt ddyletswydd i hyrwyddo'r Gymraeg. Pam y gwahaniaeth? Oni ddylai hyrwyddo'r iaith Gymraeg, y trysor unigryw ym mherchnogaeth ein cenedl ni, fod yn un o ddyletswyddau sylfaenol llywodraeth Cynulliad Cymru? Pe gofynnid pa wahaniaeth a wnâi 'dyletswydd' statudol, dyma rai pethau yr wy'n gobeithio fyddai'n wahanol: (a) bod y cyllid angenrheidiol yn cael ei neilltuo o fewn y weithrediaeth i hyrwyddo'r iaith; (b) ni fyddai gweithredu i sicrhau parhad yr iaith mwyach yn fater disgresiwn i lywodraeth y dydd – byddai dyletswydd arni i wneud hynny, ac (c) byddai gan aelodau'r Cynulliad a'r gwrthbleidiau sail statudol i fynnu bod y weithrediaeth yn gweithredu ei dyletswydd i hybu'r iaith. Felly, roedd yna resymau cryfion pam yr oedd angen gwella'r Mesur.

Cytunai Bwrdd yr Iaith â'r dadansoddiad hwn. Cydweithiais yn agos ag ef i lunio gwelliant priodol a fyddai'n cau'r ddau fwlch uchod, a charwn yma gydnabod yn arbennig gyfraniad Prys Davies, ei Gyfarwyddwr Gweithredu Strategol. Tra oedd y Mesur ar ei daith drwy Dŷ'r Cyffredin, codais y ddau fater yn uniongyrchol gyda'r Swyddfa Gymreig. Am wythnosau ni chytunai'r gweision sifil fod angen diwygio'r Mesur; dadleuent fod y Llywodraeth eisoes yn hyrwyddo'r Gymraeg. Ond mae llywodraethau gwahanol yn dod ac yn mynd.

Yn y diwedd, wedi ymyrraeth Rhodri Morgan, er yn hwyr yn y dydd, ynghyd â chymorth dirprwyaeth o Fwrdd yr Orsedd,[143] cytunodd y Llywodraeth i gyflwyno gwelliant cyffelyb, bron air am air, i'r un a gyflwynwyd gennym yn Nhŷ'r Arglwyddi. Gosodwyd dyletswyddau ar weinidogion y Cynulliad ('the Welsh Ministers must . . .' yw'r geiriad statudol – a gair cryf yw '*must*'): (1) i fabwysiadu strategaeth i hybu a hyrwyddo'r Gymraeg; (2) i fabwysiadu cynllun iaith i gynnal ei fusnes ar sail cydraddoldeb y ddwy iaith yn unol â gofynion Deddf Iaith 1993; (3) i baratoi adroddiad blynyddol i'r Cynulliad ar sut y gweithredwyd y polisi i hyrwyddo'r iaith ac adroddiad blynyddol arall ar sut y gweithredwyd y cynllun iaith, a (4) i baratoi adroddiad blynyddol am effeithiolrwydd y strategaeth i hybu a hyrwyddo'r iaith. Roedd y gwelliant yn gwbl dderbyniol ac fe'i derbyniwyd yn unfrydol gan y Tŷ fel Cymal 78. Heddiw, â Deddf Llywodraeth Cymru 2006 mewn grym, fe erys y gwaith mawr i sicrhau bod Gweinidogion y Cynulliad yn cyflawni'r ddyletswydd statudol.[144] Mae arnom ddyled i Fwrdd yr Iaith, i ddirprwyaeth Bwrdd yr Orsedd, i Rhodri Morgan ac i ddyrnaid o unigolion am eu cymwynas.[145] Ond ni allwn fod yn ddibryder wrth ddarllen am yr hanesyn hwn am enedigaeth Cymal 78. Afraid dweud mai'r wers i ni yw bod rhaid wrth wyliadwriaeth fythol.

11

'Cael yn Ôl
yr Hen Dreftadaeth'

YN AIL HANNER y ganrif ddiwethaf bu tair ymgyrch genedl-
aethol i warchod ac atgyfnerthu'r Gymraeg, sef ymgyrch
1962-67 i ennill Deddf Iaith 1967, ymgyrch 1974-81 i ennill
sianel deledu Gymraeg ac ymgyrch 1983-93 i ennill Deddf Iaith
1993. Erbyn heddiw gelwir am drydedd ddeddf iaith a Choleg
Cymraeg. Gellir dweud bod hedyn bywyd yr ymgyrchoedd hyn
yn tarddu o'r egwyddorion yn narlith enwog Saunders Lewis,
Tynged yr Iaith (1962) a'i rybudd yn honno am dranc yr iaith;
egwyddorion a gafodd ac a gaiff eu datblygu a'u cymhwyso gan
rai o feddylwyr craffaf y byd Cymraeg.

Felly, gwelir bod 1962 yn agor pennod newydd yn hanes yr
iaith Gymraeg. Pan wahoddwyd Saunders Lewis gan y BBC i
draddodi darlith 1962, atebodd na allai dderbyn am nad oedd
ganddo ddim i'w ddweud ond 'ar bwnc hollol boliticaidd', sef
cyflwr a thynged y Gymraeg, ac mai neges arbennig i Blaid
Cymru fyddai honno ac nid i Gymru gyfan. Ond yr *oedd* yn
neges i Gymru gyfan. Yn ffodus, ail-wahoddwyd ef i 'draethu a
fynnwn yn llawn', ys dywedodd. Diolchwn i'r Gorfforaeth am
ail-estyn iddo'r gwahoddiad. Fel arall, a fyddai'r ddarlith wedi
ei llunio? Doedd ei neges, 'Mae'r iaith yn bwysicach na hunan-
lywodraeth', ddim yn un newydd ganddo i wleidyddiaeth
Cymru – fe'i cafwyd o leiaf ddwywaith ar dudalennau *Baner ac
Amserau Cymru* (25 Ebrill 1951 a 20 Mehefin 1951) ac eto yn ei
golofn fyrhoedlog yn y papur Sul, yr *Empire News* (23 Ionawr
1955). Ond roedd y ddarlith heriol yn argyhoeddi, o leiaf yr
ifainc. Sylwer ar y newid strategaeth: yn y dau ddegau,

sefydlwyd Plaid Genedlaethol Cymru gyda golwg, gymaint ag ar undim arall, ar greu fframwaith Ymreolaeth er mwyn diogelu parhad y Gymraeg, ond ym 1962, geilw Saunders Lewis am weithredu gwleidyddol i gryfhau statws y Gymraeg o fewn y gyfundrefn a oedd eisoes mewn bod. Ar unwaith, aeth ieuenctid Cymraeg, yn bennaf yng ngholegau Prifysgol Cymru, ati i ffurfio Cymdeithas yr Iaith, arf gwleidyddol i'r iaith Gymraeg – enghraifft dda yng Nghymru o'r ymgyrchu-un-achos a ddaeth mor amlwg a dylanwadol yng ngwledydd y Gorllewin o'r chwe degau ymlaen. Dechreuodd y Gymdeithas draddodiad o ymgyrchu'n wleidyddol gyda difrifoldeb bwriad ac egni ieuenctid i herio'r awdurdodau cyhoeddus i adfer y Gymraeg o fewn y gwasanaethau yn eu gofal a'i harddel fel iaith swyddogol.

Yn y saith degau canolbwyntiodd Cymdeithas yr Iaith a chyfeillion yr iaith yn bennaf oll ar geisio sicrhau gwasanaeth teledu Cymraeg ar y bedwaredd sianel arfaethedig. Cynhaliwyd cyfres faith o brotestiadau ac ymgyrchoedd tor-cyfraith. Ond roedd y Llywodraeth Dorïaidd (1970-74) yn mynnu gohirio gwneud penderfyniad ar y cwestiwn tan 1976, pryd y byddid yn setlo mater adnewyddu siarter y BBC.

Erbyn tua 1970, oherwydd bod mwy a mwy o wylwyr yng Nghymru yn anelu eu herialau at orsafoedd yn Lloegr ac felly'n colli'r cyfle i wylio'r rhaglenni Saesneg ar gyfer Cymru a gynhyrchid gan BBC Cymru a HTV Cymru, a bod hyn yn destun cwyn, roedd cryn gonsensws wedi datblygu rhwng Llafur a Phlaid Cymru o blaid sefydlu sianel deledu Gymraeg. Ymateb Pwyllgor Crawford a sefydlwyd ym 1973 i ymchwilio i ddyfodol darlledu yng Nghymru, yr Alban a Lloegr wledig oedd argymell ym 1974 y dylid neilltuo'r bedwaredd sianel deledu yng Nghymru i raglenni Cymraeg; bu hyn yn hwb sylweddol i'r achos. Ond roedd sefydlu sianel Gymraeg yn codi nifer o gwestiynau pwysig a chymhleth. Beth fyddai'r costau cyfalaf a'r costau gweithredu? Pwy fyddai'n ysgwyddo'r costau: Y Swyddfa Gartref? Y Swyddfa Gymreig? Y Trysorlys? Y ddau gorff darlledu (sef y BBC a'r IBA a fynnai na allent fyth fforddio gwneud hynny)? Ynteu a ellid ei rannu rhwng Adrannau'r

Llywodraeth a'r darlledwyr? Wedyn pa gorff a fyddai'n gyfrifol am ddarparu'r gwasanaeth? A ellid dyfeisio cynllun i'w ddarparu trwy gydweithrediad BBC1 a BBC2 a HTV? Gofynnwyd hefyd, gan rai, am roi'r flaenoriaeth i wella ansawdd darlledu Cymraeg. At hyn, byddai ambell un yn holi oni ddylid bodloni – er mwyn cwtogi ar y gwariant cychwynnol – ar ddarparu gwasanaeth i ddechrau ar gyfer rhai rhannau penodol o Gymru yn unig, er bod profiad Teledu Cymru yn y chwe degau wedi dangos – ac y byddai Adroddiad Gweithgor Siberry (1975) hefyd yn dangos – bod yn rhaid i'r gwasanaeth fod ar raddfa Cymru gyfan.

Yn wahanol i'w ragflaenydd, Peter Thomas – Ysgrifennydd Cymru yn llywodraeth Edward Heath (1970-1974) – daeth John Morris i weld mor hanfodol oedd sicrhau sianel deledu Gymraeg os oedd Cymru i geisio gwrthweithio'r dirywiad arswydus yn safle'r Gymraeg a'i diwylliant fel yr amlygwyd mor glir yng Nghyfrifiad 1971 a gyhoeddwyd ym 1973. Ymhellach ymlaen, ym 1977, byddai Morris yn cael ei ysgwyd hefyd gan adroddiad brawychus Arolygwyr Ysgolion ar safle bregus y Gymraeg yn ysgolion cynradd Gwynedd, Powys a Dyfed. Ofnai y byddai tor-cyfraith difrifol yn y wlad oni cheid sianel deledu Gymraeg. Ond nid oedd gan y Swyddfa Gymreig gyfrifoldeb statudol am y gwasanaeth radio a theledu – y Swyddfa Gartref oedd (ac sydd o hyd) â'r cyfrifoldeb hwnnw trwy holl wledydd y Deyrnas Unedig. Fel y dywedai'r Swyddfa Gartref yn gwbl gywir am ddarlledu yng Nghymru: '. . . the arrangements for broadcasting matters generally fall within the responsibility of the Home Secretary and not the Secretary of State for Wales'.[146] A byddai gan Adran Masnach a Diwydiant a Swyddfa'r Alban ddiddordeb mewn unrhyw newidiadau sylfaenol yn y gwasanaeth darlledu yng Nghymru. Ond goruwch yr holl Adrannau safai'r Trysorlys; byddai'n rhaid i'r gwariant ar wasanaeth teledu fod o fewn cyfyngiadau ariannol y Canghellor.

O fewn mis ar ôl ei benodi'n Ysgrifennydd Cymru, mewn llythyr at Ysgrifennydd y Swyddfa Gartref, Roy Jenkins (mab i

Arthur Jenkins, cyn-löwr ac Is-Lywydd Ffederasiwn Glowyr De Cymru), cododd John Morris gwestiwn y bedwaredd sianel deledu yng Nghymru a rhoddodd wybod iddo bwysiced oedd darparu sianel deledu Gymraeg, a hynny'n ddi-oed, ac y byddai'n disgwyl i'r Swyddfa Gartref gadw mewn cysylltiad agos â'r Swyddfa Gymreig wrth ddatblygu ei pholisi darlledu ar gyfer Cymru. Cododd y mater ar lefel uchaf y llywodraeth, yn ystod haf 1974, pan roddodd wybod i'r Prif Weinidog ei hun fod sefydlu sianel Gymraeg yn un o wir anghenion y Gymraeg. Gellir gweld yma enghraifft o'r beiddgarwch hwnnw yng nghymeriad John Morris y soniais eisoes amdano.[147]

O'r cychwyn gwelai'r Swyddfa Gartref fod cais Morris yn arwain at fynyddoedd o broblemau. Ac erbyn Ionawr 1976 roedd y problemau wedi dwysáu. Un o'r problemau oedd prinder cyllid. Ysgrifennodd Joel Barnett, (Prif Ysgrifennydd y Trysorlys) at Roy Jenkins,[148] yn ei rybuddio yn erbyn gwariant ar sianel ddarlledu Gymraeg newydd:

> I am bound to say that even if you or John Morris were to offer to find offsetting savings, I should see a grave presentational disadvantage in the suggestion that, at a time when the Government is making strenuous efforts to restrict public expenditure, a new project of this nature should be started.

Ym 1977, olynwyd Roy Jenkins gan Merlyn Rees, un o feibion Cilfynydd a wreiddiwyd yn y traddodiad radical Cymraeg a Chymreig, er i'w deulu orfod symud i ardal Wembley ar ôl Streic Fawr 1925. Roedd yn fwy ffafriol tuag at anghenion y Gymraeg nag yr oedd Jenkins, ond er hynny ni fedrai anwybyddu awdurdod y Trysorlys. Ac erbyn hyn barnai un gwas sifil yng Nghaerdydd nad oedd fawr mwyach i'w ennill o barhau'r frwydr flinderus am y sianel. Ond gwyddai John Morris fod y sefyllfa'n dwysáu. Daliodd ati i ymladd y frwydr gyda'r Swyddfa Gartref a'r Trysorlys. Ei nod oedd cychwyn ar sefydlu gwasanaeth teledu Cymraeg na fyddai'n rhy gostus ar y dechrau, gan ei gadael i eraill ei gryfhau pan fyddai'r economi'n gwella. O'r diwedd, ym mis Gorffennaf 1978, daeth buddugoliaeth. Cyhoeddodd y Llywodraeth Lafur y byddai'r bedwaredd sianel yn dechrau darlledu yn hydref 1982. Ar 6 Mawrth 1979, cyflwynodd Merlyn Rees Fesur Awdurdod Darlledu Annibynnol yn Nhŷ'r Cyffredin. Deddf fer iawn o dair o adrannau yw Deddf Ddarlledu 1979 yn rhoi'r hawl i'r Awdurdod Darlledu ddarparu cyfalaf ar gyfer codi trosglwyddyddion a darpariaethau peiriannol eraill i sicrhau bod y gwasanaeth Cymraeg yn dechrau yn hydref 1982.

Etholwyd Llywodraeth Geidwadol ym 1979 ac yn Anerchiad y Frenhines, cafwyd addewid am sianel Gymraeg a fyddai'n cael ei rhedeg ar y cyd rhwng yr IBA a'r BBC. Ond ym mis Medi yn ei araith i'r Television Society, cefnodd William Whitelaw, yr Ysgrifennydd Cartref, ar yr addewid. Mewn gwlad ddemocrataidd mater pur sobr yw torri addewid gwleidyddol. O fewn mis, gweithredodd Dr Meredydd Evans, y Parchedig Brifathro Pennar Davies a Ned Thomas, golygydd *Planet*, i ddiffodd y trosglwyddydd teledu ar fynydd Pencarreg 'yn gyhoeddus agored ... heb ddwyn trais yn erbyn unrhyw berson', er mwyn tynnu sylw at y tor-addewid a dyfnder ei oblygiadau i'r Gymraeg.[149]

Daeth brwydr y bedwaredd sianel i'w hanterth ym mis Mai 1980 pan gyhoeddodd Gwynfor Evans ei fwriad i ymprydio ar y chweched o Hydref ac i barhau'r ympryd hyd angau pe bai rhaid oni ddychwelai'r Llywodraeth Geidwadol at ei haddewid etholiadol i neilltuo'r bedwaredd sianel i'r Gymraeg. Fe ddywedir nad anghofiasai Gwynfor am fethiant yr ymdrech i amddiffyn Cwm Tryweryn chwarter canrif ynghynt a bod ei benderfyniad i ymprydio i geisio sicrhau sianel deledu i'r Gymraeg yn gwneud iawn am y methiant hwnnw. Yn y weithred honno dangosodd nerth a gwroldeb anghyffredin. Mae cofiant Rhys Evans, *Gwynfor: Rhag Pob Brad*, yn cyflwyno tystiolaeth sydd yn newydd i lawer ohonom am stad meddwl Gwynfor yr adeg honno ac yn arwyddo bod deunydd merthyrdod yn y safiad. Pwy arall, drwy'r holl ganrif (ac eithrio Saunders Lewis), a allasai ysgrifennu: 'Yr oeddwn yn ddigon hunandybus i gredu mai dim ond gweithred gen i a gyffyrddai ddigon â chalon Cymru i weddnewid y sefyllfa'?[150] A byddai eisiau cryn ddewrder i unrhyw un o'r teulu Cymraeg feiddio amau ar goedd (a) ai neilltuo'r rhaglenni Cymraeg i un sianel oedd y dewis gorau, yn hytrach na chael mwy o raglenni Cymraeg ar draws nifer o sianelau, er mwyn ceisio sicrhau mwy o wylwyr na'r un sianel yn unig; a (b) a oedd y dull hwn o weithredu yn addas ac yn gyfiawn mewn democratiaeth seneddol. Nid oedd dim cwestiynu i fod ar benderfyniad Gwynfor. Ond dyna beth a wnaeth Jennie Eirian Davies, golygydd y *Faner* – un o olygyddion eithriadol y papur, yn ei herthyglau golygyddol.[151] Mynnodd fod i 'bob barn ei llafar'. Ymatebodd rhai darllenwyr trwy beidio â phrynu'r *Faner*. Teilwng yw cofnodi'r geiriau a ddefnyddiodd Jennie Eirian yn ei Golygyddol ar 3 Hydref 1980 wedi elwch a chwerwder y frwydr: 'Ninnau a lusgwyd drwy uffern brwydr y sianel, onid yw'n bosibl ein bod yn lanach rywfaint wedi'r purdan. Bawb ohonom'. Bu farw Jennie Eirian ymhen dwy flynedd wedi'r storm – mewn amgylchiadau neilltuol drist. Ganddi hi'n unig y cafwyd y weithred o hunan-aberth.

Beth allasai ddilyn yng Nghymru pe bai Gwynfor yn marw o'i ympryd? Hwn oedd y cwestiwn gofidus a phryderus a ofynnwyd. Yn sicr, byddai'n arwain at gyfnod o gynnwrf ledled y wlad. Mae'n bosibl y byddai eraill yn mynnu dilyn ei esiampl. Eisoes yr oedd protestio nerthol yn y wlad ac ar faes Eisteddfod Dyffryn Lliw 1980 yn erbyn y Llywodraeth ac mewn cydymdeimlad â Gwynfor. Ac eto, yno, ar y Maes, mewn darlith a draddododd i Urdd Graddedigion Prifysgol Cymru,[152] ceir Cledwyn Hughes yn taro nodyn gobeithiol. Meddai:

> Ond yr wyf fi'n bersonol yn gwrthod digalonni . . .

Rhagwelai:

> . . . allan o ferw a helynt a chyffro'r amser presennol, fe ddaw gweledigaeth newydd a chyfle newydd.

Ond pa 'weledigaeth newydd'? Pa 'gyfle newydd'? O ble? A pha bryd? Ni fanylodd. Rwy'n amau a allai ymhelaethu ar hynny. Pwy fedrai y flwyddyn honno fod yn optimistaidd am waredigaeth i Gymru a'i chymunedau ar wahân i ddilynwyr pybyr Mrs Margaret Thatcher?[153] Felly, ymgais a geir yn narlith Dyffryn Lliw ar ran gwladweinydd Cymreig i gysuro'i genedl.

Ni allwn beidio â sylwi ar y tebygrwydd rhwng neges Cledwyn a'r Gobaith a draethwyd gan Archesgob Cymru, y Parchedicaf Gwilym O. Williams, yn ei 'Annerch i'r Cymry', Gŵyl Ddewi'r flwyddyn ddilynol ac y gellir ei ddarllen yn y *Faner* (rhifyn 27 Chwefror 1981). Codaf rannau perthnasol ohoni:

> Mae fel petai iselder ysbryd wedi cydio ym meddwl y genedl a'i bod yn ei gweld ei hun yn dda i ddim, heb allu diogelu ei dyfodol . . .
>
> Anodd iawn mewn sefyllfa fel hon yw dyfalbarhau yn hyderus. Mae'n haws syrthio i bruddglwyfni difater, lle mae llid yn mudlosgi, neu'n ffrwydro mewn gweithred o drais.
>
> Lawer gwaith yn ein hanes llewyrchodd goleuni'r efengyl i drawsnewid y sefyllfaoedd tywyllaf a'n codi ar ein traed. Mae'n hanes nobl yn hanes i ymfalchïo ynddo ac yn hanes i'w barhau; ond amod y parhad yw gwybod bod gennym Dduw yr ydym yn atebol iddo.
>
> Hyn sy'n gwneud neges Gŵyl Ddewi mor amserol eleni. Geilw arnom i godi'n calonnau a chredu bod meddyginiaeth i'w chael.

Gellir awgrymu mai'r ffydd a'r Gobaith Cristnogol a leisiwyd gan yr Archesgob oedd sail safbwynt gobeithiol Cledwyn yn Nyffryn Lliw.

Ond roedd gofidiau'r gwleidyddion ac arweinwyr y bywyd Cymraeg yn crynhoi. Eisoes roedd y sefyllfa'n mynd yn fwyfwy hyll. Wythnos cyn yr Eisteddfod, cafodd Cledwyn Hughes wybodaeth yn gyfrinachol gan Syr Hywel Evans, pennaeth y Swyddfa Gymreig, nad oedd sôn am gyfaddawdu ar ran y Llywodraeth.[154] Felly, byddai'n rhaid chwilio am atebiad ymarferol a fyddai'n dderbyniol i'r Llywodraeth ac a fyddai, ar yr un pryd, yn cwrdd â'r amodau eithriadol fanwl – dysg Gwynfor yn y Gyfraith – a oedd wedi'u gosod yn soled yn y datganiad i ymprydio ac, felly, i ganiatáu i Gwynfor beidio â mynd ymlaen gyda'i fwriad. Dyma'r amodau penodedig:

> bod y Llywodraeth yn penderfynu sefydlu gwasanaeth Cymraeg yn bennaf ar ei chost hi am bum awr ar hugain yr wythnos, ar yr oriau brig, o dan reolaeth Gymreig, ar y bedwaredd sianel, a'r gwasanaeth i ddechrau yng Nghymru cyn bod defnyddio'r sianel yn Lloegr.

Yno, yn yr Eisteddfod yn Nyffryn Lliw, yr oedd rhai o fawrion y byd Cymraeg wedi ymgynnull. Cawsant gyfle da yno i ystyried beth oedd y dewisiadau. Ymhen wythnos arall, gofynnodd Llys yr Eisteddfod i Cledwyn arwain dirprwyaeth at William Whitelaw, gyda'r Archesgob Gwilym Williams (a fu'n gohebu â Whitelaw ar y mater) a Syr Goronwy Daniel, i geisio perswadio'r Swyddfa Gartref i newid ei meddwl. Ceir dadansoddiad gofalus o'r argyfwng, a sylwedd y drafodaeth rhwng y ddirprwyaeth a'r Gweinidog Cartref, yn *Gwynfor: Rhag Pob Brad*. O fewn wythnos, newidiodd y Llywodraeth ei pholisi: cyhoeddodd y byddai'n sefydlu sianel deledu Gymraeg, i ddechrau am gyfnod arbrofol o ddwy flynedd i weld a fyddai'n llwyddo.

Beth pe gofynnid pwy fu'n gyfrifol am sefydlu S4C? Gwynfor? Tri gŵr doeth y ddirprwyaeth o'r Eisteddfod? Y Llywodraeth? Mae'n rhesymol tybio mai'r penderfyniad i ymprydio hyd angau oedd yn allweddol. Oni bai am y penderfyniad cychwynnol hwnnw, mae'n debygol iawn na fuasai galw am ddirprwyaeth ac ni fuasai ailfeddwl. Eto, ni ddylid anghofio'n llwyr am weithgarwch dygn, blinedig, a rhwystredig John Morris o 1974 i 1978 i ennill ymrwymiad gan y Llywodraeth Lafur i sefydlu'r sianel deledu Gymraeg; adfer yr ymrwymiad hwnnw oedd nod y penderfyniad i ymprydio.

Yn y misoedd wedi ennill brwydr y bedwaredd sianel, ni fu ymgyrchwyr ifainc Cymdeithas yr Iaith – llawer ohonynt yn blant i orymdeithwyr ymgyrchoedd iaith y chwe degau – yn aros yn hir cyn codi'r faner i frwydr newydd 'dros hawliau'r Gymraeg' a heb gyfri'r gost iddynt eu hunain. Er mor anhepgorol ydoedd, ac er mor ddylanwadol fyddai S4C, ni allai'r Sianel Deledu ar ei phen ei hun ddiogelu dyfodol y Gymraeg. Byddai'n rhaid wrth ddeddfwriaeth iaith gynhwysfawr i weithredu egwyddor dilysrwydd cyfartal Deddf Iaith 1967. Ym 1982, galwodd y Gymdeithas am Ddeddf Iaith newydd. Dadleuwyd gan rai, fel y dadleuwyd ar hyd y blynyddoedd ac o hyd, 'ni ellir achub iaith drwy statud'. Go brin fod neb mor ddiniwed â chredu y gall Deddf Seneddol ar ei phen ei hun achub ac adfer iaith. Ond ni ddylid am funud danbrisio dylanwad y Llyfr Statud. Gall fod yn enfawr dros gyfnod o amser ar fywyd a ffasiwn. Ar y naill law, gall wanhau iaith yn sylweddol iawn fel y gwnaeth Deddf Uno gyntaf 1536 neu, ar y llaw arall, gall hyrwyddo amodau ffafriol i'w dyfodol fel y gwnaeth Deddfau Iaith 1942, 1967 a 1993.

Gwahoddwyd rhyw bymtheg o unigolion ac oddeutu chwech ar hugain o gyrff cyhoeddus, gwirfoddol ac enwadol, i anfon cynrychiolwyr i gyfarfod arbennig yn y Drenewydd ar 16 Gorffennaf 1983 i drafod yr angen am Ddeddf Iaith newydd. Ni ddaeth namyn deg i'r cyfarfod – siomiant. Er hynny, ffurfiwyd gweithgor, dan gadeiryddiaeth yr Athro Dafydd Jenkins, i gasglu gwybodaeth am annigonolrwydd Deddf Iaith 1967, ac i lunio argymhellion. Yr Ysgrifennydd oedd Dr Meredydd Evans. Erbyn hyn, roeddwn yn Nhŷ'r Arglwyddi lle cydweithiwn yn arbennig o glòs efo Cledwyn Hughes ar faterion Cymreig. Ef oedd Arweinydd yr Wrthblaid yno, ac yn fawr ei barch yn y Tŷ a chan yr esgobion, yn neilltuol felly. Yn rhinwedd ei swydd, daeth yn aelod o Gabinet yr Wrthblaid o dan arweiniad Neil Kinnock. Cyfrannodd Cledwyn yn swmpus yn yr Ail Dŷ yn yr wyth degau i sicrhau bod y Blaid Lafur, wedi corwynt y refferendwm, yn dod yn ôl i ymateb yn adeiladol i ofynion cenedlaethol Cymru. Cyfrannodd gymaint â neb i sylweddoli'r nod hwnnw. Rwy'n bur sicr na fu heb ddylanwad ar Neil Kinnock. Gan nad oedd y Swyddfa Gymreig yn gweld (neu ei bod yn dewis peidio â gweld) angen deddfwriaeth iaith gryfach, roedd amheuaeth a ellid ennill deddf newydd heb gefnogaeth prif awdur Deddf Iaith 1967.

Clywais holi ugeiniau o weithiau: 'Beth ydi barn Cledwyn?'.
Bron yn ddieithriad gallwn ateb beth oedd yn ei feddwl. Ond
pan grybwyllais wrtho gyntaf ym 1983 fod galw am Ddeddf
Iaith newydd, petrusodd. Oni ddylid rhoi mwy o gyfle i Ddeddf
1967 brofi ei gwerth? Teimlwn ei fod, efallai, yn barnu ein bod
yn orfeirniadol o Ddeddf 1967. Beth bynnag oedd ei reswm, ni
fedrwn ei ddarbwyllo i lywyddu'r Gynhadledd Genedlaethol
yng Nghaerdydd (1985) i lansio'r ymgyrch am ddeddf newydd.
Cytunwyd i anghytuno. Ymhen rhai misoedd, daeth i gytuno'n
llwyr fod angen deddf iaith newydd. Daeth Neil Kinnock i gyd-
weld ag ef. Gyda help allweddol Bwrdd yr Iaith anstatudol, dan
gadeiryddiaeth John Elfed Jones, ac yna cymorth uniongyrchol
Wyn Roberts yn y Swyddfa Gymreig, enillwyd honno ym 1993,
ond nid heb ymgyrch egnïol Cymdeithas yr Iaith a fu'n gostus i
lawer o'i haelodau a'u teuluoedd.

Disgrifir Deddf yr Iaith Gymraeg 1993, yn ei rhaglith, fel
Deddf 'i sefydlu Bwrdd Iaith a chanddo'r swyddogaeth o
hyrwyddo a hwyluso defnyddio'r Gymraeg'. Yn sgîl diffinio
swyddogaethau'r Bwrdd – ac felly'n atodol – y cyflwynwyd yr
egwyddor newydd y dylai'r cyrff cyhoeddus drin y Gymraeg a'r
Saesneg ar y sail eu bod yn gyfartal cyn belled ag y bo hynny'n
'briodol o dan yr amgylchiadau' ac yn 'rhesymol ymarferol'. Ar
lawer ystyr, byddai'n gywirach galw'r Ddeddf hon yn Ddeddf
Bwrdd yr Iaith Gymraeg. Serch hynny, roedd sefydlu Bwrdd yr
Iaith statudol yn newid arwyddocaol; gellir edrych arno fel
cydnabyddiaeth fod y wladwriaeth Brydeinig – a fu mor
elyniaethus am ganrifoedd i'r Gymraeg – bellach o dan
ddyletswydd i'w hyrwyddo ar sail ei chydraddoldeb â'r Saesneg.
Felly, roedd yn gam mawr ymlaen. Rhan helaeth o waith y
Bwrdd statudol fu cytuno cynnwys, arolygu a diwygio
'Cynlluniau Iaith' y cyrff cyhoeddus. Erbyn 2007,
cymeradwywyd dros 450 ohonynt. Newyddbeth i ddeddfwr-
iaeth iaith oedd y Cynllun Iaith. Medrai fod yn gyfrwng i
gryfhau defnyddio'r iaith ym mywyd cyhoeddus Cymru, er y
byddai perygl y gallai mewn rhai ardaloedd dueddu i
gyfiawnhau'r *status quo* lleol. Pan oedd y Mesur gerbron y

Senedd, canolbwyntiwyd ar ei wella'n helaeth. Ymdrechwyd yn ddygn i'w wneud yn debycach i'r hyn y dylai gwir Ddeddf Iaith fod. Cynigiwyd tua deg ar hugain o welliannau gerbron dau Dŷ'r Senedd ond, ysywaeth, fe'u gwrthodwyd bob un gan y Llywodraeth. Nid yw'n syndod bod galw heddiw am Ddeddf Iaith newydd.

Yn Ionawr 2006 cyhoeddodd Bwrdd yr Iaith ei *Bapur Safbwynt ar Sefyllfa Ddeddfwriaethol y Gymraeg*, yn galw am ddeddfwriaeth iaith bellach er sicrhau bod yr iaith yn berthnasol i bob agwedd ar fywyd, a galwodd hefyd am gydnabod 'hawliau ieithyddol' yn rhan o agenda cydraddoldeb dinesydd gerbron y Gyfraith. Fe'i dilynwyd â *Drafft Fesur yr Iaith Gymraeg 2007* a gyhoeddwyd gan Gymdeithas yr Iaith. Ymddengys i mi fod y ddwy ddogfen ymhlith y rhai pwysicaf a gyhoeddwyd ar ffawd yr iaith. Ond mae lle i ofni na fydd eu gweledigaeth yn dderbyniol heb chwyldro meddyliol ar ran y Cynulliad ac yn y coridorau ym Mharc Cathays.

Ers pasio Deddf Iaith 1993, daethom yn fwyfwy ymwybodol o fodolaeth deddfwriaeth gydwladol sy'n berthnasol i fuddiannau'r Gymraeg. Dilysodd Llywodraeth y DU y Siarter Ewropeaidd ar gyfer Ieithoedd Lleiafrifol neu Ranbarthol, a llofnododd y Confensiwn Fframwaith er Gwarchod Lleiafrifoedd Cenedlaethol. Trafodwyd perthnasedd y ddeddfwriaeth hon yng ngholofn olygyddol *Barn*, Rhifyn Mai 2005. Efallai nad yw'r Confensiwn Fframwaith yn ymddangos yn uniongyrchol berthnasol yn amgylchiadau Cymru. Eto, mae'r syniad bod lleiafrifoedd cenedlaethol yn meddu ar hawliau gerbron y Gyfraith yn symbyliad i barhau i chwilio am bolisïau newydd a all helpu i ddiogelu dyfodol y cymunedau Cymraeg.

Yn Nhachwedd 2004, cyhoeddodd Cabinet y Cynulliad fod Bwrdd yr Iaith i'w ddiddymu (erbyn Ebrill 2007)[155] ac y trosglwyddid ei swyddogaethau'n uniongyrchol i'r Cynulliad, ac eithrio dyfarnu ar achwynion. Trosglwyddid y swyddogaeth honno i Adran Dyfarnydd, i'w chreu gan Fesur Seneddol. A Bwrdd yr Iaith statudol yn rhan o Lywodraeth y Cynulliad, ni fyddai gennym wedyn gorff statudol i fod yn warcheidwad annibynnol dros y Gymraeg a'i buddiannau, ac i gynghori Llywodraeth y Cynulliad am anghenion y Gymraeg. A fyddai hynny'n cryfhau sefyllfa'r Gymraeg? Gwêl rhai fod yng Ngwlad y Basgiaid fodel datblygu iaith y gallai Cymru ei ddilyn. Yno, y mae Adran Datblygu'r Iaith Fasgeg yn rhan annatod o'r llywodraeth, ac yn llwyddiant. Serch hynny, efallai bod ein problem ni yng Nghymru yn wahanol i'r broblem yng Ngwlad y Basgiaid – o leiaf ar hyn o bryd ac am rai blynyddoedd i ddod. Mae Llywodraeth y Basgiaid ei hun yn meddu ar weledigaeth ysblennydd am le'r Fasgeg ym mywyd y wlad, a'r weledigaeth glir honno sy'n gwthio polisi Adran Datblygu'r Iaith. Ni welaf arwyddion fod y Cynulliad eto'n meddu ar weledigaeth gyffelyb mewn perthynas â lle'r Gymraeg ym mywyd Cymru. Heb y gyfryw weledigaeth, mae dadl gref iawn dros gryfhau Bwrdd yr Iaith presennol yn sylweddol, fel bod gennym Awdurdod Iaith, a fydd yn annibynnol i'r graddau mwyaf (sy'n bosibl i gwango) ar lywodraeth y dydd.

Yn ystod yr hanner canrif diwethaf, ymgyrchwyd am ddeddfwriaeth i gryfhau'r Gymraeg yn llysoedd, ysgolion a bywyd cyhoeddus Cymru. Os na fu gwyrth, fe fu datblygiadau gwerthfawr dros ben o ganlyniad i Ddeddfau Iaith 1967 a 1993 a Deddf Addysg 1988. Heddiw, gelwir am ddeddf i gau'r bylchau yn Neddf 1993 ac i gydnabod hawliau ieithyddol siaradwyr y Gymraeg.

At hyn, gelwir am ddeddfwriaeth i warchod parhad y gymuned Gymraeg lle mae cyfartaledd o tua 70 y cant o'r boblogaeth yn rhugl yn y Gymraeg. Mawr oedd fy mraint o gael fy magu mewn bro oedd yn drwyadl Gymraeg a Chymreig ei threftadaeth, sef plwyf Llanegryn yn ne-orllewin Sir Feirionnydd. Pan oeddwn i'n blentyn, yr oedd 23.8 y cant o'i drigolion yn dal yn Gymry Cymraeg uniaith, yn ôl Cyfrifiad 1931. Sylweddolwyd erbyn y saith degau fod y Gymuned Gymraeg yn crebachu'n anhygoel o gyflym. Yn ôl Cyfrifiad 1991, nid oedd yn aros ond 81 o fröydd lle'r oedd mwy na 70 y cant yn rhugl yn y Gymraeg ac yn ei defnyddio yn eu bywyd bob dydd (155,000 o siaradwyr). Erbyn Cyfrifiad 2001 yr oedd

151

eu nifer wedi gostwng yn drawiadol i 54 (81,000 o siaradwyr). O safbwynt Llanegryn yn benodol, erbyn heddiw mae poblogaeth y plwyf wedi cwympo draean o'r hyn ydoedd ym 1931, sef i lawr i 299; y Cymry Cymraeg uniaith (ar wahân i blant 3-5 oed) wedi darfod amdanynt; y boblogaeth Saesneg uniaith wedi codi i 40 y cant, tra bo'r boblogaeth sy'n siarad y ddwy iaith wedi disgyn i 60 y cant.

Oni ddaw newid – sydd ar hyn o bryd yn anrhagweledig – mae'n ofnus y bydd yr olaf o'r cymunedau Cymraeg wedi darfod o fewn y ddwy genhedlaeth nesaf. Os digwydd hynny, bydd y Gymraeg, ar ôl mil a hanner o flynyddoedd, wedi cyrraedd pwynt newydd yn ei hanes. Y tebygolrwydd yw y bydd yn bwynt di-droi'n-ôl a bydd y Gymraeg wedi colli un o'i ffynonellau pwysicaf.

Mae'n amlwg fod tri phrif reswm am yr argyfwng: (1) y mewnfudiad estron sy'n codi prisiau tai lleol ymhell o gyrraedd y bobl leol; (2) allfudiad Cymry ifainc – rhai o ddewis ond eraill o reidrwydd, a (3) atyniad oesol y trefi mawr. Mae'r all-lifiad yn hen, hen broblem. Yn ei ddarlith ar 'Social Life in Rural Wales',[156] a draddododd ym 1894, gofidiai T. E. Ellis am lawer o'r newid ysgubol o'i gwmpas, ond gallai ymgysuro yng ngeiriau Ceiriog:

> Ond mae'r heniaith yn y tir
> A'r alawon hen yn fyw.

Dyna sicrwydd a gollwyd. Ac efallai y bydd ambell ddarllenydd yn cofio fel yr ysgrifennodd O. M. Edwards am y dylifiad o lethrau'r Berwyn yn y ddeunawfed ganrif yn ei ragymadrodd hiraethlon i *Beirdd y Berwyn*:[157]

> Byddaf yn crwydro dros fryniau unig y Berwyn, ac y maent yn dod yn fwy unig o hyd . . . Y mae'r bobl wedi symud i'r gweithfeydd prysur ac wedi troi cefn ar yr aradr, y rhaw fawn, y bladur a'r ffust.

Nid oes neb yn hiraethu am fynd yn ôl i oes yr aradr, y rhaw fawn, ac yn y blaen! Mae'r byd a datblygiad diwydiannol wedi symud ymlaen. Ond y sefyllfa sydd gyda ni erbyn heddiw yw bod y mewnfudiad a'r allfudiad gyda'i gilydd erbyn hyn yn cyflym ddinistrio'r fro Gymraeg ac, felly, yn erydu un o brif ffynonellau'r Gymraeg fel iaith fyw. O'r saith degau ymlaen, mynegwyd pryder gan arweinwyr y. Cymry Cymraeg llengar, am yr argyfwng a lygadrythai ar y bröydd Cymraeg. Dadansoddwyd ei faint a'i natur yn dreiddgar gan yr ysgolhaig dylanwadol Harold Carter yn ei ddarlith, 'Culture, Language and Territory'.[158] Gallai'r ddarlith fod o gymorth i'r Swyddfa Gymreig hawlio bod adnoddau'n cael eu neilltuo ar gyfer ymchwil bwrpasol i'r sefyllfa. Ond yr argraff a gawsom oedd na welai'r Swyddfa fod fawr o werth mewn gwneud dim byd o'r fath. Ac ni lwyddodd gweithredoedd Meibion Glyndŵr i'w gorfodi i ailfeddwl.

Darfodigaeth y fro Gymraeg yw'r argyfwng tristaf, mwyaf difrifol, ac anoddaf ei ddatrys sy'n wynebu'r Cynulliad. Hyd yn hyn, ni wnaeth y Cynulliad ronyn o wahaniaeth i'r sefyllfa. Mae'r feddyginiaeth yn codi pob math o gwestiynau anodd. A ellir rheoli prisiau'r 'farchnad dai leol'? A fyddai gweithredu dau wastad gwerth gwahanol i dai o fewn yr un gymdogaeth yn gymeradwy yn lleol? I ba raddau y gall deddf a thechnegau cynllunio gwlad a thref fod yn effeithiol i reoli mewnlifiad, neu a fyddai defnyddio'r cyfryw yn groes i ddeddfwriaeth Ewropeaidd? Bwysiced â hynny, a ellir cynllunio datblygiad economaidd arbennig i gynnal poblogaeth y fro Gymraeg? Ynteu a ddisgwylir i ni dderbyn nad yw cynllunio economaidd i ddwyn gwaith i'r fro Gymraeg, sydd yn llai ffafriol ei manteision daearyddol, yn bosibl?

Nid y genedl Gymreig yw'r unig un yn Ewrop lle mae ei hiaith bellach yn iaith leiafrifol yn ei gwlad ei hun ac yn wynebu argyfwng ei bodolaeth. Gresyn na welodd Llywodraeth y Cynulliad yn dda i benodi comisiwn o arbenigwyr: i astudio'n wrthrychol y ffeithiau, y peryglon a'r rhagolygon ar gyfer y cymunedau Cymraeg; i gasglu tystiolaeth am yr hyn a wneir yn ymarferol i arbed yr iaith leiafrifol yng ngwledydd amlieithog eraill Gorllewin Ewrop lle ceir yr un math o broblemau, ac i geisio cymhwyso'u gwersi at ein hanghenion yng Nghymru.

Mynn rhai nad yw profiad gwledydd eraill yn debyg o fod yn berthnasol. Hwyrach eu bod yn iawn. Ond anodd credu y byddai adroddiad gan gorff o'r fath wedi bod yn wastraff ar adnoddau.

Fel cyferbyniad i'r dystiolaeth am ddirywiad y cymunedau Cymraeg, honnir bod Cyfrifiad 2001 yn profi bod parhad y Gymraeg bellach yn ddiogel oherwydd y cynnydd ymhlith y plant dan bymtheg oed sy'n ei siarad. Cofnodir yn y Cyfrifiad bod 70 y cant o siaradwyr Cymraeg Casnewydd o dan 15 oed, 68 y cant o rai Blaenau Gwent, 70 y cant o rai Tor-faen a 66 y cant o rai Mynwy. Ni charwn am funud roi'r argraff nad oes gennym le mawr iawn i fod yn wir ddiolchgar am gyfraniad yr Ysgolion Cymraeg ar hyd a lled Cymru ac yn arbennig yn y de-ddwyrain. Ond yn 2005 fe'n rhybuddiwyd gan Heini Gruffudd, mewn darlith argyhoeddiadol a drefnwyd gan Gronfa Glyndŵr yr Ysgolion Cymraeg, na ddylai neb gael ei gamarwain ynghylch arwyddocâd ystadegau iaith Cyfrifiad 2001. Maent yn arwyddo bod y drefn o ddysgu'r Gymraeg yn ail iaith mewn ysgolion yn y de-ddwyrain wedi dod â'r Gymraeg i afael pob disgybl. Maent yn dangos hefyd, er gwaethaf y bwganod a godwyd yn y gorffennol, fod canran uchel o rieni yn y de ddwyrain erbyn hyn am i'w plant ddysgu'r Gymraeg. Ond nid yw'r ystadegau'n gwahaniaethu rhwng gallu'r siaradwyr i siarad y Gymraeg yn rhugl neu ei siarad yn gloff. Un peth yw bod rhiant yn dweud ar ffurflen Cyfrifiad fod plentyn yn medru Cymraeg ond peth arall yw bod y plentyn yn rhugl ynddi ac yn dewis ei defnyddio fel iaith gymdeithasu. Ni fedrwn, ac ni ddylai Llywodraeth y Cynulliad, gau llygaid ar y ffaith nad oes gennym dystiolaeth sy'n dangos bod y polisïau addysg presennol yn adennill i'r Gymraeg ei lle fel iaith gyntaf ym mywyd beunyddiol y gymdeithas o gwmpas yr ysgolion yn ne Cymru. Yr ydym ymhell iawn o fod yn sicr y daw'r Gymraeg byth yn ôl yn iaith-ar-y-stryd yn ne-ddwyrain Cymru. Felly, mae'n bwysig brwydro i geisio sicrhau bod y Gymraeg yn dal ei thir yn y cymunedau lle mae mwyafrif y trigolion yn ei siarad o hyd ym mywyd pob dydd.

Gellir gweld hefyd fod y Gymraeg yn wynebu perygl gwahanol. Oddeutu canol y naw degau, daeth newid amlwg ar ei safonau pan fabwysiadodd y corfforaethau darlledu – a chofiwn gymaint a wnaeth y BBC i warchod yr iaith yn y gorffennol – bolisi o symleiddio ac ystwytho'r iaith lafar, ond polisi a allai, heb ofal, ganiatáu defnyddio bratiaith yn eu rhaglenni Cymraeg. Pam y newid polisi? Fe'i cyfreithlonwyd ar y tir ei fod yn gwneud 'y gwasanaeth yn fywiog, yn ddiddorol ac yn berthnasol i gynifer o bobl ag y gallwn'. Ni ellir beirniadu'r nod hwnnw. Ond, fel y rhybuddiodd rhai o ysgolheigion y Gymraeg, y Cylch Iaith, ac eraill, rhaid wynebu'r ffaith nad yw'r polisi heb ei beryglon difãol. Os gostyngir safonau ieithyddol y rhaglenni Cymraeg, bydd hyn yn arwain at dlodi'r iaith o flwyddyn i flwyddyn. A ninnau'n dod ar draws enghreifftiau o hynny'n feunyddiol, geilw'r sefyllfa am ei hadolygu'n gyson a thrylwyr gan Fwrdd Iaith cydnerth.

Yng nghanol arwyddion o gynnydd a thrai, o lwyddiant a methiant, gellir gweld mai anghenion y Gymraeg ar ddechrau'r ganrif newydd yw rhagwelediad, gwyliadwriaeth, deddfwriaeth briodol ac ewyllys i'w defnyddio.

12

'A Chymru'n Dechrau ar ei Hymdaith'

Y^N Y drafodaeth hon, buwyd yn olrhain hynt a helynt cymhleth ymgyrchoedd gwleidyddol i warchod a hybu Cymreictod – y llwyddiannau a'r anawsterau – yn ail hanner y ganrif ddiwethaf yng nghyd-destun gwrthdrawiadau a min gelyniaeth rhwng y Blaid Lafur a Phlaid Cymru a nodweddai'r cyfnod mor amlwg.[159] Fe ddaw'r haneswyr, wedi i'r llwch setlo, i archwilio'r dystiolaeth gyflawn ac i'w chloriannu. Byddai'n dda pe gallent daflu goleuni ar y cwestiwn pwysig ac anodd: i ba raddau y llwyddodd y tyndra rhwng y ddwy blaid i lesteirio yn hytrach na hwyluso'r ymgyrchoedd datganoli a'r ymgyrchoedd i gryfhau'r Gymraeg ym mywyd Cymru? Mae'n bosibl nad oes gwersi cyffredinol i'w tynnu o hanes ac os felly mae'n gwestiwn na ellir fyth ei ateb yn derfynol. Serch hynny, haedda gael ei drafod yn drylwyr oherwydd, os oes gwersi mewn hanes, gall profiad y gorffennol gynnig canllawiau o'r pwys mwyaf i arweinwyr y dyfodol, tra pery'r berthynas rhwng y ddwy blaid i fod yn bwysig i Gymru.

Ceir arwyddion y dyddiau hyn fod rhai Ceidwadwyr Cymreig dylanwadol yn ceisio sicrhau bod eu plaid yng Nghymru o'r diwedd yn cefnu ar ei safbwynt hanesyddol gwrth-Gymreig. Efallai mai'r cyfraniad deallusol pwysicaf i'r ddadl yn eu rhengoedd yw darlith gyfoethog Brian Griffiths (yr Arglwydd Griffiths o Fforest-fach), 'Agenda Geidwadol i Gymru'. Ef sydd wedi esbonio gliriaf iddynt eu problem:

> I lawer yng Nghymru, mae blas diarth, onid anghynnes, ar y gair Tori. Mae'n gynnyrch â hanes iddo na all pobl uniaethu

ag ef... Tra bod Ceidwadwyr Lloegr wedi rhoi pwyslais cyfiawn ar eu hanes, eu traddodiad a'u hiaith fel pethau canolog i'w dealltwriaeth o ystyr ceidwadaeth, mae'r Cymry, gwaetha'r modd, wedi bod yn hwyrfrydig i wneud hynny, gan ymfodloni yn hytrach ar fyw a bod gyda hunaniaeth ddryslyd y wlad rithiol honno, 'England and Wales'.[160]

Gwêl fod yn rhaid newid hyn oll. Geilw ar y Blaid Geidwadol yng Nghymru 'i arddel Cymreictod' ac 'i ymuniaethu â phroses datganoli a'i chefnogi'. Efallai yr esgorir o'r ddadl hon yn y blynyddoedd nesaf ar Blaid Geidwadol a fydd wedi cefnu ar safbwynt gwrth-Gymraeg a gwrth-Gymreig traddodiadol y Torïaid Anglicanaidd gynt. Cawn weld.

Bu symbylau nerthol ar waith ar hyd yr hanner canrif diwethaf – ac maent ar waith o hyd – yn creu cyd-destunau gwleidyddol newydd, diolch yn bennaf i ddylanwad y farn oleuedig ym Mhrydain. Bu llifeiriant o ddiwygiadau cyfansoddiadol aruthrol yn gweddnewid cymdeithas. I bob pwrpas – er nad o ran theori – ildiodd San Steffan ran o'i sofraniaeth i'r Confensiwn Ewropeaidd ar Iawnderau Dynol, i lais y wlad mewn refferendwm, i gyfraith yr Undeb Ewropeaidd, i Senedd yr Alban, Cynulliad Cenedlaethol Cymru a Chynulliad Gogledd Iwerddon. Derbyniwyd o Maastricht egwyddor cyfrifolaeth, sef y dylid cymryd penderfyniadau mor agos ag y bo modd at y dinasyddion yr effeithir arnynt gan y penderfyniad ac sy'n gyson â llywodraethu effeithiol. Mabwysiadwyd trefn etholiadol gyfrannol ar gyfer Senedd yr Alban, y ddau Gynulliad etholedig, a'r Senedd Ewropeaidd, a phasiwyd Deddf Rhyddid Gwybodaeth. Gwanychodd dylanwad y gwasanaeth sifil ar bolisi llywodraeth, a bu cynnydd arbennig yn nylanwad yr Uchel Lys wrth iddo ddatblygu'r arolwg barnwrol yn offeryn nerthol yn erbyn camweinyddiaeth. O'r holl ddatblygiadau hyn, beblaw am y cysylltiad â'r Undeb Ewropeaidd, gellir dal mai'r tri phwysicaf i Gymru'n uniongyrchol oedd sefydlu Cynulliad Cenedlaethol Cymru, sicrhau egwyddor cyfranoldeb yn yr etholiad ar gyfer y Cynulliad, ac ymgorffori'r Confensiwn Ewropeaidd ar Iawnderau Dynol yn rhan o gyfraith y Deyrnas Unedig. O hyn ymlaen, deuwn oll yn fwyfwy ymwybodol o ddylanwad dyfarniadau'r barnwyr ym maes Cyfraith Gyhoeddus wrth iddynt atgoffa'r llywodraethau a'r gweinyddwyr o'u cyfrifoldebau i barchu iawnderau dynol ac egwyddor cymesuredd, a deuwn hefyd yn fwyfwy ymwybodol o effeithiau polisïau a deddfwriaeth Cynulliad Cenedlaethol Cymru.

Llunio deddfau yw prif swyddogaeth pob senedd neu gynulliad deddfwriaethol. Nid un swydd sydd i gyfraith ac nid yng ngwasanaeth undod cenedlaethol y meddyliwn gan amlaf am ei swyddogaeth. Eto, gall yr ymwybyddiaeth genedlaethol gael ei hysgogi a'i meithrin gan sawl gwedd ar gyfraith. Gall fod yn gyfrwng i feithrin ymwybyddiaeth a all brofi'n nerth i'r hunaniaeth genedlaethol. Mewn darlith a draddododd ym 1928, daliai J. Goronwy Edwards, sydd ymhlith y pennaf o'n haneswyr, fod y genedl Gymreig wedi ei ffurfio gan ddwy elfen yn neilltuol, sef yr iaith Gymraeg a chyfraith gynhenid Gymreig (Cyfraith Hywel Dda).

> What has made us a nation? ... Historically, two things in special. One is our language, which is still with us. The other is ... the Welsh law ... In its day, it was one of the big things that set us apart, and thereby helped to make us the nation that we are.[161]

Bu'n golled anfesuradwy i ddatblygiad ein cenedl na fu ganddi gorff o gyfraith o'i heiddo'i hun ar ôl colli Cyfraith Hywel wedi Concwest Edward I ym 1282-83 a Statud Rhuddlan 1284 (er iddi barhau, hyd at Ddeddf Uno 1536, i fod yn gyfraith fyw mewn rhai ardaloedd yn y gogledd-ddwyrain ac yn y deorllewin mewn achosion sifil).

O hyn ymlaen, trwy ddeddfwriaeth Cynulliad Cymru i gwrdd ag anghenion penodol Cymru, bydd corff o Gyfraith Gymreig yn araf ymddatblygu. Eisoes gwelwyd arwyddion o'r chwyldro tawel sy'n myned rhagddo yn ymagwedd y llysoedd a phroffesiwn y gyfraith at y Gymraeg. Mae'r ysgolion cyfraith yng Nghymru yn effro i'r angen i ddatblygu cyfundrefn gyfraith drwyadl ddwyieithog yng Nghymru.[162] Mae cyrff galwedigaethol y gyfraith mwyach ar y blaen yn Cymreigio gweinyddiaeth y gyfraith yng Nghymru, fel y sylwyd yn Adroddiad Richard. Trefnir cynadleddau, darlithiau a chyrsiau ar egwyddorion datganoli a Chymreigio'r gyfraith. Teg yw cydnabod rhan flaenllaw bargyfreithwyr amlwg fel y Barnwr Dewi Watkin Powell, Mr Ustus Roderick Evans a Winston Roddick, Cwnsler Cyffredinol cyntaf y Cynulliad, yn y broses honno, a chydnabod, hefyd, waith manwl a theilwng Dr Robyn Léwis ar hyd y blynyddoedd yn bathu geirfa Gymraeg yn cyfateb yn union i dermau cyfreithiol Saesneg ar gyfer defnyddio'r Gymraeg yn iaith cyfraith, llywodraeth a gweinyddiaeth.[163] Ac ni allwn anghofio ein dyled am gymwynasau gwerthfawr cyfreithwyr y gorffennol fel y Barnwr T. P. Ellis,[164] yr Ynad Cyflogedig Daniel Lleufer Thomas,[165] y Barnwr Thomas Artemus Jones,[166] yr Athro David Hughes Parry,[167] Dr William George, Cyril Jones ac Ioan Bowen Rees o blaid y Gymraeg. Ar wastad gwahanol, mae arnom ni a'r rhai a ddaw ar ein hôl faich o ddyled i'r Arglwydd Ustus John Thomas, am ei arweiniad yn meithrin Cyfraith Cymru trwy greu strwythurau cyfraith ar lefel Cymru gyfan.[168] Ym marn cyfreithwyr, Syr John Thomas yw'r barnwr mwyaf ei ddylanwad ar Gyfraith Cymru a welwyd ers canrifoedd. Bu ei ddylanwad fel rhyferthwy corwynt yn curo'n ddi-baid ar y sefydliad cyfreithiol Seisnig yng Nghymru.

Er gwaethaf y feirniadaeth a fu ar y Cynulliad a gwaith yr aelodau a'r gweision sifil at ei gilydd – ac sy'n parhau o hyd – mae llawer o'r hyn a gyflawnwyd, os nad y cyfan, yn destun balchder. Yn sicr, ei lwyddiant pennaf hyd yn hyn yw'r ffaith iddo fod yn foddion i ysgogi a chryfhau'r ymdeimlad o'n hunaniaeth fel Cymry. Mae hynny'n rhyfeddol werthfawr oherwydd heb yr ymwybyddiaeth honno ni all cenedl barhau'n genedl fyw. Serch hynny, mae anesmwythder ymhlith y lleiafrif (y lleiaf o'r lleiafrif, efallai) am nad yw lle'r iaith Gymraeg – y trysor pennaf sydd gennym fel cenedl – eto'n ddiogel yn yr hunaniaeth honno. Felly, mae gennym bryderon.

Yn y gorffennol, swydd y gwleidydd fu rhoi arweiniad i gymdeithas yn ôl ei oleuni a'i argyhoeddiad. Mae'n debygol, oni cheir rhyw chwyldro ymhlith yr ifanc, ein bod ar gychwyn cyfnod newydd mewn gwleidyddiaeth ac y gwelir trai, i raddau, ar argyhoeddiadau cryfion fel yr arddelid gynt ac mai hunan-les a phleseroliaeth fydd cymhelliad mwy a mwy o etholwyr yn etholiadau'r dyfodol. Mae'r posibilrwydd hwnnw yn ein sobri. Os felly y bydd hi, fe garwn awgrymu y bydd mwy o angen nag erioed am ddiwygwyr, athronwyr, meddylwyr, artistiaid a phobl ifainc sy'n poeni am ddyfodol yr iaith Gymraeg i feithrin barn gyhoeddus i oleuo Cynulliad Cenedlaethol Cymru ar ei gyfrifoldeb i sicrhau cyfiawnder cymdeithasol i werin Cymru ond nid eilradd i hynny, ei ddyletswydd i warchod ein treftadaeth ddiwylliannol gyfoethog ac unigryw. Dyna'r her i Gynulliad Cenedlaethol Cymru yn wyneb y globaleiddio aruthrol sy'n llifo'n rhydd ar draws y byd, yn bwrw'i gysgod dros nodweddion cenedligrwydd ac yn gwanhau ieithoedd y cenhedloedd bychain. Ymateb yn llwyddiannus i'r her honno fyddai rhodd werthfawrocaf y Cynulliad i genedl y Cymry. Nid yw hyn yn amhosibl.

Nodiadau

[1] Sylweddolaf, wrth gwrs, fod y sylwadaeth hon yn hollol annigonol am gyfraniad enfawr Saunders Lewis i wleidyddiaeth Cymru. Am y cyfraniad hwnnw, gweler D. Tecwyn Lloyd, *John Saunders Lewis* (Dinbych, 1988), Cyf. I, yn arbennig tt. 183-288; hefyd T. Robin Chapman, *Un Bywyd o Blith Nifer* (Caerdydd, 2006); T. Robin Chapman, *W. Ambrose Bebb* (Caerdydd, 1997), tt. 47-53, 58-60, 67-68, 135; a T. Robin Chapman, *W. J. Gruffydd* (Caerdydd, 1993), yn arbennig Penodau 10, 11, 13 a 14; R. M. Jones, *Ysbryd y Cwlwm – Delwedd y Genedl yn ein Llenyddiaeth* (Caerdydd, 1998) ac, yn arbennig, Pen. 8; Meredydd Evans, 'Gwrth-Semitiaeth Saunders Lewis' yn *Taliesin*, Rhif 68, Tachwedd 1989, a hefyd 'Saunders Lewis, Tim Williams, and The Jewish Chronicle' yn *Planet 96*, Rhag. 1992/Ion. 1993. Gw. hefyd D. J. Bowen, 'Erthygl Saunders Lewis ar Ddafydd', yn *Barddas*, Rhif 252 (Mai-Mehefin, 1999), tt. 8, 38-41. Am agwedd Lewis at Ffederasiwn Glowyr De Cymru ym 1935, gw. Hywel Francis and David Smith, *The Fed* (London, 1980), tt. 300-301, n. 38.

[2] W. Ambrose Bebb, *Calendr Coch* (Aberystwyth, 1946), t. 68, Cyfarfod Bethel, 4 Gorffennaf 1945. Gw. hefyd t. 60, Cyfarfod Trefriw: 'Yno, clywed i'r ymgeisydd Llafur sôn "yn gynnil, gynnil" am "genedlaetholdeb yn arwain i wersylloedd, megis ag yn yr Almaen"', a hefyd t. 61, Cyfarfod Mynydd Llandygái.

[3] Cliff Prothero, *Recount* (Ormskirk, 1983), t. 67.

[4] The Council for Wales and Monmouthshire, Third Memorandum (1957), Gorch. 53. Gw. J. Graham Jones, 'Socialism, Devolution and a Secretary of State for Wales, 1940-64', yn *Trafodion y Cymmrodorion, 1989*, tt. 135-159.

[5] Atebiad y Prif Weinidog, Gorch. 334 (1957).

[6] Gw. LLPCB: Papurau David Thomas. Diolchaf i Mr Einion Wyn Thomas, Archifydd a Llyfrgellydd Cymreig, Coleg Prifysgol Bangor, am gopi o'r llythyr. Ymddengys mai hwn yw'r llythyr y cyfeirir ato gan David Thomas yn *Llafur a Senedd i Gymru: Ysgrifau, Llythyrau a Sgyrsiau* (Bangor, 1954), t. 11, lle dywed: 'Rhaid addef bod llawer ohonom erbyn heddiw yn teimlo'n llai siomedig yn y Cyngor Ymgynghorol ar ôl gweld y gwaith da a wnaeth'. Gw. ymhellach am ei fywyd a'i waith, David Thomas, *Diolch am gael Byw: Rhai o F'atgofion* (Lerpwl, 1968). Gw. Angharad Tomos, *Hiraeth am Yfory* (Llandysul, 2002), tt. 223-224; hefyd Deian Hopkin, 'Llafur a'r Diwylliant Cymreig, 1900-1940' yn *Trafodion y Cymmrodorion, 2000*, Cyfres Newydd, Cyf. 7, 2001.

[7] Huw T. Edwards, *Tros y Tresi* (Dinbych, 1956), t. 116; idem, *Troi'r Drol* (Dinbych, 1963), a chyfieithwyd y ddwy gyfrol gan Lyn Evans, *Hewn from the Rock* (Caerdydd, 1967); a Cliff Prothero, *Recount*, tt. 112-113. Am fywyd a gwaith Huw T. Edwards, gw. Gwyn Jenkins, *Prif Weinidog Answyddogol Cymru* (Talybont, 2007); idem, 'Gwladgarwch Huw T. Edwards', yn Geraint H. Jenkins (gol.), *Cof Cenedl, XII*, (Llandysul, 1997), tt. 169-198. Gw. hefyd Paul Ward, *Unionism in the United Kingdom, 1918-1974*, Pennod 7,

'The Unofficial Prime Minister of Wales: Huw T. Edwards (1892-1970)' (Basingstoke, 2005), tt. 107-124.

[8] Ceir copi o ddau fersiwn *Llais Llafur* ymhlith papurau Goronwy O. Roberts yn LLGC. Clywais gan John Roberts Williams mai ef a olygodd fersiwn Goronwy Roberts. Mae ynddo gyfraniadau byr gan amryw o awduron ond ni welais enwi'r un awdur o weinidog yn eu plith. Dywedodd Dr Meredydd Evans wrthyf fod cynnwys *Llais Llafur* wedi bod yn ddeunydd ardderchog iddo ef a D. Tecwyn Lloyd pan oeddent yn siarad dros Huw Morris-Jones ym Meirionnydd yn Etholiad 1945. Ond nid oedd gan John Roberts Williams na Dr Meredydd Evans gof am y fersiynau gwahanol.

Rwyf yn ddyledus i Dr J. Graham Jones am dynnu fy sylw at fodolaeth y ddau fersiwn ymhlith papurau Goronwy Roberts. Os cyhoeddwyd fersiynau eraill, byddem yn disgwyl y byddai wedi cadw copïau ohonynt hwythau hefyd.

Nid yw *Llais Llafur* 1945 i'w gymysgu â'r wythnosolyn *Llais Llafur* gwreiddiol a sefydlwyd ym 1898 yn Ystalyfera i wasanaethu Cwm Tawe a Dyffryn Aman yn bennaf ac a gyhoeddwyd dan y teitl hwnnw hyd at 1915, pryd y newidiodd ei enw yn *Labour Voice*, gan gadarnhau drwy hynny y dirywiad ieithyddol, a'i gyhoeddi dan y teitl hwnnw o 1915 i 1927, ac yna'n *South Wales Voice* o 1927 i 1971. Gw. Robert Smith, *'In the Direct and Homely Speech of the Workers': Llais Llafur 1898-1915* (Aberystwyth, 2000).

[9] Gw. Robert Smith, *Papur a Afaelodd yn Serchiadau'r Bobl: John Roberts Williams a'r Cymro 1945-62* (Aberystwyth, 1996). Gweler hefyd *Llais Cenedl*, Gol. Nan Elis a Gwenno Ffrancon (Gwasg Gwynedd, 2008).

[10] Dywedir yn Emyr Price, *Yr Arglwydd Cledwyn o Benrhos* (Penygroes, 1990), t. 14, fod Cledwyn Hughes 'yn gefnogol i bolisi *Llais Llafur*' a serch ei 'fod yn ddigon gofalus i beidio â phwysleisio'r wedd hon yn yr etholiad', bod ei gydymdeimlad â'r amcanion hyn yn wybyddus.

Ond, hefyd, dywed Emyr Price ddeuddeng mlynedd yn ddiweddarach: 'The four Labour candidates in Gwynedd issued their own unofficial manifesto, *Llais Llafur*' (yn 'Labour's victory in Caernarvonshire: Goronwy Roberts and the General Election of 1945', *Trafodion Cymdeithas Hanes Sir Gaernarfon, 63 (2002)*, t. 80, ond gan gyfeirio'n ôl at ei lyfr *Yr Arglwydd Cledwyn o Benrhos*).

[11] *Caernarvon and Denbigh Herald and North Wales Observer*, 15 Mehefin 1945, t. 8.

[12] James Griffiths, *Pages from Memory* (London, 1969), tt. 165-166.

[13] Papurau Morgan Phillips yn y National Museum of Labour History, Manceinion: Llythyr Goronwy Roberts at Gwilym Williams, 8 Awst 1950. Hefyd gw. Andrew Edwards, 'Aneurin: Reinventing Labour, The Voices of a New Generation', yn *Llafur*, 9 (2004), tt. 71-84.

[14] Ceir copi ymhlith Papurau James Griffiths yn LLGC. Byddai angen ymchwil yn LLGC ym Mhapurau Undeb Cymru Fydd i weld a wyddai'r ysgrifennydd, T. I. Ellis, rywbeth am gefndir y cyfarfod hwn. Am yr araith seneddol, gw. *Hansard*, Cyf. 458, 24 Tachwedd 1948, col. 1365-1371.

[15] Ysgol ddeuddydd a gynhaliwyd dan nawdd Mudiad Addysg y Gweithwyr Cangen Gwyrfai. Y siaradwr gwadd arall yn yr ysgol oedd Saunders Lewis. Gw. adroddiad yn y *Caernarvon and Denbigh Herald*, 25 Ebrill 1942.

[16] Gwilym Prys Davies, *Llafur y Blynyddoedd* (Dinbych, 1991), tt. 35-52.

17 Atodiad I, Adroddiad Blynyddol y Blaid Lafur, 1954.

18 Dyfynnir o Wayne David, *Remaining True – A Biography of Ness Edwards* (Llanbradach, 2006), t. 76. Rhydd y cofiannydd le arbennig i anerchiad Caerffili. Clywais gan ei ferch, y Farwnes Golding, bod gan ei thad grap ar y Gymraeg ac mai ei fwriad yn wreiddiol oedd traddodi rhan o araith yr Eisteddfod yn y Gymraeg. Mae'r cofiant yn ddiddorol, yn rhoi gwybodaeth sy'n newydd ond fe erys yr angen am ddadansoddiad trylwyrach o'i safbwynt at genedlaetholdeb Plaid Cymru.

19 Cyfeirir at ei brofiad gan y Farwnes Golding, AS Llafur Newcastle under Lyme ar y pryd, yng nghwrs y ddadl yn Nhŷ'r Cyffredin ar 12 Rhagfyr 1989 (col. 900-901) ar adroddiad yr Ymchwiliad i Droseddau Rhyfel.

20 Dot Jones, *Hanes Cymdeithasol yr Iaith Gymraeg: Tystiolaeth Ystadegol yn ymwneud â'r Iaith Gymraeg 1801-1911* (Caerdydd, 1998), t. 228.

21 Dyfynnir yn Huw Walters, *Cynnwrf Canrif: Agweddau ar Ddiwylliant Gwerin* (Cyhoeddiadau Barddas, 2004).

22 B. P. Jones, *Sowing Beside All Waters – The Baptist Heritage of Gwent* (Cwmbrân, 1988), t. 209. Penderfynodd yr eglwys droi'r oedfa foreol yn Saesneg ym 1882 ac i droi'r oedfa hwyrol yn Saesneg ym 1903. Diddorol yw sylwi bod Sarnicol (1872-1945), athro a bardd, genedigol o ardal Llandysul, yn athro yn Ysgol Sir Abertyleri ac ar ddosbarth Ysgol Sul yno ar ddechrau'r ganrif, a bod nifer o ogleddwyr a ddaethai i chwilio am waith adeg Streic Fawr y Penrhyn yn gweithio yn y Six Bells.

23 Gwynfor Evans, *Rhagom i Ryddid* (Bangor, 1964), t. 99. A gweler Rhys Evans, *Gwynfor: Rhag Pob Brad* (Talybont, 2005).

24 *The Making of a State* (New York, 1937).

25 Gwynfor Evans, *Bywyd Cymro*, gol. Manon Rhys (Caernarfon, 1982), t. 42.

26 Saunders Lewis, *Canlyn Arthur* (Aberystwyth, 1938), tt. 118, 121-140.

27 Gw. Gwyn Jenkins, *Prif Weinidog Answyddogol Cymru* (Tal-y-bont, 2007). Dywedir ar dudalen 205: 'Ni ellir ond tybio i Huw T. bwyso ar Gwilym Prys Davies i lunio'r erthygl' yn galw am greu mudiad amhleidiol a ymddangosodd yn *Baner ac Amserau Cymru*, 9 Ionawr 1964 – galwad a gefnogwyd gan Huw T. ei hun ar dudalen flaen y papur yr wythnos ganlynol. Ond hyd y cofiaf ni fu gennyf gysylltiad â Huw T. cyn isetholiad Caerfyrddin. Carwn symud y camddeall hwn.

28 Dyfyniad o'r gerdd 'Wedi'r Frwydr', Hedd Wyn, *Cerddi'r Bugail* (Wrecsam, 1931).

29 Carwn gofnodi mai Robert Richards (a fu farw ym 1954) a drefnodd y cyfarfod pwysig a gynhaliwyd ar 30 Ionawr 1939 rhwng David Hughes Parry a T. Artemus Jones a Syr Claud Schuster (Ysgrifennydd Parhaol Adran yr Arglwydd Ganghellor) i drafod Deiseb yr Iaith; gw. LLPCB, Papurau Thomas Artemus Jones, Llythyr David Hughes Parry at T. Artemus Jones, 28 Tachwedd 1938. Gw. ymhellach Gwilym Prys Davies, 'Statws Cyfreithiol yr Iaith Gymraeg yn yr Ugeinfed Ganrif', yn *Eu Hiaith a Gadwant*, gol. Geraint H. Jenkins a Mari A. Williams (Caerdydd, 2000), tt. 207-238.

30 Codwyd y dyfyniad (a ymddangosodd gyntaf yn *Y Cymro*) o Robert Griffiths, *S. O. Davies: A Socialist Faith* (Llandysul, 1983), t. 265.

[31] Llythyr ataf, dyddiedig 14 Medi, 1955.

Gweler Andrew Edwards, 'Answering the Challenge of Nationalism: Goronwy Roberts and the Appeal of the Labour Party in North-West Wales during the 1950's', *The Welsh History Review/Cylchgrawn Hanes Cymru*, 22 (2004-5), tt. 126-152.

Am Undeb y Chwarelwyr, gw. R. Merfyn Jones, *The North Wales Quarrymen 1874-1922* (Cardiff, 1982); Charles Sheridan Jones, *What I Saw at Bethesda*, argraffiad newydd, ynghyd â Rhagymadrodd J. Elwyn Hughes (Llandysul, 2003). Gw., hefyd, T. Rowland Hughes, *Chwalfa* (Aberystwyth, 1946); Caradog Prichard, *Un Nos Ola Leuad* (Dinbych, 1961).

[32] Am Gwerin, gw. John Roberts Williams, *Yr Eiddoch yn Gywir* (Penygroes, 1990), tt. 51-53; Gwilym Prys Davies, *Troi Breuddwyd yn Ffaith*, Darlith yr Archif Wleidyddol Gymreig 1999 (Aberystwyth, 2000), tt. 2-3.

[33] Ceir y geiriau a ddyfynnir yn y Cynigiad a roddwyd gerbron Ysgol Haf y Blaid Genedlaethol yn Abertawe ym 1938; cynigiwyd gan Harri Gwynn Jones ac eiliwyd gan Eirwen St John Williams, dau o aelodau Gwerin. Rwy'n ddiolchgar i Dr Eirwen Gwynn am yr wybodaeth hon.

[34] Yn bennaf ar sail un englyn (teilwng o Williams Parry ym marn John Roberts Williams), a luniodd pan oedd yn fyfyriwr (ac a gyhoeddwyd mewn ysgrif goffa fer yn *Y Faner* pan fu farw ym 1981), honnid y gallasai fod wedi datblygu'n fardd celfydd iawn. Dyma'r englyn hwnnw:

> Heno yn sŵn emynu – mi welais
> Am eiliad yn llathru
> Y groes a dagrau Iesu
> A fflach o'r gyfrinach fry.

Dyna'r unig farddoniaeth o'i eiddo y gwyddai John Roberts Williams amdani ond cofia J. Elwyn Hughes i Goronwy Roberts 'gyfaddef' wrtho ei fod wedi 'trio gwneud englyn' i goffáu Caradog Prichard, a hynny yn ystod pregeth ryw nos Sul. Dyma fel y cofnodwyd yr englyn gan y Parchedig Fred Hughes:

> Bardd yr Afon a'r Bronnydd – yr Ywen
> A'r Awel a'r Mynydd,
> A'r gwae sydd yn dragywydd
> Yn eigion y galon gudd.

Traddododd Goronwy Roberts ddarlith ym Methesda ym 1972, fel un o gyfres Darlithoedd Blynyddol Llyfrgell Bethesda, a chyhoeddwyd hi flynyddoedd yn ddiweddarach dan y teitl *Y Dyffryn Harddaf yn y Byd* (Caernarfon, 1985). Ysgrifennodd Marian Goronwy-Roberts Gyflwyniad byr sy'n cynnwys yr wybodaeth uchod.

[35] Gw. Davies, *Llafur y Blynyddoedd*, t. 49-50.

[36] Dyna'n union yr hyn a wnaeth y ddau fyfyriwr ifanc, D. Ben Rees ac Arfon Jones, pan aethant ati ym 1960 i sefydlu'r cylchgrawn dwyieithog *Aneurin*. Cyhoeddwyd wyth rhifyn o 1960 i 1962 gyda chylchrediad o tua 2,000. Dywed D. Ben Rees wrthyf: 'Cawsom gefnogaeth gref y Blaid Lafur trwy

Cliff Prothero a'r Undebau trwy arweinwyr fel Ron Mathias, Huw T. Edwards, Tom Jones (Shotton) a Tal Lloyd, Merthyr. Bu arloeswyr y Mudiad yn rhan ohono, fel David Thomas a Niclas y Glais yn ogystal â ni'r myfyrwyr'. Diolchaf i'r Parchedig D. Ben Rees am yr wybodaeth hon. Gw. hefyd Andrew Edwards, 'Aneurin: Reinventing Labour' yn *Llafur*, 9 (2004) y cyfeirir ati yn nodyn 13 uchod.

[37] Gw. y cofnod gan Kenneth Morgan yn *ODNB*. Am ei gefndir yn y Betws, gw. *Pages from Memory*; hefyd Griffiths, 'Memories of the Anthracite Coalfield' yn *Carmarthenshire Historian*, Vol. 5, 1968. Am gyfraniad Jim Griffiths, gw. astudiaeth gyfoethog J. Beverley Smith, 'James Griffiths: an Appreciation' yn *James Griffiths and his Times*, tt. 58-68; Ioan Matthews, 'Maes y Glo Carreg ac Undeb y Glowyr 1872-1925', yn *Cof Cenedl*, *VIII* (Llandysul, 1993), tt. 133-164; idem, 'Turning Labour Around?', *Planet*, Awst/Medi 2000, tt. 83-88. Am y gyferbyniaeth rhyngddo ac Aneurin Bevan, gw. Kenneth O. Morgan, *The Red Dragon and the Red Flag* (Aberystwyth, 1989).

[38] Cyhoeddwyd un o'i ddarlithiau i'r Ffabiaid ym 1943 yn y gyfrol *Plan for Britain* (London, 1943), tt. 53-65, ac un arall ym 1944 yn *What Labour Could Do* (London, 1945), tt. 33-48.

[39] Ceir cofnod yn *Y Bywgraffiadur Cymreig hyd 1940* am fywyd a gwaith Rhys J. Huws, t. 379, ac am D. Stanley Jones yn *Y Bywgraffiadur Cymreig 1941-1950*, tt. 113-114. Ond ni cheir sôn ynddo am John Thomas, Soar. Rwy'n ddiolchgar i'r Parch. D. Ben Rees am yr wybodaeth hon amdano: 'Ganwyd ef yn y Betws, ger Rhydaman, ym 1852 a daeth yn ŵr o ddylanwad mawr yn ardal Merthyr Tudful lle bu'n Weinidog am 28 mlynedd, sef ar Gapel Soar (1881-7 a 1889-1911). Gan fod Swyddfa'r *Tyst* (papur wythnosol ymhlith yr Annibynwyr) ym Merthyr, naturiol oedd i'r cyhoeddwyr, Cwmni Joseph Williams, ei wahodd i weithredu fel ysgrifennwr ac am gyfnod yn olygydd yr wythnosolyn. Bu hefyd yn golygu'r cylchgrawn *Cenad Hedd*. Ym 1910 fe'i hetholwyd ef yn Llywydd yr Undeb ond bu farw ar 9 Mawrth 1911 cyn traddodi ei anerchiad yn Undeb Aberaman. Ceir coffâd iddo yn *The Congregational Year Book (1912)* (a llun ohono), tt. 171-2.

[40] Aneirin Talfan Davies, *Crwydro Sir Gâr* (Llandybïe, 1955), t. 283.

[41] Huw Walters, *Canu'r Pwll a'r Pulpud* (Cyhoeddiadau Barddas, 1987), t. 250. Am drafodaeth fanwl a llawn, gw. Huw Walters, 'Cerddetan: Golwg ar Ryddiaith Amanwy', yn *Cynnwrf Canrif: Agweddau ar Ddiwylliant Gwerin* (Cyhoeddiadau Barddas, 2004), tt. 318-371; idem, 'David Rees Griffiths ('Amanwy') 1882-1953', *The Carmarthenshire Antiquarian*, 35 (1999), tt. 89-102.

[42] D. J. Williams, *Yn Chwech ar Hugain Oed* (Llandybïe, 1959).

[43] Am astudiaeth o'r patrwm ieithyddol yn Nyffryn Aman ym 1891, gw. Mari A. Williams, 'Glanaman', yn Gwenfair Parry and Mari A. Williams (ed.), *The Welsh Language and the 1891 Census* (Caerdydd, 1999), tt. 217-236. Gw. hefyd Dot Jones, *Tystiolaeth Ystadegol yn ymwneud â'r Iaith Gymraeg 1801-1911*, tt. 224, 230.

[44] LLGC Papurau James Griffiths, 'Dyfodol Llywodraeth Cymru'. Diolchaf i'r Athro J. Beverley Smith am fy nghyfeirio at yr anerchiad hwn.

[45] Gw. LLGC, Papurau James Griffiths, E1/13, 'Nighteen Hundred and Eight. A Fateful Year'. Diolchaf i Dr Huw Walters am fy nghyfeirio at yr ysgrif hon.

[46] Gw. David Thomas, *Silyn (Robert Silyn Roberts) 1871-1930* (Dinbych, 1956), t. 77.

[47] Diolchaf i'r Athro J. Beverley Smith am gopi o'r llythyr. Am fywyd a gwaith J. Gwili Jenkins, gw. J. Beverley Smith, 'John Gwili Jenkins (1892-1936)' a gyhoeddwyd yn *Trafodion y Cymmrodorion, 1974-75*. Hefyd J. Beverley Smith, *ODNB* (ar-lein, *sub*).

[48] Am hanes y Coleg, gw. W. W. Craik. *The Central Labour College, 1909-20* (London, 1964). Gw. Hywel Teifi Edwards, *Arwr Glew Erwau'r Glo (1850-1950)*, Darlith Agoriadol Prifysgol Cymru Abertawe 1994, am ddelwedd y glöwr yn llenyddiaeth Cymru o'r 1870au ymlaen.

[49] Griffiths, *Pages from Memory*, tt. 18-19; Thomas, *Silyn (Robert Silyn Roberts) 1871-1930*, t. 77.

[50] Davies, *Troi Breuddwyd yn Ffaith*, tt. 2-3.

[51] Griffiths, *Pages from Memory*, tt. 44-45; Francis and Smith, *The Fed*, tt. 310-312.

[52] Dyfynnir gan Ioan Matthews 'Turning Labour Around?', *Planet*, Awst/Medi 2000, t. 85.

[53] *Hansard*, Cyf. 537, 4 Mawrth 1955, col. 2513-16.

[54] Am adroddiad cyflawn am yr ymgyrch i geisio rhwystro cynllun Lerpwl, gweler cyfrol Watcyn L. Jones, *Cofio Tryweryn* (Llandysul, 1988). Gw. hefyd Rhys Evans, *Gwynfor*, Pennod 6.
Aeth 'Brwydr Tryweryn' yn rhan o draddodiad cenedlaetholdeb Cymreig erbyn hyn. Felly, mae'n werth meddwl am sylwadau T. W. Jones, A.S. Meirionnydd ar y pryd: 'Bydd yn syndod i neb ddeall, o gofio'r cyffro trwy'r wlad, nad oedd cyffro o gwbl yn Sir Feirionnydd ynglŷn â'r mater, ond ym mhlith y lleiafrif. Roedd y Cyngor hwnnw [Dinesig Lerpwl] . . . yn barod i roddi tŷ newydd i'r tenantiaid am bob tŷ a ddinistriwyd, a hefyd gapel newydd i'r Presbyteriaid . . . Tai hynafol heb feddu mwynderau modern o gwbl oedd holl dai pentref Capel Celyn . . . Un cwestiwn a roddwyd i mi . . . 'Pa iawndal a delir i'r rhai a fydd yn colli eu heiddo, a phwy a fydd yn penderfynu ar yr iawndal' – Arglwydd Maelor, *Fel Hyn y Bu* (Dinbych, 1970), t. 161-2. Am ddadansoddiad o ddadleuon y gwrthwynebwyr, gw. John Davies, 'Boddi Capel Celyn', *Cylchgrawn Cymdeithas Hanes a Chofnodion Sir Feirionnydd, XIII* (1999), tt. 66-181. Gw. hefyd, araith T. W. Jones yn y ddadl yn Nhŷ'r Cyffredin ar Ail Ddarlleniad Mesur Corfforaeth Lerpwl ar 3 Gorffennaf 1957. Am farn Huw T. Edwards, gweler 'Trychineb Tryweryn' yn *Troi'r Drol*, tt. 54-60.

[55] *Hansard*, Cyf. 564, 11 Chwefror 1957, col. 982-3.

[56] Cliff Prothero, *Recount*, t. 98. Gw. am y cefndir, J. Graham Jones, 'Socialism, Devolution and a Secretary of State for Wales 1940-64', *Trafodion y Cymmrodorion, 1989*, tt. 135-159; hefyd, Davies, *Troi Breuddwyd yn Ffaith*, tt. 12-13.

[57] Gw. Papurau Morgan Phillips, National Museum of Labour History,

'Minutes of the Tripartite Committee', 16 April 1955. Dywed George Thomas yn ei hunangofiant, *George Thomas, Mr Speaker* (London, 1985), t. 97: 'By setting up the [Welsh] Office, the Labour Government had opened the floodgate for Nationalism'. Gw. hefyd ei araith yn Nhŷ'r Arglwyddi yn datgan ei wrthwynebiad i egwyddor datganoli, *Hansard*, Cyf. 573, 3 Gorffennaf 1996, col. 1487-1490. Hyd y gwn i, dyma'i araith olaf o bwys ar Gymru.

58 Ceir y llythyr ymhlith bwndel o lythyrau a dderbyniais gan Webb. Ni roddwyd blwyddyn ar y llythyr ond ymddengys mai 1965 ydoedd yn ôl y dystiolaeth fewnol sydd ynddo.

59 *Hansard*, Cyf.345, 22 Mawrth 1939, col. 1331; adargraffwyd yn bamffledyn, *The Price Wales Pays for Poverty*. Am y cefndir, gw. 'Wales and Health' yn *Trafodion y Cymmrodorion, 1939*, tt. 55-100, sef y papurau a draddodwyd gan Clement Davies, William Jones, Dr D. Rocyn Jones, Syr Percy Watkins, James Griffiths a Syr Robert Armstrong-Jones mewn seminar a gynhaliwyd gan Anrhydeddus Gymdeithas y Cymmrodorion yn Llundain ar 31 Mawrth 1939. Gw. hefyd ysgrif Linda Bryden, 'The King Edward VII Welsh National Memorial Association and its Policy towards Tuberculosis, 1910-48', *Welsh History Review*, 13 (1986), tt. 194-216; deallais gan yr Athro Charles Webster fel y bu'r ysgrif hon yn 'eithaf dylanwadol'. Gw. hefyd 'Nodiadau Golygyddol', *Y Llenor*, XVIII, 1939.

60 *Hansard*, Cyf. 537, 4 Mawrth 1955, col. 2517.

61 *Cyngor Canol i Gymru: A Central Welsh Council* (Aberystwyth: Undeb Cymru Fydd, 1963).

62 Dyfynnir yn *Y Faner*, 19 Rhagfyr 1981.

63 James Griffiths, 'Welsh Politics in my Lifetime', yn *James Griffiths and his Times*, tt. 46-47.

64 Cyhoeddwyd yn P. Michael and C. Webster (ed.), *Health and Society in Twentieth-Century Wales* (Cardiff, 2006), tt. 240-269. Bûm yn gohebu â'r Athro Webster a charwn gydnabod fy mod i'n pwyso'n drwm ar ei farn yn y fan hon. Gw. hefyd, J. Graham Jones, 'The Committee of Inquiry into the Anti-Tuberculosis Service in Wales and Monmouthshire (1939); A Note', yn *Trafodion y Cymmrodorion, 1987*, tt. 193-201.

65 Amcangyfrifid bod rhwng 60,000 a 100,000 o Gymry a oedd wedi gorfod gadael Cymru i gael gwaith yn byw yng nghlymdrefi Canolbarth Lloegr. Nid amcangyfrifwyd faint oedd heb gadw'r iaith. Rhamantu, efallai, oedd disgwyl iddynt symud yn ôl i Gymru ond clywais Griffiths a Goronwy Roberts yn dadlau y dylid ceisio'u denu'n ôl. Dywedwyd nad oedd y Llywodraeth yn barod i wario'r arian angenrheidiol ar Dref Newydd yng Nghanolbarth Cymru.

66 Yr Arglwydd Cledwyn: *Cymry yn y Ddau Dŷ*, Darlith yr Archif Wleidyddol Gymreig 1990 (Aberystwyth, 1990), t. 11.

67 'Working Party on Local Government Reorganisation in Wales, Interim Memorandum' (16 Ionawr 1966). Ni chyhoeddwyd yr adroddiad.

68 Gw. ymhellach Gwilym Prys Davies, 'Statws Cyfreithiol yr Iaith Gymraeg yn yr Ugeinfed Ganrif' yn *Eu Hiaith a Gadwant* (Caerdydd, 2000), tt. 207-

238 ac, yn arbennig, tt. 228, 230. Gw. hefyd Gwilyn Prys Davies, 'Statws Cyfreithiol yr Iaith Gymraeg yn yr Ugeinfed Ganrif' yn *Y Traethodydd* (Ebrill 1998 tt. 76-95).

[69] Gw. achos *Gwynfor S. Evans v. Thomas* (1962, 2QB, 350). Dewi Watkin Powell oedd y bargyfreithiwr a weithredodd ar ran yr apelydd, Gwynfor S. Evans.

[70] Cyhoeddwyd *Tynged yr Iaith* gan BBC Cymru ym 1962 ac ailgyhoeddwyd yn Marged Dafydd (gol.), *Ati, Wŷr Ifainc* (Caerdydd, 1986), tt. 88-98.

[71] Ni chyhoeddwyd y sgwrs mewn print ond mae'r ffilm ar gael yn Archifau BBC Cymru yng Nghaerdydd. Rwy'n ddiolchgar iawn i'r Gorfforaeth am gael ei gweld, a dyfynnu ohoni ac yn arbennig o ddiolchgar i Ms Dinah Jones, BBC Cymru, am gronoleg y recordio a'r darlledu.

[72] Rwy'n ddiolchgar i J. Elwyn Hughes am f'atgoffa bod hyn hefyd yn un o negeseuon pwysicaf Dan Isaac Davies ryw bedwar ugain mlynedd ynghynt, fel y dengys yn ei gyfrol *Arloeswr Dwyieithedd: Dan Isaac Davies, 1839-1887* (Caerdydd, 1984).

[73] Diffiniwyd y term 'dilysrwydd cyfartal' ym mharagraff 171 o'r Adroddiad i olygu 'fod pob gweithred a phob ysgrifen neu beth a wneir yn Gymraeg yng Nghymru neu Fynwy â'r un grym cyfreithiol â phe gwnaethid hynny yn Saesneg'. Mae'r geiriau hyn yn drawiadol o debyg i eiriad argymhelliad a geir mewn memorandwm a luniwyd gan John Morris, AS Aberafan, ddwy flynedd ynghynt ar gais ac ar gyfer y Blaid Seneddol Gymreig sydd yn darllen fel hyn: 'that any form, minute or document, written in the Welsh language, would have equal validity as if it were written in the English language'. Ceir copi o Femorandwm John Morris yn PRO BD 24/186. A oedd geiriad Hughes Parry yn gwbl annibynnol ar eiriad Morris? Nid oes gennyf dystiolaeth fod Hughes Parry wedi darllen y Memorandwm ond mae'n anodd gennyf gredu na chafodd wybod amdano gan swyddogion y Blaid Seneddol Gymreig neu gan Jim Griffiths neu Cledwyn Hughes. Soniais am hyn yn fy nhraethawd ar 'Statws Cyfreithiol yr Iaith Gymraeg yn yr Ugeinfed Ganrif'– gw. Nodyn 68. Yn y fan hon, dylid cadw mewn cof beth oedd disgrifiad yr Athro Glanmor Williams, un o aelodau Pwyllgor David Hughes Parry, am y dull a'r modd y gweithiai'r Cadeirydd. Dywed amdano: 'D.H.P.'s long experience of bargaining and wheedling was invaluable. He kept on sounding out key figures in the government, like James Griffiths and Cledwyn Hughes, to see just how far ministers could be induced to accept changes to which some of them were anything but well disposed' – Glanmor Williams, *A Life* (Cardiff, 2002), t. 126.

[74] Goronwy Daniel, 'Note by Sir Goronwy Daniel, The 1967 Welsh Language Act and the Investiture of the Prince of Wales in 1968', para. 17, dyddiedig 29/9/94. Deallais gan Syr Goronwy iddo anfon y 'Note' at y Llyfrgellydd Brenhinol yn Windsor. Cefais lungopi ganddo a hwnnw sydd yn fy meddiant. Ceir copi o'r 'Nodyn' ym mhapurau Goronwy Daniel, Ffeil 1/21, yn LLGC. Nid wyf yn gwybod beth a'i symbylodd i lunio'i 'Note', a pham ei lunio ym 1994. Ar gais Syr Goronwy anfonais lun-gopi o'r 'Note' at Arwel Ellis Owen i'w ddefnyddio ganddo ar gyfer llunio eitem radio Saesneg yr oedd yn ei chynhyrchu ar y pryd.

[75] Griffiths, 'Welsh Politics in my Lifetime', t. 56.

[76] Goronwy Daniel, 'Sir Ben Bowen Thomas', yn W. R. Davies (ed.), *The United Nations at Fifty: The Welsh Contribution* (Cardiff, 1995), tt. 62-86.

[77] *Royal Commission on the Constitution 1969-1973*, Evidence, Q. 10.

[78] Ond mewn sgwrs a gefais gyda Goronwy Daniel yn syth wedi Etholiad 1992, dywedodd ei fod bellach yn amau a welid Cynulliad etholedig i Gymru hyd y gellid rhagweld. Serch hynny, roedd yn barod i fod yn aelod o bwyllgor gwaith Confensiwn Cyfansoddiadol Cymreig pe'i sefydlid. Gwaetha'r modd, nid yw dyddiad y sgwrs gennyf. Byddwn yn mynd am sgwrs at Goronwy yn ei gartref yn aml ond ni chedwais gofnod o'r sgyrsiau hynny.

[79] Gwelir dylanwad syniadaeth Emrys Jones yn drwm ar Ddatganiad Polisi a fabwysiadwyd gan Gynhadledd Flynyddol Plaid Lafur Cymru ym 1978. Cyhoeddwyd y Datganiad Polisi dan y teitl *Political and Industrial Democracy in Britain* (Cardiff, 1978). Gellir ystyried y ddogfen bolisi honno yn ddogfen allweddol a oedd yn amlinellu syniadau Emrys Jones am ddatganoli mewn cyd-destun Prydeinig. Gweler Gwilym Prys Davies: 'Labour's quiet man dies. Tribute to political skills of ex-official' yn y *Western Mail*, 2 Ionawr 1992. Er cymaint cyfraniad Emrys Jones i fywyd Cymru, methwyd â pherswadio gwŷr doeth Prifysgol Cymru i ddyfarnu iddo radd MA er anrhydedd.

[80] Am fywyd a gwaith Cledwyn Hughes, gweler Price, *Yr Arglwydd Cledwyn*. Hefyd Price, 'Yr Arglwydd Cledwyn o Benrhos', Darlith Flynyddol Gŵyl Gelfyddydau Caergybi, 2004. Gw. hefyd K. O. Morgan, *ODNB* (ar-lein, *sub*), Cledwyn Hughes.

[81] D. Lloyd Hughes, *Y Gŵr o Wyneb y Graig, H. D. Hughes a'i gefndir* (Dinbych, 1993), tt. 9-10. Gw. hefyd Emlyn Richards, *Pregethwrs Môn* (Caernarfon, 2003), tt. 99-118.

[82] Hughes, *Y Gŵr o Wyneb y Graig*, t. 11-12.

[83] LLGC, Papurau'r Arglwydd Cledwyn, Dyddiadur 19 Hydref 1976. Ysgrifennai Cledwyn Hughes ddyddiadur Saesneg yn ymestyn – yn fylchog – o 1970 i 1978. Ceir ynddo 4 cofnod am 1970; 79 am 1976; 39 am 1977; a 9 am 1978; a rhai ohonynt yn rhai byr iawn. Mae'r mwyafrif llethol yn ymwneud â'i waith fel Cadeirydd y Blaid Lafur Seneddol a materion etholaethol. Mae'r deunydd am wleidyddiaeth Cymru yn brinnach. Mae'n ymddangos o'r Dyddiadur mai ei ddyletswyddau fel Cadeirydd y Blaid Lafur Seneddol oedd yn hawlio ei brif sylw yn ystod cyfnod y refferendwm. Ni wyf yn gwybod at ba bwrpas yr ysgrifennodd ei ddyddiadur. Cefais gopi ar dudalen A4 o'r dyddiadur gan Cledwyn a thybiaf ei fod yn llun-gopi o'r dyddiadur sydd ymhlith ei bapurau yn Llyfrgell Genedlaethol Cymru. Codwyd y dyfyniadau sydd yn y gyfrol o'r copi hwnnw sydd yn fy meddiant.

[84] Ibid, cofnod 29 Hydref 1970.

[85] Gw. Price, *Cledwyn*, t. 13; Richards, *Pregethwrs Môn*, t. 107; K. O. Morgan, *ODNB* (ar-lein, *sub*), Cledwyn Hughes.

[86] Yn wir, ar un olwg, peth digon prin fu dylanwad uniongyrchol brwydr genedlaethol y Gwyddelod ar wleidyddiaeth Cymru er i aberth Terfysg y Pasg fod yn ddylanwad enfawr ar filoedd o genedlaetholwyr yn y

trefedigaethau ar hyd a lled y byd. Ond eto bu'n ysbrydiaeth i Emrys ap Iwan, pregethwr, llenor a diwygiwr, ac i'w gofiannydd, T. Gwynn Jones, un o feirdd mwyaf y Gymraeg, ac i sylfaenwyr y Blaid Genedlaethol – ac i rai o lowyr y Cambrian yng Nghwm Rhondda.

[87] *Cymru Fu – Cymru Fydd*, darlith Eisteddfod Genedlaethol Cymru Bro Colwyn 1995/*Wales – Yesterday and Tomorrow*, National Eisteddfod of Wales Bro Colwyn 1995. Ceir yr awdl yn John Morris-Jones, *Caniadau* (Rhydychen, 1917), tt. 55-70.

[88] *Hansard*, Cyf.537, 4 Mawrth 1955, col. 2449-2450.

[89] Yr Arglwydd Cledwyn, *Cymru Fu – Cymru Fydd* (1995), t. 6.

[90] National Archives of Ireland; The Department of the Taoiseach file 98/6/830; The Rt. Hon. Cledwyn Hughes, M.P., Secretary of State for Wales visit to Ireland, 1966. Daw'r wybodaeth a ddefnyddir yma am fanylion yr ymweliad – ar wahân i'r paragraff yn 'Nodyn' Syr Goronwy Daniel – o'r ffeil honno. Rwy'n ddyledus dros ben i Dr Elizabeth Hallam-Smith, Llyfrgellydd Tŷ'r Arglwyddi, am ddarganfod y ffeil yn Archifau Iwerddon, ac am ei holl ymdrechion dyfal, ond ofer, i ddarganfod deunydd archifol perthnasol yn yr Archifau Gwladol yn Kew. Yn Price, *Yr Arglwydd Cledwyn* (t. 56), ceir cyfeiriad at lythyr dyddiedig 5 Ionawr 1968 gan Cledwyn Hughes at Eric Thomas, perchen *Y Cymro*, yn cwyno am na chafwyd cyfeiriad at yr ymweliad yng nghalendr y papur o ddigwyddiadau'r flwyddyn 1967. Ceir cyfeiriad uniongyrchol at yr ymweliad gan Gwilym Owen yn *Crych dros dro* (Caernarfon, 2003), t. 129. Dywed Gwilym Owen wrthyf iddo ymuno â pharti'r Ysgrifennydd Gwladol yn Nulyn ac nad oes ganddo unrhyw wybodaeth am yr ymweliad â Belfast. Cofia'n glir fod Cledwyn yn awyddus i ddysgu mwy am lwyddiant Cynllun Economaidd y Weriniaeth. Cyfyd y cwestiwn beth a gymhellodd y daith i Iwerddon. Ni ellir ei ateb yn bendant ar hyn o bryd. Yn ôl Goronwy Daniel yn ei 'Nodyn' i'r Palas, aeth yno 'at the request of Mr Wilson'. Ond fel y gwelir, nid yw Cledwyn ei hun yn sôn am gais y Prif Weinidog: yn hytrach, dywed yntau wrth y Llysgennad ei fod yn awyddus i weld drosto'i hun a oedd gwersi y gellid eu cymhwyso i Gymru ym mhrofiad y Weriniaeth.

[91] Gw. Daniel, 'Note', para 15.

[92] Dyfynnir o Price, *Yr Arglwydd Cledwyn*, t. 54.

[93] Gw. Daniel, 'Note', para 15.

[94] *Y Cymro*, 10, 17 Awst, 1967.

[95] David Rees Williams, cyfreithiwr. Magwyd ef ym Mhen-y-bont ar Ogwr. Bu'n Aelod Seneddol Llafur dros Dde Croydon o 1945 i 1950, pan gollodd y sedd. Bu'n is-weinidog yng ngweinyddiaeth Attlee. Wedi colli'r sedd, fe'i gwnaed yn aelod etifeddol o Dŷ'r Arglwyddi a chymerodd y teitl 'Arglwydd Ogmore'. Ymaelododd â'r Blaid Ryddfrydol ym 1954. Bu'n Llywydd ar y blaid honno ym 1963-64. Yr oedd yn un o Lywyddion Anrhydeddus – a gweithgar – Pwyllgor Amddiffyn Capel Celyn. Bu farw ym 1976, yn 73 oed.

[96] Dyfynnir o Davies, *Llafur y Blynyddoedd*, t. 93.

[97] Gw. Richard Crossman, *The Diaries of a Cabinet Minister* (London, 1976), Vol. II. (entry for 30 November 1966), t. 142.

98 Llinell gyntaf yr ail bennill yn un o emynau enwocaf Eben Fardd (1802-63), 'Rhof fy nhroed y fan a fynnwyf/Ar sigledig bethau'r byd'.

99 David, *Remaining True*, t. 87.

100 Ibid, t. 89.

101 *George Thomas, Mr Speaker*, tt. 47, 57. Gw. hefyd, Emyr Price, *fy hanner canrif i* (Talybont, 2002), tt. 186-187.

102 Am fy mhrofiad o'r isetholiad, gw. Davies, *Llafur y Blynyddoedd*, tt. 52-58.

103 LLGC, Papurau'r Arglwydd Cledwyn, Ffeil B4, llythyr 25/6 [?] 67 Ness Edwards at Richard Crossman, copi at Jim Callaghan. Diolchaf i Dr J. Graham Jones am dynnu fy sylw at y llythyr hwn. Dyma enghreifftiau eraill: (i) llythyr yn Chwefror 1968 oddi wrth Ness Edwards a phum Aelod Seneddol yng Nghymru (pan nad oedd cyfrifoldeb am Addysg eto wedi ei drosglwyddo i'r Swyddfa Gymreig) yn mynegi eu gwrthwynebiad cryf i ddwyieithrwydd gorfodol yn yr ysgolion cynradd fel yr argymhellwyd yn Adroddiad Gittins 1967, adroddiad a fyddai'n oleuni dros addysg Cymru; (ii) y ffaith i Gynghorwyr Llafur Cyngor Sir Gaerfyrddin wrthod cefnogi'r alwad am Gyngor Etholedig; (iii) gweithred Leo Abse ar 6 Awst 1966 yn gosod *Early Day Motion* gerbron Tŷ'r Cyffredin yn feirniadol o Reol Gymraeg yr Eisteddfod Genedlaethol wedi i Alun Talfan Davies alw am ei diwygio.

104 R. Gerallt Jones, *Ansawdd y Seiliau* (Llandysul, 1973), t. 163. Gw. hefyd Deian Hopkin, Llafur a'r Diwylliant Cymreig, 1900-1940, yn *Trafodion y Cymmrodorion, 2001*, tt. 128-148.

105 PREM 13/2903; 14 April 1969, Home Secretary to PM. Fel y nodwyd uchod (yn nodyn 90), ni chafwyd deunydd perthnasol yn yr Archifau Gwladol yn Kew er chwilio yn arbennig ffeiliau PREM 13/2903 a CAB 164/389.

106 Webster, *Health and Society*, t. 252.

107 PRO/CAB 2MS 25/56/01E.

108 PRO/CAB 35/10/Pt1.

109 Gwybodaeth a gefais gan Archie Lush. Roedd barn gref yn y Weinyddiaeth Iechyd y dylid cysylltu Gogledd Cymru a'r Gwasanaethau Ysbytai yn Lerpwl.

110 PRO/CAB 130/390; MISC 215 (68).

111 Harold Wilson, *The Labour Government 1964-1970* (London, 1974), t. 574.

112 Evans, *Bywyd Cymro*, t. 211. Ond gw. hefyd Gwynfor Evans, 'Hanes Twf Plaid Cymru 1925-1995', yn *Cof Cenedl: Ysgrifau ar Hanes Cymru*, X (Llandysul, 1995), tt. 154-184. Hefyd Rhys Evans, *Gwynfor*.

113 Breuddwydiai John Legonna am y dydd y gwelid cadwyn o wladwriaethau Celtaidd yn ymestyn o'r Alban hyd at Lydaw. Cyflwynodd rodd sylweddol iawn i Lyfrgell Genedlaethol Cymru i sefydlu Gwobr Ymchwil Geltaidd Legonna. Am gefndir a bywyd Legonna, gweler teyrnged goffa Gwilym Prys Davies iddo yn *Y Faner*, 31 Hydref 1986.

114 Cadwodd Harri Webb tua chant o'r llythyrau oddi wrth Legonna ato. Fe'u trosglwyddwyd i mi oddeutu blwyddyn cyn ei farw. At hyn, ceir 371 o lythyrau cyfatebol oddi wrth Harri Webb at Legonna yn LLGC:

Papurau John Legonna, grŵp 1988, ffeiliau 13-19 (13 llythyr) a grŵp 1990, rhifau 721-1079 (358 llythyr). Ceir ambell lythyr gan Emrys Roberts ymhlith yr ohebiaeth. Yr hyn a geir yn yr ohebiaeth yw syniadau a hanes cynlluniau Grŵp y Genedl Newydd yn hanner cyntaf y chwe degau i ennill safleoedd o ddylanwad o fewn Plaid Cymru gyda'r bwriad o gael gwared â'r arweinyddiaeth er mwyn rhoi arweiniad mwy ymosodol iddi. Fel tipyn o aderyn drycin yr edrychai arweinyddiaeth y Blaid ar Legonna.

115 Evans, *Bywyd Cymro*, t. 256.

116 Dyddiadur Cledwyn, Cofnod 21 Mawrth 1977. Ceir nodyn manwl am y trafodaethau rhwng Gwynfor, Dafydd Wigley a Dafydd Elis Thomas yn Rhys Evans, *Gwynfor*, tt. 403-7. Daeth y cytundeb 'Lib-Lab' i fodolaeth ar 22 Mawrth 1977.

117 Sgwrs a gefais gyda Syr Goronwy Daniel yn ei gartref yn hydref 1994 yn trafod 'Note by Sir Goronwy Daniel'. Ategir mewn llythyr ataf, dyddiedig 30 Mehefin 1994.

118 Dyfynnir y cofnod yn nodyn 69 ar dudalen 509 y cofiant ac yno cyfeirir at PRO/PREM 13/2359 fel ei ffynhonnell. Ond hyd yn hyn, methwyd dod o hyd i'r cofnod hwnnw. Llithriad, mae'n debyg, oedd galw W. K. Reid yn Ysgrifennydd y Cabinet, yn hytrach na Syr Burke Trend.

119 Gall amser bylu'r cof. Sylwais ar dri llithriad yng nghronoleg y 'Note', sef pan gyfeirir at dymor y Tywysog yng Ngholeg Aberystwyth ym 1967 yn lle 1969, penodi Comisiwn Brenhinol ar y Cyfansoddiad ym 1967 yn lle 1969 a dyddiad Etholiad Cyffredinol 1966 – Ebrill yn lle 31 Mawrth. Sylwais hefyd ar y llithriad a ddigwydd yn enw Syr *Edward* Adeane yn hytrach na Syr *Michael* Adeane.

120 Gw. uchod Nodyn 90. National Archives of Ireland; The Department of the Taoiseach file 98/6/830.

121 Gw. *George Thomas, Mr Speaker* (tt. 124-129).

122 Prin yw'r sylw a roddwyd i'r ddau welliant i Fesur Llywodraeth Leol 1972 a gyflwynwyd gan George Thomas a'r Wrthblaid swyddogol. Galwai'r cyntaf am 'sefydlu Cyngor Etholedig i Gymru ar 1af Ebrill 1976'. Cafwyd yn yr ail welliant restr o'r cyrff enwebedig i'w trosglwyddo i'r Cyngor Etholedig. Bu'r ddadl ar y gwelliant cyntaf yn unig; fe'i gorchfygwyd, 13 o blaid ac 18 yn erbyn, *Mesur Llywodraeth Leol, Pwyllgor Sefydlog D, Adroddiad Swyddogol*, 16 Mawrth 1972, col. 2903-2938. Wrth gyflwyno'r gwelliant, dywed George Thomas: 'I undertake that in the life of the next Labour Government, if they have a normal working majority, we shall introduce this elected Council . . . The elected council is now guaranteed within the life of the next Labour Government'.

123 Prothero, *Recount*, t. 115.

124 Yn Nhŷ'r Arglwyddi yn y ddadl ar Ail Ddarlleniad Mesur Llywodraeth Cymru 1998, cydnabu Callaghan: 'I have not always been absolutely over the moon about devolution; indeed I have been ambivalent, as, indeed, have many other people, while others are very much for or very much against it!', *Hansard*, 21 Ebrill 1998, col. 1056.

125 Evans, *Bywyd Cymro*, t. 307.

126 Prothero, *Recount*, t. 117. Bu Foot yn destun beirniadaeth lem gan rai o'r aelodau seneddol Llafur am ei barodrwydd i rannu'r llwyfan ag aelodau o bleidiau gwleidyddol eraill. Bu Ron Evans, ei asiant gwleidyddol yng Nglynebwy, yn gadarn ei gefnogaeth i ddatganoli ac i Gymreictod ar hyd ei oes.

127 Gw. y gwaith safonol ar hanes y Blaid Ddemocrataidd Gymdeithasol, Ivor Crewe ac Anthony King, *SDP: The Birth, Life and Death of the Social Democractic Party* (Oxford, 1995).

128 Ceir cadarnhad o'i dealltwriaeth am safbwynt Cledwyn mewn llythyr 13 Rhagfyr 2005 oddi wrth Shirley Williams at Gwilym Prys Davies: 'I did expect him to join the Council, but did realise that a further step to a new party, the SDP, was a very difficult one for him to take. But I know he was broadly supportive of the earlier step – the August Open Letter – that Bill, David and I had published in the *Guardian*.' Cadarnhaodd Mr N. Cochrane, Dirprwy Lyfrgellydd Llyfrgell Sloman, Prifysgol Essex, nad oes unrhyw ddeunydd gan Cledwyn yn Archifau'r SDP ym Mhrifysgol Essex, ac ni welais un cyfeiriad ato yn Crewe and King, *SDP*.

129 Ceir y llythyr yn LLGC, Papurau Cledwyn, Ffeil B11. Cyfeirir ato gan Price yn *Yr Arglwydd Cledwyn* (t. l05).

130 Gw. Tom Ellis, *Dan Loriau Maelor* (Llandysul, 2003), tt. 143-159. Cyhoeddwyd fersiwn Saesneg o'r hunangofiant hwn: *After the Dust Has Settled: The Autobiography of Tom Ellis* (Wrexham, 2004).

131 Gw. 'Towards Scotland's Parliament': A Report to the Scottish People by The Scottish Constitutional Convention', 30 Mawrth 1989; gw. Gwilym Prys Davies, *Cymru ar Drothwy'r Ganrif Newydd*, Darlith Flynyddol Urdd Graddedigion Prifysgol Cymru, Adran Gwleidyddiaeth a Hanes Cyfoes, Ebrill, 1992, tt. 24-25.

132 Rwy'n ddiolchgar i'r Arglwydd Livsey o Dalgarth am yr wybodaeth hon.

133 Mae rhai o'r cofnodion yn fy meddiant.

134 Gw. ei 'Ddatganiad Personol' yn *Hansard*, Tŷ'r Cyffredin, Cyf. 318, 2 Tachwedd 1998, col. 5756; *The Times*, 3 Tachwedd 1998; *The Guardian*, 3 Tachwedd 1998, t. 4. Ar y cyfan, ym marn llawer o'i gyfeillion a'i gefnogwyr, buasai'n well pe na bai'r 'Datganiad Personol' wedi'i wneud.

135 Ron Davies, 'Reflections', Darlith yr Archif Wleidyddol Gymreig (Aberystwyth, 2003): '. . . I found myself in the Leader of the Opposition's office . . . being told in no uncertain terms by the Party Leader, John Smith, what he expected of me. "We'll need a proper Parliament in Wales", he said, "just like we'll legislate for in Scotland". He railed passionately against those he described as 'silly buggers' – Welsh and, to a lesser degree, Scottish, Labour Party members who were opposed to devolution. "Ron", he said, "You are in favour of devolution, aren't you?". Fortunately for me, the answer was a genuine "Yes"'. Gw. www.llgc.org.uk/lc/awg-s-darlith.htm. Gw. hefyd Adroddiad Comisiwn Richard, *Y Comisiwn ar Bwerau a Threfniadau Etholiadol Cynulliad Cenedlaethol Cymru*, 2004, t. 87.

136 Am ddiddordeb cyfyng Blair yng ngwleidyddiaeth Cymru, gw. Andrew Rawnsley, *Servants of the People* (London, 2000), tt. 236, 238, 239.

[137] Dafydd Wigley, *Maen i'r Wal* (Caernarfon, 2001), t. 114.

[138] Pleidleisiodd 50.3 y cant o blaid Cynulliad Cymru, a 49.7 y cant yn erbyn. Dim ond 51.3 y cant o'r etholwyr a bleidleisiodd.

[139] Davies, 'Reflections'.

[140] Ni chlywswn Cledwyn yn mynegi'r syniad hwn erioed o'r blaen. Os rhagweld yr oedd na fyddai eglwys Disgwylfa, a oedd mor annwyl yn ei olwg, yn goroesi, tybed a ofynnodd iddo'i hun pa beth a gollwyd? Bellach, ysywaeth, mae Disgwylfa wedi cau ei ddrysau am y tro olaf, ac wedi'i werthu fel llu o gapeli Cymru yn ystod hanner olaf y ganrif ddiwethaf. Ond efallai bod ei sôn am ddiwygiad yn ddyfnach ei arwyddocâd o lawer na hynny.

[141] Adroddiad Comisiwn Richard, 2004.

[142] Ar ddiwrnod cyntaf taith y Mesur yn Nhŷ'r Cyffredin, dywedodd Peter Hain ei fod ef yn bersonol o blaid trosglwyddo pwerau deddfu sylfaenol i'r Cynulliad. Ond yn ystod yr un ddadl dywedodd Alan Williams, Tad y Tŷ, a gwrthddatganolwr dwfn wreiddiedig, ei fod e'n gweld 'Ceffyl Pren Troea' yn y Mesur. Gw. *Hansard*, Tŷ'r Cyffredin, Cyf. 441, Rhif 88, 9 Ionawr 2006, col. 37 (P. Hain), col. 53 (A. Williams).

[143] Gw. *Hansard* Tŷ'r Arglwyddi, 22 Mawrth 2006, col. 293-296; 24 Ebrill 2006, col. 1147-1154, 27 Mehefin 2006, col. 1178-1184.

[144] Neges 12 Mehefin 2006, John Williams, Swyddfa Gymreig, at Alison Roberts ar gyfer yr Arglwydd Mathew Evans, y gweinidog a oedd yn llywio'r Mesur drwy Dŷ'r Arglwyddi. Copi yn fy meddiant.

[145] Rhaid diolch yn arbennig i Fwrdd yr Orsedd am anfon dirprwyaeth gref (Y Barnwr Dewi Watkin Powell, Elfyn Llwyd, A.S., Y Prif Lenor Robyn Léwis a'r Archdderwydd John Gwilym Jones) at Brif Weinidog y Cynulliad i gefnogi'r gwelliant, a hefyd i Mrs Mererid Moffatt a'r Parchedig D. Ben Rees am anfon eu sylwadau at y Llywodraeth. Deallais, gyda pheth syndod, fel y bu'n rhaid i'r Swyddfa Gymreig, fel yn nyddiau Cledwyn mewn perthynas â Mesur Iaith 1967, gael bendith y Pwyllgor Deddfu ar y Gwelliant, a chlywais awgrym nad oedd yn gymeradwy i rai o adrannau llywodraeth y Deyrnas Unedig ar y dechrau ond bod Prif Weinidog y Cynulliad ei hun wedi taflu ei bwysau o'i blaid.

[146] PRO HO 256/1007, 21 Mai, 1979, cofnod Susan Littler at A. Coghill.

[147] Amlygwyd gwedd arall ar yr un dewrder pan roes gyfarwyddyd, ar ôl derbyn sicrwydd na wneid unrhyw ymdrech i ecsbloitio'r cyfarfod, i rai o brif swyddogion y Swyddfa Gymreig gwrdd â dirprwyaeth o bedwar aelod blaenllaw o Gymdeithas yr Iaith. Ni wnaeth y ddirprwyaeth argraff ffafriol ar y gweision sifil. Gweler PRO BD91/3, 14 Mehefin, 1976, memorandwm Gwilym Prys Davies, 28 Gorffennaf 1976 a hefyd adroddiad Owen Rees. Y 'cyfryngwr' y cyfeirir ato yn y dogfennau oedd John Roberts Williams.

[148] PRO HO 256/865, 29 Ionawr, 1976, llythyr Joel Barnett at Roy Jenkins. Ond teg ychwanegu y derbyniai Roy Jenkins bryderon John Morris am y tor-cyfraith a allai ddigwydd yng Nghymru pe bai'r llywodraeth yn gwrthod sefydlu'r sianel Gymraeg. PRO HO 256/865, 10 Tachwedd, 1975, mewn llythyr at Barnett, dywedodd Jenkins: 'A decision not to allow

provision of the service in Wales would obviously give rise to objections, some of which might take violent forms'.

[149] Ann Ffrancon a Geraint H. Jenkins (Gol.), *Merêd* (Llandysul, 1994), tt. 338-343. Geiriau Meredydd Evans yn Llys y Goron, Caerfyrddin a ddyfynnir yma.

[150] Evans, *Bywyd Cymro*, t. 310.

[151] Gw. yn arbennig, Golygyddol *Y Faner*, 29 Awst, 1980. Gw. hefyd Gwyn Erfyl yn *Y Faner*, 7 Rhagfyr 1979; ysgrifau David Protheroe Davies yn *Y Faner*, 25 Gorffennaf 1980, 13 Mehefin 1980, a 30 Ionawr 1981; a llythyr y Parch John Baker yn *Y Faner*, 25 Gorffennaf 1980, sy'n treiddio i oblygiadau moesol y safiad; Eirwen Gwyn yn *Y Faner*, 3 Hydref 1991. Gw. hefyd Gwyn Erfyl, *Cyfrol Deyrnged Jennie Eirian* (Caernarfon, 1985), tt. 83-4; Olive Jones (gol.), *Consýrn am y Genedl* (Y Bala, dim dyddiad); Price, *fy hanner canrif i*, tt. 134-135.

[152] Cledwyn Hughes, *Y Refferendwm: Diwedd Cyfnod*, Darlith a draddodwyd i Urdd Graddedigion Prifysgol Cymru yn Eisteddfod Genedlaethol Dyffryn Lliw, 1980 (Caerdydd, 1981), t. 14.

[153] Yr oedd rhai cyfeillion i'r iaith a'r diwylliant yn flaenllaw yn eu plith, megis Brian Griffiths (yr Arglwydd Griffiths o Fforest-fach wedi hynny), Pennaeth Uned Polisi Mrs Thatcher yn Stryd Downing, a Wyn Roberts (yr Arglwydd Roberts o Gonwy wedi hynny) yn y Swyddfa Gymreig.

[154] Am safbwynt y Llywodraeth, gw. hefyd Lord Roberts of Conwy, *Right from the Start, The Memoirs of Sir Wyn Roberts* (Cardiff, 2006), tt. 129-133; Nick Edwards (Yr Arglwydd Crughywel), *The Conservative Party and Wales*, Darlith yr Archif Wleidyddol Gymreig, 2006.

[155] Am ymateb Bwrdd yr Iaith Gymraeg, gweler *Ymgynghoriad gan Lywodraeth Cynulliad Cymru ar Ymgorffori Bwrdd yr Iaith Gymraeg* (Mai 2006), para. 2.1.

[156] *Speeches and Addresses by the late T. E. Ellis* (Wrexham, 1912), tt. 119-142.

[157] *Beirdd y Berwyn* 1700-1750, Cyfres y Fil (Llanuwchllyn, 1902), t. 4.

[158] Darlith Radio Flynyddol BBC Cymru, 1989 (BBC, Llundain), ynghyd ag argraffiad Cymraeg, *Diwylliant, Iaith a Thiriogaeth*. Gw. hefyd Harold Carter *Mewnfudo a'r Iaith Gymraeg* (Llys yr Eisteddfod Genedlaethol 1988). Hefyd tynnwyd sylw at yr argyfwng mewn dadl yn Nhŷ'r Arglwyddi ym 1989; gw. *Hansard*, Cyf. 506, 19 Ebrill 1989, col. 835-860.

[159] Ceir adroddiad trylwyr am yr ymgyrchoedd yng Nghymru o 1937 hyd at 1979 yng nghyfrol werthfawr John Gilbert Evans, *Devolution in Wales – claims and responses, 1937-1979* (Cardiff, 2006). Gw. hefyd Alan Butt Philip, *The Welsh Question: Nationalism in Welsh Politics, 1945-70* (Cardiff, 1975). Am drafodaeth am ddatganoli'n gyffredinol yn y cyfnod hwn, gw. Vernon Bogdanor, *Devolution* (Oxford, 1979).

[160] Yr Arglwydd Griffiths o Fforest-fach, *Agenda Geidwadol i Gymru/A Conservative Agenda for Wales*, Darlith Flynyddol Sefydliad Gwleidyddiaeth Cymru/Institute of Welsh Politics (Aberystwyth, 2002), tt. 3, 4. Gweler hefyd David Melding, A.M., *New Dawn or Sunset Boulevard – What Rôle for the Welsh Conservative Party?*, Sefydliad Gwleidyddiaeth Cymru, 2004. Ceir safbwynt gwahanol iawn gan Nick Edwards. Mynn ef fod y Blaid Geidwadol yng Nghymru eisoes wedi hen gefnu ar ei delwedd

Anglicanaidd (gw. y ddarlith y cyfeirir ati yn nodyn 154). Rhaid cydnabod bod newidiadau er gwell wedi digwydd yn ddiweddar yn safbwynt y Torïaid at anghenion cenedlaethol Cymru.

161 J. Goronwy Edwards, 'Hywel Dda and the Welsh Lawbooks' (Bangor, 1929), a ailgyhoeddwyd yn *Celtic Law Papers* (gol. Dafydd Jenkins, Brussels, 1973). Yr wyf yn dyfynnu o 'Ysbryd y Cwlwm', t. 117.

162 Dewi Watkin Powell, *Y Gyfraith yng Nghymru – Ddoe, Heddiw ac Yfory* (Cymdeithas y Cyfreithwyr, 1998); *Iaith, Cenedl a Deddfwriaeth: tuag at agweddau newydd* (Llys yr Eisteddfod Genedlaethol, 1990); *Cynulliad i Genedl* (Tal-y-bont, 1999). Gw. hefyd ddarlith yr Athro Iwan Davies, *Her Cymru'r Gyfraith/The Challenge of Legal Wales*, y Ddarlith Gyfreithiol, Cymdeithas y Cyfreithwyr, a draddododd yn Eisteddfod Genedlaethol Cymru, Dinbych, 2001; Richard Rawlings, *Delivering Wales: Constitutional, Legal and Administrative Aspects of National Devolution* (Cardiff, 2003); Richard Rawlings, *Say not the Struggle Naught Availeth*, Pumed Ddarlith Flynyddol Canolfan Materion Cyfreithiol Cymreig, Adran y Gyfraith, Prifysgol Cymru, Aberystwyth / The Centre for Welsh Legal Affairs Fifth Annual Lecture, Department of Law, University of Wales, Aberystwyth, 2004.

163 Rhaid cydnabod hefyd yr arweiniad ardderchog a roddwyd gan yr Athro J. E. Caerwyn Williams yn y maes hwn yn y chwe degau.

164 J. Beverley Smith, 'Thomas Peter Ellis, 1872-1936' yn *Cylchgrawn Cymdeithas Hanes a Chofnodion Sir Feirionnydd*, XV, 2006.

165 Dr Brinley Jones, 'Sir Daniel Lleufer Thomas, 1863-1940' yn *The Carmarthenshire Antiquary*, Vol. XLI, 2005. Gw hefyd R. T. Jenkins yn *Cyfoedion* (Llundain, 1974), tt. 53-73, ac I. C. Peate yn *Syniadau* (Llandysul, 1969), tt. 119-125.

166 Gw. Thomas Artemus Jones, *Without my Wig* (Liverpool, 1944).

167 Am gyfraniad David Hughes Parry, gw. R. Gwynedd Parry, 'A Master of Practical Law', yn *Y Cyfraniad Cymreig*, Cymdeithas Hanes Cyfraith Cymru/*The Welsh Legal History Society*, III (2002), tt. 102-159. Am ei atgofion cynnar, gw. Syr David Hughes Parry, *O Bentref Llanaelhaearn i Ddinas Llundain* (Caernarfon, 1972).

168 The Hon. Mr Justice Thomas, 'Legal Wales: Its Modern Origins and its Role After Devolution: National Identity, The Welsh Language and Parochialism', yn *Legal Wales: Its Past, Its Future*, I, tt. 113-166; Winston Roddick, 'Law-Making and Devolution; the Welsh Experience', yn *Legal Information Management*, 3, Number 314, tt. 152-157. Gw. hefyd Adroddiadau Pwyllgor Sefydlog yr Arglwydd Ganghellor ar yr Iaith Gymraeg.

Mynegai